学前教育专业（新课程标准）系列精品教材

学前儿童美术教育活动与指导

主　编◎许妮娜　朱巧玲
副主编◎徐　鸿　陈文青　潘　越
主　审◎程广文

中国轻工业出版社

图书在版编目（CIP）数据

学前儿童美术教育活动与指导 / 许妮娜，朱巧玲主编. —北京：中国轻工业出版社，2021.8
学前教育专业（新课程标准）系列精品教材
ISBN 978-7-5184-3442-8

Ⅰ.①学… Ⅱ.①许…②朱… Ⅲ.①学前教育–美术教育–高等学校–教材 Ⅳ.① G613.6

中国版本图书馆CIP数据核字（2021）第051874号

责任编辑：崔丽娜　　责任终审：劳国强
整体设计：锋尚设计　　责任校对：朱燕春　　责任监印：张　可

出版发行：中国轻工业出版社（北京东长安街6号，邮编：100740）
印　　刷：艺堂印刷（天津）有限公司
经　　销：各地新华书店
版　　次：2021年8月第1版第1次印刷
开　　本：787×1092　1/16　印张：13.5
字　　数：320千字
书　　号：ISBN 978-7-5184-3442-8　定价：48.00元

邮购电话：010-65241695
发行电话：010-85119835　传真：85113293
网　　址：http://www.chlip.com.cn
Email：club@chlip.com.cn
如发现图书残缺请与我社邮购联系调换

200774J1X101ZBW

前 言

每个幼儿心里都有一颗美的种子，引导他们学会用心灵去感受和发现美，去表现和创造美，是学前儿童美术教育的价值所在。在《3—6岁儿童学习与发展指南》《幼儿园工作规程》《幼儿园教师专业标准》等文件精神的引领下，为适应幼儿园课程改革和发展的需要，根据幼儿身心发展的特点，结合美术教育教学规律，编写了本教材。其目的在于：帮助学习者理解学前儿童美术教育的目的及意义，提升审美素养，增进教育情怀；熟悉幼儿园美术教育活动的设计思路；掌握组织和开展幼儿园美术教育的方式方法，为学生走上工作岗位打下扎实的基础。

编者在教材的编写过程中努力突出以下特点：（1）以提升学习者的美术教育教学技能为本位；（2）以学前教育专业培养目标为依据；（3）以实用、前沿、美观为原则。在教材内容安排上，共包含六章。第一章是学前儿童美术教育概述，对学前儿童美术教育的基本概念、内涵与价值、目标与内容、途径与方法进行阐述。第二章、第三章、第四章分别对学前儿童美术欣赏活动、绘画教育活动、手工教育活动的设计与指导进行了阐述，并提供了相应的教学案例分析。第五章主要探讨了学前儿童美术教育与其他教育的整合，阐明了整合的内涵、策略、方式，以及具体的实施途径。第六章介绍了学前儿童美术教育评价的内涵、原则与方法。

本教材是泰州学院学前教育专业在建设江苏省一流本科专业过程中的成果，由许妮娜、朱巧玲担任主编，统筹教材，具体分工如下：第一章由朱巧玲编写，第二章由许妮娜编写，第三章由潘越编写，第四章由陈文青编写，第五章由徐鸿编写，第六章第一节由徐鸿、第二节由朱巧玲编写。由程广文教授负责主审，把控教材的理论方向和宏观思路。本教材适合学前教育专业在校学生及幼儿园教师使用，力求帮助学习者把握美术教育与活动设计的特点，更好地开展幼儿园美术教育。

本教材在编写过程中参阅和借鉴了许多专家、学者的成果，得益于众家之言，在此向这些同行学者致以真诚的谢意！在出版过程中，得到了泰州学院及中国轻工业出版社的大力支持和帮助，图片和案例收集工作得到了许多一线幼儿园教师的支持，在此表示深深的敬意和感谢！

由于编者水平所限，本教材难免有疏漏之处，敬请读者批评指正，使本书更加完善。

编者

目 录

第一章
学前儿童美术教育概述 001

003　第一节　美术与学前儿童美术
010　第二节　学前儿童美术教育的内涵与价值
014　第三节　学前儿童美术教育的目标与内容
024　第四节　学前儿童美术教育的途径与方法

第二章
学前儿童美术欣赏活动 036

038　第一节　学前儿童美术欣赏活动的设计
059　第二节　学前儿童美术欣赏活动的指导

第三章
学前儿童绘画教育活动 072

074　第一节　学前儿童绘画教育活动的设计
088　第二节　学前儿童绘画教育活动的指导

第四章
学前儿童手工教育活动 107

109　第一节　学前儿童手工教育活动的设计
129　第二节　学前儿童手工教育活动的指导

第五章

学前儿童美术教育与其他教育的整合 144

- 146　第一节　学前儿童美术教育与其他教育整合的基本理念
- 159　第二节　学前儿童美术教育与音乐教育的整合
- 168　第三节　学前儿童美术教育与其他领域教育的整合

第六章

学前儿童美术教育评价 182

- 184　第一节　学前儿童美术教育评价的概述
- 197　第二节　学前儿童美术教育活动的评价

210　参考文献

第一章 学前儿童美术教育概述

学习目标

① 了解美术及美术教育的含义。

② 理解学前儿童美术教育的内涵及价值。

③ 掌握学前儿童美术教育的目标、内容、途径及方法。

学习导图

- 学前儿童美术教育概述
  - 美术与学前儿童美术
    - 关于美术的基础知识
    - 学前儿童美术的含义及特点
  - 美术教育的内涵与价值
    - 学前儿童美术教育的内涵
    - 学前儿童美术教育的价值
  - 美术教育的目标与内容
    - 学前儿童美术教育的目标
    - 学前儿童美术教育的内容
  - 美术教育的途径与方法
    - 学前儿童美术教育的实施途径
    - 学前儿童美术教育的方法

问题导入

- 学前儿童美术教育基本问题
  - 什么是美术和学前儿童美术
    - 美术的特征是什么？包括哪些门类
    - 学前儿童美术的含义及特点是什么
  - 如何理解美术教育的含义和价值
    - 学前儿童美术教育的内涵是什么
    - 学前儿童美术教育具有哪些价值
  - 美术教育的目标与内容是什么
    - 学前儿童美术教育的目标是什么
    - 学前儿童美术教育的内容是什么
  - 美术教育的途径和方法有哪些
    - 学前儿童美术教育的途径有哪些
    - 学前儿童美术教育的方法有哪些

第一节　美术与学前儿童美术

一、美术

"美术"是一个比较宽泛的概念，是指艺术家运用一定的物质材料（绘画用颜色、纸张、画布等，雕塑用泥土、石头、木料、金属等，工艺美术和建筑艺术使用的物质材料更广）塑造可视的平面或立体的形象，反映客观世界和表达作者对客观世界的感受，又称造型艺术、视觉艺术、空间艺术。

作为一门古老的艺术门类，美术在很长的历史时期中，都是人类直观地反映现实和掌握世界的唯一手段。人类对于客观世界无比丰富的形状和色彩的强烈关注和浓厚兴趣，对于采用直观方式反映生活和表达情感意志的愿望，对于物质产品和其他一切可视事物的审美要求和理想，是美术发生和发展的身后根源。人类社会还处在原始社会时就产生了原始美术。原始社会的人们在强大的自然力面前感到自己软弱无力时，便转向对外部力量的依赖和祈求，从而产生了原始的宗教，美术这种造型艺术因其特有的形象性被原始宗教利用：把造型艺术品作为祖先灵魂、神灵、动物灵魂的化身，于是艺术品成为崇拜对象的替代物。另外，原始人为了记录重大事件、悼念亡灵、传递信息、抒发情感，也在艺术中找到了理想的表达形式。随着生产力的发展，人与人之间的交往越来越广泛，在尚未创造出文字的情况下，造型艺术，特别是绘画，便以其生动的形象性成为人们交往的手段，它具有语言所没有的记录功能。此后，美术随着社会生产力的发展获得了长足的发展，现代美术已不仅指绘画、雕塑等纯艺术领域，还包括建筑、服装、工业造型等艺术设计领域。可以说美术这一艺术形式已深入人们生活的方方面面，与人们的生活息息相关。

美术在感知方式上属于视觉，在存在方式上要占用一定的空间，因此具有造型性、视觉性和空间性。由于通过它所创造的艺术形象是静态的，只能表现出事物一个瞬间的状态，而且形象一经完成就固定不变，因此美术还具有静止性、瞬间性和永固性的特征。美术的主要类型有绘画、雕塑、工艺美术、建筑艺术等，有时也把同样具有造型和视觉特点的园林和摄影艺术纳入其中。

（一）绘画

绘画在美术门类中应用最为广泛，并且居于基础地位。它使用笔、刀等工具，墨、颜料等物质材料，通过线条、色彩、明暗及透视、构图等手段，在纸、纺织品、木板、墙壁等平面上，创造出可以直接看到的，并具有一定形状、体积、质感和空间感觉的艺术形象。在照相机发明之前的漫长岁月里，绘画是用直观形象记录和反映现实的主要手段。

绘画种类繁多，从不同的角度可将它划分为不同的类别。从地域看，绘画可分为东方绘画和西洋绘画；从工具材料看，绘画可分为水墨画、油画（图1-1）、版画、水彩画、水粉画等；从题材内容看，绘画可分为人物画、风景画、静物画、动物画等；从作品的形式看，绘画可分为壁画、年画、连环画、漫画、宣传画、插图等。不同类别的绘画形式，由于各自的历史传统不同，都有着各自独特的表现形式与审美特征。

中国画，简称"国画"（图1-2）。指在中国民族的土壤上长期形成和发展起来的、在世界美术领域中自成独特体系的中国民族绘画，以水墨画为代表。它是用毛笔、墨以及中国画颜料，在特制的宣纸或绢素上作画。按表现题材，可分为人物、山水、花竹、禽鸟、畜兽、虫鱼、宫室等画料。按表现手段和技法，可分为工笔、写意、勾勒、没骨、设色、水墨等画法。按幅面样式，可以分为立轴、横卷、册页、扇面等款式。中国画十分重视笔墨，运用线条、墨色和轻重彩色，通过勾皴点染，干湿浓淡并用，来表现客观物象的形体结构，阴阳向背；并运用虚实疏密结合和"留白"等手法来取得巧妙的构图效果。中国画的空间处理也比较自由灵活，既可以用"以大观小"法，画重峦叠嶂；也可以用"走马看山"法，画长江万里。中国画特别讲究"形神兼备""气韵生动"，不但主张要"外师造化"，而且还要"中得心源"，中国画在画面上还题写诗文，加盖印章，将诗文、书法、篆刻融为一体。

西洋画指区别于中国传统绘画体系的西方绘画，简称"西画"。包括油画、水彩、水粉、版画、铅笔画、铅笔画等许多画种。传统的西洋画注重写实，以透视和明暗方法表现物象的体积、质感和空间感，并要求表现物体在一定光源照射下所呈现的色彩效果。油画是西

图1-1 油画：卡萨特《洗澡》

图1-2 国画：李可染《迎春图》

方传统绘画的代表，以易于油剂（亚麻仁油、罂粟油、核桃油等）调和颜料，在亚麻布、纸板或木板上进行制作的一个画种。作画时使用的稀释剂为挥发性的松节油和干性的亚麻仁油等。画面所附着的颜料有较强的硬度，当画面干燥后，能长期保持光泽。油画具有极高的表现力，创造了辉煌成果，对世界绘画的发展也产生了很大影响。其色彩丰富，能体现色调层次、光线、质感和空间感，能真实生动地描绘一切有形事物。

（二）雕塑

雕塑是"造型艺术"的一种，是雕、刻、塑三种方法的总称，以各种可塑的黏土等或可雕可刻的木、石等材料，制作出各种具有实在体积的形象（图1-3），以反映现实生活和表现艺术家的审美感受和审美理想。

雕塑的产生和发展与人类的生产活动紧密相连，同时又受各个时代宗教、哲学等社会意识形态的直接影响。例如，法国旧石器时代的圆雕裸女和牝马、野猪等浮雕，我国陕西何家湾和辽宁凌源、建平等地发现的5000～6000年前新石器时代的石雕、骨雕、人像和女神彩塑头像等，反映了人类对自然力的崇拜和对动物的崇拜以及认识人本身、认识世界的过程。再如，秦始皇陵的兵马俑再现了2000多年前的帝国大军的威势。雕塑是时代、思想、感情、审美观念的结晶，是社会发展形象化的记录。

图1-3　雕塑：凡尔赛的戴安娜（意大利）

雕塑的种类可以从不同角度来划分。从制作工艺来分，雕塑可分为雕和塑。雕是从完整而坚固的坯体上把多余部分删削、挖凿掉，如石雕、木雕、玉雕等（图1-4），塑是用具有黏结性的材料连接、构成为所需要的形体，如泥塑、陶塑等。从题材来分，雕塑可分为纪念性雕塑、建筑装饰性雕塑、城市园林雕塑、宗教雕塑、陵墓雕塑、陈列性雕塑。从表现形式来分，雕塑可分为圆雕、浮雕。圆雕是不附在任何背景上，可从四面八方观赏的立体雕塑。浮雕是在平面上雕出凸

图1-4　雕塑·竹根雕

起的艺术形象。

（三）工艺美术

工艺美术是指日常生活用品经过艺术化处理以后，使之具有强烈的审美价值的产品。它是与人们的物质生活和精神生活以及生产技术关系最为密切的一种美术形式。工艺美术涉及日常用品的许多方面，对于美化生活有着重要作用。一般把工艺美术分为实用工艺美术和陈设性工艺美术两大类。实用工艺美术，主要是创造人们的生活用品和美化人们的生活环境，满足人们的生活要求和审美要求的艺术，从品种繁多的日常生活用品、家具，到服饰打扮、环境装饰，还有经过装饰加工的茶餐具（图1-5）、灯具、木器家具、绣花制品、草竹编织品等，都属于实用工艺美术的范畴。陈设性工艺美术，主要是指专供陈设玩赏的工艺美术品，如玉石雕刻、象牙雕刻、景泰蓝、漆器、壁挂、陶艺等。另外，各地还有许多制作简便、材料普通的玩赏品，如泥塑、草编等（图1-6）。由于工艺美术和人民生活有着广泛联系，社会需求量大，一般采用批量制作的方式，重复生产。

图1-5　工艺品：瓷器

图1-6　民间工艺：皮影

（四）建筑艺术

建筑是人类用砖、石、瓦、木、铁等物质材料在固定的地理位置上修建或构筑内外空间、用来居住和活动等的艺术。最早的建筑是基于实用的目的，并不包含有追求形式美的意图，实用的因素压倒了美观的因素。随着社会生产力的发展和物质生产与精神生产越来越明确的分工，建筑就越来越明显地具有了美观的因素。总体来说，建筑艺术与工艺美术一样，也是一种实用性与审美性相结合的艺术。建筑的本质是人类建造以供居住和活动的生活场所，所以，实用性是建筑的首要功能；只是随着人类实践的发展，物质技术的进步，建筑越来越具有审美价值。

建筑作为一种艺术，以功能性特点为标准，建筑艺术可分为纪念性建筑、宫殿陵墓建筑、宗教建筑、住宅建筑、园林建筑、生产建筑等类型。不同的建筑类型，表现出各不相同的艺术风格，从而使建筑艺术同样丰富多彩。

二、学前儿童美术

学前儿童美术指的是0~6岁学前儿童所从事的美术造型活动和欣赏活动，是以学前儿童为主体进行的活动,它反映了学前儿童对其周围世界的认识、情感和思想。美术活动是儿童本真的生命活动,是一种成长性需求,没有功利性,以活动过程本身为目的、为满足。学前儿童美术是生命个体在初始阶段所真实体验的审美经历,哪怕是拿一个石子在土地上胡乱划出的痕迹,也时刻反射出基因、生存环境、心理、生理的影响,闪耀着他们思维与个性的光芒。学前儿童的美术表现出以下特征。

(一)学前儿童美术是他们的一种生命活动

早期儿童的思维处于感知运动阶段,他们对世界的认识依赖于自己的感知觉和运动。就美术活动而言,幼儿在早期的涂鸦中就表现出一种对自己手臂运动的兴趣。他们并不知道纸、笔的用途,而是经常把笔含在嘴里,或用来敲敲打打,把纸揉成一团,充分享受着涂鸦动作带来的那种有节奏的、主动地"动"的运动快感。对于幼儿来说,这种"身心统一体"是他们产生审美判断的基础。幼儿在美术活动中所呈现出来的反映模式是幼儿最本真的一种生命活动,是幼儿的一种存在方式。

(二)学前儿童美术是他们把握世界的一种方式

幼儿的身心发展特点是:在感知上表现出知觉过程的整体性与直觉性——往往是凭直觉对知觉对象进行整体性判断,而非理性的、逻辑的分析与综合;在记忆上表现出具体形象记忆;在想象上表现出出乎成人意料的独特想象;在情感上表现出易共鸣、易移情。因此,幼儿把握世界的感性方式表现出思维的直觉性、具象符号性和情感性的特点,它使幼儿的美术充满了活力与魅力。在绘画中,儿童就凭着想象、直觉反映着他们的所见所闻。例如:画人时,一般头部画得比较大,整个身体却画得比较矮小,不合比例;而大象的鼻子长,能卷东西,所以就把大象的鼻子画得特别长。

(三)学前儿童美术是他们进行情感表达与交流的工具

幼儿先天具有情绪反应的能力。情绪是构成其意识发生发展的重要因素。幼儿的美术中充满了情感色彩,早在幼儿使用笔、纸颜料画画之前,他们的视觉就有明显的对色彩、形状等的审美偏爱,表现出一种情绪倾向。到达幼儿时期,其自我中心主义的特点使得儿童总是按照他们切身经验的类比去看待在他们身外发生的事件。由于幼儿不成熟的理性思维和自我意识,决定了他们缺乏理性地思考自己情绪的能力。在美术欣赏中,幼儿自己并不觉得投射到对象之中,反倒觉得那经过移情的对象对他显得富有生机,仿佛在主动地对他说话一样。这样,儿童在美术活中不自觉地把自身的情感灌注到审美对象上,把自身无意识的心理内容转移到对象之中,通过感知和想象,有意无意地驱使客体形象的形、神朝着特定的方向和情境变化,使其自然而然地带有幼儿自身的情感色彩,具有幼儿自身的情感基调所规定的精神状态和情趣氛围。在美术创作中,当幼儿准备在画面上把自己的构思表达出来时,他们通常都是在情感激发的前提下进行的,他们似乎沉醉于自己的活动中,以积极的态度,借助于描述媒介表达自己的思想感情。用这种方式作画有很大的价值，因为正是这种美术活动为紧张情绪的排除和大量能量的释放提供了一条途径。完成一幅美术作品，本身既是成就的证据，也是表达情感的一种新形式。不难发现，几乎每个幼儿在画完一幅画或制作出一件手工作品时都流露出一种愉悦的、放松的，甚至恋恋不舍的情绪。幼儿欣赏着灌注了自己情感或生命的对象，体验着它所带来的愉悦。因此，美术活动过程与美术作品加强了幼儿的满足感，而这种满足感是个人成就感的重要源泉。

（四）学前儿童美术是他们整体智慧发展的一部分

幼儿美术是其心理活动的反映，是心理表象的图式化。幼儿早期的涂鸦显得杂乱无章，他们专注于动觉的满足，而后逐渐地能够进行象征性的形象创造（图1-7）。这种由对动觉到精神形象感兴趣是很有意义的转变，说明他们已从感知运动思维发展到形象思维了。将幼儿绘画发展的阶段与皮亚杰关于儿童智慧发展阶段作对比，从中可以看出幼儿美术与其整体智慧发展的对应性。但是，幼儿美术不仅有认知因素参与，而且有情感的参与，因而全面地看，幼儿美术又不仅仅是智慧的表现，其中还有更多的因素，也正因为如此，幼儿美术才更具吸引力，充满了魅力。

学前儿童的美术活动是一种自由自主的活动。从线条的特性、色彩的喜好、特别感兴趣的题材对象、活动的内容、与同伴相处的态度、活动的进行方法、注意力集中的程度、坚持性、材料和工具的处理以及技术能力等方面，均可观察到幼儿个性的表现。教师也常常可以从画面判断作品是哪位幼儿的。里德通过对幼儿的绘画作品进行分析，并结合心理分析学家荣格有关心理机能的论述，把幼儿的美术创作分为八种类型：外向思考型、内向思考型、外向感情型、内向感情型、外向感觉型、内向感觉型、外向直觉型、内向直觉型。罗恩菲尔德把幼儿的美术分为视觉型和触觉型两种类型。当然，根据儿童的美术来判断其个性不是一种猜测，它是有条件的。例如，要了解幼儿绘画的发展情况、理解幼儿作画时的情绪状态，而不可依据一幅画就妄下断语。

总之，学前儿童的美术活动是一种自我享受，没有功利性的活动，它更自发、更感性、更直觉、更具表现性、更单纯、更自然流露、更无控制（图1-8）。

图1-7　中班儿童自画像

图1-8　大班儿童画

🔗 资源链接 1-1

美术作品的四种风格

我们怎样来决定美术作品是成功的和具有美感的呢？仅凭个人的喜好不是客观的依据，难道有任何其他的客观标准吗？如果有客观的依据，我们怎样运用它来评估一件美术作品？美术跟随文化的变迁和时间的改变而变化，不同时期的美术家可能会用非常不同的想法来表现自然。以下是美术的四种风格和它们内在的含义：①写实主义或具象派：在这些美术作品中，它们的重点都在于写实事物的描绘。人、事物和风景都看上去像真的一样，是对自然的一种模仿（图1-9）。②形式主义或抽象派：这类作品着重组织作品的规则和元素。美术家对线条、形状和色彩更感兴趣。它们的组合可能会或者不会出现一些现实中的人物或事物（图1-10）。③表现主义或情感主义：这类作品着重感觉、情绪和那些与视觉图像有关的想法。为了达到这个目标，艺术家经常变形及夸张形状并使用非现实的色彩（图1-11）。④超现实主义或幻想主义：这类作品着重幻想和意识世界的描绘，美术家常刻画一些写实的事物，但它们之间却有着不合常理的联系（图1-12）。

（引自：多纳德·赫伯霍兹，芭芭拉·赫伯霍兹著，美国美术初等教育美术教师培训教材，上海人民美术出版社，2006年版）

图1-9 写实主义：安格尔《公爵夫人像》

图1-10 形式主义：康定斯基《水彩抽象画》

图1-11 表现主义：蒙克《呐喊》

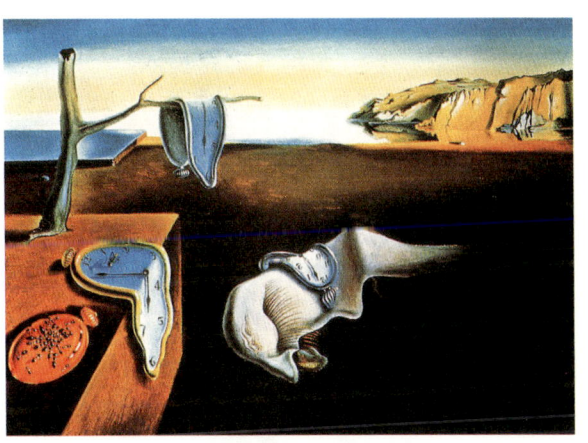

图1-12 超现实主义：达利《永恒的记忆》

第二节　学前儿童美术教育的内涵与价值

美术教育随着人类社会的发展而获得了分化和发展。原始社会，无论是美术还是教育都尚未独立于生活之外，原始人几乎都是美术家，他们在制造工具、装饰生活和宗教仪式等活动中都蕴含着一种最淳朴的美。这个时期的美术教育是一种自然状态，没有规范的教育机构，表现为父子、长幼之间口传手教的原始教育形式。经过不断的分化和发展，近代以来，美术成为一门独立、自成体系的学科，并由此诞生了相对完整的学科教育。现代美术教育不仅教学内容及门类多样化，而且对美术文化局部领域的研究更为细致深化。

一、学前儿童美术教育的内涵

学前儿童美术教育的含义可以通过美术和教育这两个方面体现出来。根据对这两个方面的不同侧重，可以相应地将学前儿童美术教育分为美术取向的学前儿童美术教育和教育取向的学前儿童美术教育。

（一）美术取向的学前儿童美术教育

美术取向的学前儿童美术教育着眼于美术本身，即以美术为本位，以教育为手段，发展和延续美术文化，也就是借助一定的教育方式和手段，横向和纵向传播美术知识和技能，促进文化的发展。

作为延续和发展人类美术文化的主要方式，美术教育是伴随着美术的诞生而诞生的。从原始人类从事美术活动起，人类就通过各种方式传播已有的美术活动的经验和知识。美术文化正是在这种教育的过程中发展起来的，美术的诸多功能也正是在这种教育的过程中得到增强的。美术取向的学前儿童美术教育是为了延续和发展人类的美术文化而实施的早期教育。这种价值取向将美术本身及其功能视为首要的东西。幼儿阶段是实现这种价值的最初阶段，为这种价值的完全实现打下了基础。

（二）教育取向的学前儿童美术教育

教育取向的学前儿童美术教育着眼于教育，即以美术作为教育的媒介，通过美术教育，追求一般幼儿教育的价值。具体地说，就是通过学前儿童美术教育，培养人的道德感、审美趣味、意志、智力和创造性等基本素质和能力，促进儿童身心健康成长。

一些思想家、教育家认识到美术教育具有发展智能、培养创造意识和形象思维的教育功能。例如，法国思想家卢梭从美术教育的教育学意义出发，着重强调美术教育的智育功能。他认为，美术教育的着眼点并不在于美术本身，而在于使儿童获得正确的视觉和敏捷的手法，以帮助他们更好地认识和把握周围的一切。

美术教育除了具备其他学科教育所具有的一般智育功能外，还具有其他学科教育所不具有的智育功能，它能给儿童提供一种有别于抽象思维形式的直觉思维。它是感性的，但沉淀着理性，能引导儿童对感性形式及其意味的整体把握和领悟，有益于想象能力的培养。

几乎没有人会否认美术教育的美育功能。学前儿童美术教育是学前儿童美育的主要途径之一。教育取向的学前儿童美术的特殊和主要功能是在审美方面。具体地说，学前儿童美术教育旨在培养幼儿的审美观点，丰富其审美感情，发展他们对美的感受、理解和鉴赏能力以及创造能力。

总之，教育取向的学前儿童美术教育立足于真、善、美的和谐统一，要求艺术渗透整个教育，使幼儿能按其本来面目健康成长，最终成为艺术的、完美的人。

一般来讲，学前儿童的美术教育是以教育取向为主的普通美术教育，但又和中、小学校的普通美术教育有所不同，它具有不同于一般美术教育的一些特征：只能局限于较低层次上。同时，学前儿童的美术是他们本真的生命活动，是一种成长性需要的满足，没有直接的功利性，以活动过程本身为目的、为满足。从这个层面上来说，学前儿童的美术也是一种特殊的纯艺术的领域，它的着眼点是美术本身，即由美术本位出发的美术取向的美术教育。因此，以教育为手段，对学前儿童传授一些基本的、简要的美术知识和技能，在美术文化的意义上进行发展和延续也是必要的。当然，在教育的过程中，教师和家长不能用成人的审美标准和意志去规范和扼杀儿童与生俱来的创造性和绘画热情，使儿童的绘画失去他们特有的天真、稚拙和淳朴。

儿童从2岁左右，受其内在动机的驱使，开始在纸上或沙上画涂鸦线。从本质上讲，这是一种美术游戏，它具有游戏的一般价值——发展和教育儿童，同时，又具有美术游戏所特有的价值——发展儿童的审美能力。尊重并重视儿童的美术游戏，赋予儿童自发的美术游戏以极大的教育价值，使儿童能在这种具有明显的审美特征的游戏活动中愉悦自己、满足自己、表现自己，使幼儿人格的"种子"通过美术游戏这一自然生长的土壤得以发芽，为形成健全人格奠定基础，这是学前儿童美术教育与其他年龄阶段人群的美术教育最为本质的区别。

然而，学前儿童美术教育的含义还不仅如此。美术是人类文化和经验的一个十分独特的方面，美术教育对于人类教育的贡献具有其他学科所不可取代的作用。美术教育的价值还在于能增加儿童对世界的特殊经验和了解，视觉艺术处理的是人类经验中其他领域所无法触及的一个方面，即视觉形象的审美思考。

幼儿视觉审美能力的培养，是通过对幼儿实施美术教学得以实现的。学前儿童美术教学虽然只能局限于较低的层次上，但是同样需要形体感、色彩感、线条的律感、材质感、构图感和空间感等方面的培养，使幼儿从视觉形象的欣赏、表现和创造性活动中提高审美能力。因此，美术教学不仅在现实生活层面上，更重要的是在对美的追求的层面上，使幼儿逐渐感受和理解真、善、美，排除和去除伪劣、邪恶及丑陋的事物，引起幼儿的情感律动，给幼儿以美的享受和性情的陶冶，促进幼儿在认知、情感和人格等方面得到健康的发展，最终成为艺术的、完美的人。

二、学前儿童美术教育的价值

（一）良好的美术教育促进儿童感知觉的发展

感知觉是人脑对当前作用于感觉器官的客观事物属性的反映。感知能力是人类存在和发展的基本能力。感觉系统的灵敏与完善可以使人获得大量可靠的资料，向大脑提供丰富的营养。而视觉是人体主要的信息接收器，人类80%以上的信息都是通过视觉获得的。可见，感知觉是人的心灵与外界沟通的重要通道。

美术活动中的感知是视觉器官对欣赏对象的形状、色彩、光线、空间、张力等要素组成的形象的整体性把握，是一种区别于日常感知的，能够揭示事物的情感表现性的审美感知。这种审美感知并不是少数几个天才的艺术专家特有的，而是属于每一个心智健全的人。例如，婴儿刚出生就对人脸这种规则图形的兴趣远远大于不规则图形。

儿童的感知能力使得他们在美术活动中，总是选择那些对于他们来说富有审美意义的形象及结构特征的对象作为自己的欣赏对象。在表现物体时常常突出和夸大那些与他们审美趣味相吻合的部分，而淡化或忽略那些与自己审美趣味无关的部分。因此，那些富有生命力的线条、色彩、形象等便跃然纸上，形成儿童独特的表达方式。

但是，随着儿童的成长，其感知通道被功利、被世俗所遮蔽，人们已经难以觉察日常事物的美，眼睛不再清澈，嗅觉不再灵敏，呼吸不再通畅。最后，一些人只剩下一具物质空壳而没有任何精神追求。这样的现实，呼唤美术教育。因为美术是直接诉诸视觉的艺术，通过美术活动能有效地训练儿童的视知觉。训练所取得的效果，不仅使他们在审美享受方面受益匪浅，而且直接促进他们智力的发展。同时，美术活动还有助于培养儿童感知觉的灵敏度、活跃性，从而强化儿童对事物的感知，培养敏锐的审美感知能力。因此，儿童通过美术活动可以获得更多的视觉经验，发挥视觉感知的潜力，形成敏锐的审美能力。

（二）良好的美术教育可以促进儿童想象力和创造力的发展

想象是指人脑对原有表象进行加工改造而建立新形象的心理过程。儿童的想象约在2岁左右能观察到。他们常把生活中的行为反映到自己的游戏中，出现了象征性。例如，把圆拱形的积木当作电话放在耳朵边，把雪花插片当作饼干等。

在儿童的绘画中，最初的涂鸦线条也被儿童用来代表任何一样事物，如弯弯的一条线是一条小虫子，也可能是一只奔跑的小狗等。渐渐地，儿童对自己的作品加以命名，甚至面对画面上的寥寥几笔能"添油加醋"地讲出一个长长的故事。再以后，儿童能画出不在眼前的事物，这时候儿童已经能脱离实物在符号意义上进行自由的想象了。这种自由的、个性化的想象就是儿童的审美意象。

审美意象既是想象的结果，也是美术创造的媒介。美术教育中，培养儿童的想象力就是要帮助儿童形成审美意象。让儿童在宽松自由的心理环境中放松而又专注于自己的审美想象活动中，以便美术欣赏中更深地感受到对象的感性形式中所蕴含的更为丰富的内在意义，同时也为美术创作积累丰富的、生动的、鲜明的内在图示。

（三）良好的美术教育促进儿童积极情感的产生

情感是人对客观事物是否满足自己需要而产生的态度体验，初生的婴儿就有情绪反应，如新生儿或哭闹，或安静，或四肢舞动等，这些反应是儿童先天就有的，与生理需要是否满足有直接关系。随着儿童的成长，其情绪、情感不断地丰富和深刻化。同时，对情绪、情感过程的自我调节也越来越强。

美术是儿童表现自我、抒发情绪和情感的一个重要途径，也是外化儿童情感的较为直接和有效的方式之一。儿童可以用线条、形象和色彩，直接地表达自己的喜怒哀乐。美术作为一种视觉语言，它比一般的文字更直接也更具包容性。当一个孩子发现了笔可以在纸上制造出运动轨迹的那一刻，他会兴奋得又蹦又跳，甚至不在乎刚下班回家的妈妈。同时，在美术活动中，孩子会打开心门，表达自己的潜意识。美术治疗正是依据于此。

所有的美术活动都具有宣泄情感的功能。运用绘画发泄自己的情感是儿童常用的方法。人们经常把儿童绘画看作一种游戏，事实上，儿童绘画除了游戏的功能外，最重要的是宣泄情感。例如，一个膝盖受伤的女孩在画一个人时，把腿画得长长的，并在一条腿上涂上一个黑圈圈，并向询问的成人解释道："她膝盖上受伤了，结了一个大疤。"接着她卷起裤腿，露出受伤部位，说："你看，跟我一样。"有研究发现，在家庭中受到关爱的儿童比那些在家庭中缺少关爱的儿童更倾向于用图画来表现家庭。可见，每一件可能发生在儿童身边的情感事件，都会在儿童的画中得到反映。

（四）良好的美术教育促进儿童审美能力的发展

美术教育是引导幼儿进行美的欣赏和创造，提高他们审美能力，培养高素质人才的有效途径。在美术欣赏中，教师可以向幼儿传递美术的基本知识和技能，对幼儿进行美术感受能力和鉴赏能力的培养。例如：在《民间玩具欣赏》这一活动中，教师向幼儿提供了大量的民间玩具，让他们玩一玩，在玩的过程中要求他们将玩具进行分类，有的根据玩具的制作材料分类，有的根据玩具的功能分类，也有的根据玩具的颜色或造型进行分类，很快就对玩具有了初步的了解，感受到民间玩具简单的制作工艺和纯朴的表现手法。通过这种喜闻乐见的教学形式，多感官参与学习，调动幼儿学习积极性，帮助他们获得对色彩、形状等美术形式语言的领悟和随之而来的审美愉悦、审美想象，提高他们感受美、创造美的能力。

教师还可以有目的有计划地组织幼儿参加各种课外审美实践活动，增加他们对审美的感性认识，提高欣赏美、表现美、创造美的实践能力。教师可以引领幼儿到自然界中去，接受自然界那优美的自然景物的熏陶和感染。通过对花鸟鱼虫、园林田野的游览，通过对日月星辰、云雾烟霞、江河湖泊的观赏，感受自然界那优美景物的感染和熏陶，提高他们的审美素养。还可以组织幼儿走向社会，参观美术馆、访问老艺人等多种形式，品赏人类创造的美，以及美对社会生活的影响。这种让幼儿直接投身于审美创造的实践活动，更能锻炼他们的审美创造能力，提高审美意识。

> 🔗 资源链接 1-2
>
> 　　加德纳（1983）在其多元智能理论中提出了空间智能（多元智能之一）。具有良好空间智能的个体能够精确地感知视觉空间并运用于创造性活动中，他们通常对色彩、线条、形状、形态和空间及其相互关系非常敏感。加德纳认为右脑与空间活动的任务以及处理与空间相关的信息有关。画家、雕塑家和建筑师在他们的工作和作品中显示了杰出的空间智能。加德纳的理论使人们开始关注造型艺术及其在儿童发展中的重要作用。多元智能理论认为，儿童可能在某些方面具有特殊的才能，并以独特的方式来学习，所以，对某些儿童来说，艺术可能是他们最佳的学习方式；而对另外一些儿童来说，艺术则是他们体验世界的新方法。一个试图促进所有儿童发展的教育环境应当重视智能的多元维度。
>
> 　　（引自：Rebecca T.Isbell Shirley C.Raines. 幼儿创造力与艺术教育[M]. 王工斌，等，译. 北京师范大学出版社.）

第三节　学前儿童美术教育的目标与内容

一、学前儿童美术教育的目标

　　学前儿童美术教育的目标，是指导美术活动设计与实施过程的关键准则，是儿童美术教育目的和要求的归纳，是学前儿童美术教育活动的具体标准和要求。幼儿园美术教育活动的目标结构，是指幼儿园美术教育活动目标的较为稳定的组织形式。它包括幼儿园美术教育活动的总目标、分类目标、年龄阶段目标及具体的教育活动目标。

　　总目标是幼儿园美术教育总的任务和要求，是确定其他层次目标的依据。必须符合《幼儿园工作规程》中关于幼儿美育的精神。它是幼儿园美术教育活动目标最概括的表述。

　　分类目标从幼儿园美术教育活动的三种类型，即绘画、手工、欣赏的角度来描述。每种类型中又包含了认知、情感、技能三个方面的具体要求。但不同的领域侧重点不同。绘画和手工类型侧重审美创造能力的培养，欣赏类型侧重审美感知能力的培养，而审美情感体验能力的培养则在三种类型中都有体现。分类目标还反映了三种教育活动各自的特点，突出了幼儿美术教育实践的启蒙性质，即在目标的表述中较多地使用了"初步""粗浅""基本"等限定用语。

年龄阶段目标是幼儿美术教育活动分类目标在幼儿各个年龄阶段的具体分解和落实。年龄阶段目标按小、中、大班绘画、手工、美术欣赏三种活动这样的顺序分别加以描述。这种表述，有利于教师把握住幼儿的年龄特点，选择具体的教育活动材料、教育活动内容、教育活动模式及教育活动的组织、领导方法。

教育活动目标是单元目标的具体化和展开，它必须与总目标、年龄阶段目标一致。同时，活动目标是最具体的目标，必须具备可操作性。教师在制定具体教育目标时，应深入、细致、透彻地研究各层次的目标，透彻把握各层次目标的内涵及其相互间的关系，防止不同层次目标的脱节，增强目标意识，确保目标的实现，真正促进儿童的发展。

从上述分析中可以看出，幼儿园音乐教育的目标是通过层层的具体化逐步落实到每一个教育过程中的。因此，老师在教育实践过程中，必须依据教育目标，努力通过低层次目标的实现而最终达到高层次目标的实现，最终真正促进幼儿的发展。

（一）总目标

《幼儿园教育指导纲要（试行）》（以下简称《纲要》）中，明确规定了艺术领域的目标：
（1）能初步感受并喜爱环境、生活和艺术中的美。
（2）喜欢参加艺术活动，并能大胆地表现自己的情感和体验。
（3）能用自己喜欢的方式进行艺术表现活动。

为达到这一目标，《纲要》还列出了艺术领域的内容和要求：
（1）引导幼儿接触周围环境和生活中美好的人、事、物，丰富他们的感性经验和审美情趣，激发他们表现美、创造美的情趣。
（2）在艺术活动中面向全体幼儿，要针对他们的不同特点和需要，让每个幼儿都得到美的熏陶和培养。对有艺术天赋的幼儿要注意发展他们的艺术潜能。
（3）提供自由表现的机会，鼓励幼儿用不同的艺术形式大胆地表达自己的情感、理解和想象，尊重每个幼儿的想法和创造，肯定和接纳他们独特的审美感受和表现方式，分享他们创造的快乐。
（4）在支持、鼓励幼儿积极参加各种艺术活动并大胆表现的同时，帮助他们提高表现的技能和能力。
（5）指导幼儿利用身边的物品或废旧材料制作玩具、手工艺品等来美化自己的生活或开展其他活动。
（6）为幼儿创设展示自己作品的条件，引导幼儿相互交流、相互欣赏、共同提高。

可以说，《纲要》既考虑到儿童发展的年龄特征，又考虑到社会对未来人才的要求，同时，也体现了"感受与创造并重"的艺术教育观，其实质就是要培养幼儿的审美感受能力和艺术创造能力。这种艺术教育观落实到幼儿园的美术教育中，可以将幼儿园美术教育总目标表述为：
（1）初步感受周围环境和美术作品中的形式美和内容美，培养幼儿对美的敏感性。

（2）积极投入美术活动并学习自由表达自己的感受，体验感受与创造的乐趣。

（3）初步尝试不同美术工具和材料的操作，并用自己喜欢的方式大胆地表达出来。

这一总目标是对幼儿园美术教育目标最概括的陈述。它是幼儿园美术教育其他层次目标的依据和最终追求。它体现了美术教育的审美性质，强调要培养儿童的审美感知、审美情感和审美创造等基本能力，并指出了达到这一目标的途径。在这一总目标的指导下，制定了幼儿园欣赏、绘画、手工三种不同类型的美术活动目标。

（二）分类目标

美术活动的目标主要包括认知、情感、技能、创造四个方面。按照美术本身的性质，学前儿童的美术学习可以分为欣赏、绘画、手工三种类型。以下的分类目标是把这两种分类结合起来，分析了欣赏、绘画、手工活动中认知、情感、技能、创造四个方面的目标。

1. 欣赏活动

认知目标——引导幼儿学习一些粗浅的美术知识，了解对称、均衡等形式美的初步概念；引导幼儿初步感受周围环境和各种美术作品中造型、色彩、构图的情感表现性；引导幼儿感受美术作品的内容，使他们了解美术作品如何表现现实生活。

技能目标——培养他们对美的敏感和评价能力，丰富其美感经验。

情感目标——引导幼儿体验美术欣赏活动的快乐，培养他们的欣赏兴趣。

创造目标——引导幼儿用语言、动作、表情等表达自己对形式美和内容美的感受。

2. 绘画活动

认知、技能目标——引导幼儿初步学习多种绘画的基本技能和方法。

创造目标——使幼儿能大胆地运用线条、色彩、构图初步进行创造性的表现，培养其绘画创造能力和创造意识。

情感目标——引导幼儿体验绘画活动的快乐，培养他们对绘画的兴趣；帮助幼儿形成良好的绘画习惯。

3. 手工活动

认知、技能目标——引导幼儿初步学习手工材料和工具的基本使用方法，帮助幼儿在塑造和制作活动中发展小肌肉和手眼协调的动作。

创造目标——使幼儿能大胆地塑造和制作不同形态的手工制品，表现自己的意愿。

情感目标——引导幼儿体验手工活动的快乐，培养他们对手工的兴趣；培养良好的手工活动习惯。

分类目标是总目标在欣赏、绘画和手工三个领域中的具体要求，不同领域有不同的侧重点：欣赏领域更侧重于对学前儿童审美感知能力的培养，绘画和手工领域更侧重于对学前儿童审美创造能力的培养。同时，分类目标的表述也体现出幼儿园美术教育的启蒙性质，较多地使用了"初步""粗浅""基本"等限定用语，都强调"粗浅的知识"和"基本方法"的学习等。

（三）年龄阶段目标

活动内容		班级		
		小班	中班	大班
绘画活动	认知	初步认识绘画的工具和材料；学会辨别红、黄、蓝、绿、橙等几种基本的色彩，并能说出名称；学会辨别和感受直线、曲线、折线及各种线条的变化	能较准确地把握形状的基本结构，理解形状符号的象征意义；认识常见的固有色，说出它们的名称	认识单个物体的整体结构和各种空间关系；增加配色意识，提高对颜色变化的辨析能力；知道运用不同的绘画工具和材料，能表现不同效果的作品
	情感	培养儿童对绘画的兴趣，能愉快大胆地作画	喜欢用自己独特的绘画语言表达自己的想法和感觉	在安排画面的过程中逐步体会均衡、对称、变化等形式美
	技能	学会使用蜡笔、水彩笔、棉签等工具进行涂染；能画出直线、曲线、折线，并能表现线条的方向、粗细、疏密；学会用圆形、方形、长方形、三角形等简单图形表现物体的轮廓特征	学会运用图形组合的方法，表现物体的基本部分和主要特征；会选择与物体相似的颜色，初步有目的地设色、配色。引导儿童围绕主题安排画画，能表现出物体的上下、左右位置	能画出单个人物或动物的大概形象；能运用对比色、相似色、同种色等多种配色方法，注意色彩的整体感与内容的联系；能有目标地安排画面，表现一定的情节，并变化多种安排画面的方法
	创造	引导儿童在涂抹过程中把画面画满。初步学会用图形和线条组合创造各种图式	能大胆地按意愿作画	能将图形融合，尝试用轮廓线创造多种图画，形成自己的图式；综合运用多种绘画工具和材料进行绘画创作
手工活动	认知	初步熟悉泥工、纸工等工具、材料；了解泥的可塑性；了解纸的性质	进一步熟悉泥工、纸工及自制玩具的工具和材料	了解各种纸张的不同性质，知道不同性质的纸张具有不同的表现效果；对自制玩具的材料加以分类，以获得选择、收集这些材料的经验
	情感	通过玩泥、撕纸等活动，体验手工活动的快乐	通过泥工、纸工及自制玩具的活动来积极投入手工作品的创作，并培养儿童对手工活动的兴趣	体验综合运用不同手工材料制作作品的快乐；喜欢用手工来表达自己的想法和情感
	技能	掌握泥工中团圆、搓长、压扁等基本技能；学习撕纸、粘贴，初步撕出简单形状粘贴成画；初步学会用自然材料拼贴造型；学会用印章、纸团、木块等材料，蘸上颜色在纸上敲印	能正确使用剪刀剪出方形、圆形、三角形及组合形体，并拼贴成画；掌握折纸、撕纸的基本技能，折出简单的玩具或撕出简单的物体轮廓；学习用泥塑造出物体的基本部分和主要特征	用泥塑造人物、动物等较复杂结构的形体，能表现出物体的主要特征和细节；能集体分工合作塑造群像，表现某一主题或场面；能使用无毒、安全的废旧材料制作玩具并加以装饰；能用各种纸张制作立体玩具
	创造	能大胆地运用印章、纸团、木块等材料在纸上按意愿压印	能大胆地运用泥按意愿塑造。能大胆地用纸按意愿撕、剪出各种物体轮廓	能综合运用剪、折、撕、粘、连接等技能，独立设计制作玩具

续表

活动内容		班级		
		小班	中班	大班
欣赏活动	认知	知道从自然景物、艺术作品中能够享受到视觉艺术的美	通过欣赏作品，了解作品的主题和基本内容	通过欣赏，了解作品的形状、色彩、结构等美术要素；了解作品的表现手法、艺术风格和创作意图
	情感	喜欢观看、欣赏艺术作品；对美术作品、图书中的各种形象感兴趣；初步体验作品中具有不同"性格"的线条；通过欣赏老师及同伴的作品培养对欣赏的兴趣	能体验作品中的线条、形状、色彩、质地等；通过欣赏产生与作品相一致的感受	喜欢各种不同风格的美术作品
	技能	初步学会运用线条表现力度感、节奏感	感受作品的色彩变化及相互关系；感受作品中形象的鲜明性和象征性，并体验其情感；感受作品的构成，体验作品的对称、均衡、节奏	能感受作品的色调、色彩之间关系的变化；能感受作品中形象的象征性、寓意性；能感受作品中的形式美
	创造	初步运用动作、表情等表达自己欣赏后的感受	通过欣赏，说出自己喜爱或不喜爱作品的理由，并对作品做简单评价	在欣赏和评价他人的作品时，能讲述自己独特的观点

（四）教育活动目标

1. 学前儿童美术教育活动目标的设计原则

美术教育活动目标是指某一具体的美术教育活动目标，是教师依据美术教育的总目标、各类型美术活动的年龄阶段目标，以及幼儿美术发展特点，并结合活动的具体内容来制定的。一般说来，具体的美术教育活动目标既是对活动结果的预示，也是对幼儿提出的具体活动要求。教师在制定美术教育活动目标时应注意以下几点。

（1）目标制定的角度要统一。活动目标制定的角度要统一，是指一个活动中目标内容都从教师角度或幼儿角度出发。例如，中班美工活动"制作汽车"的活动目标表述为：学习用牙膏盒和瓶盖制作汽车的方法，发展手指肌肉动作；学习观察汽车的结构和造型特征；培养做事细心、耐心的良好习惯。该活动目标是统一从幼儿角度来表述的。

（2）目标的制定要着眼于幼儿的发展。美术活动目标的制定应着眼于幼儿的发展，把幼儿原有的水平与新活动提出的发展目标联系起来考虑，使活动目标既适应幼儿已有发展水平，又能促进幼儿达到新的发展水平。同时，教师在制定目标时还要考虑，在发展幼儿美术能力的同时，还要发展幼儿的学习、个性、社会性等方面的能力。例如，中班绘画活动"小猪盖房子"，教师制定的活动目标是：尝试选择不同的图形组合表现小猪的基本结构和特征，并根据故事的内容添画背景；体验不怕困难、坚持到底、获得成功的快乐。目标一是基于幼儿已有的经验确立的技能发展目标，目标二是促进幼儿个性的良好发展。

（3）目标内容要有系统性。美术活动目标的系统性具体体现在两个方面：一是活动目标中应当包含认知目标、情感目标、技能目标和创造目标。在制定一个具体的美术活动目标时，要综合、系统地体现以上四个方面的目标，既不能过分强化某一方面，也不能忽视遗忘其他方面。二是具体的活动目标在方向上应与总目标、年龄阶段目标等相一致。具体活动目标是从上一级目标中逐步分化出来的。因此，教师在制定具体的美术活动目标时，要根据儿童的年龄和发展水平，由浅入深、循序渐进地提出目标，体现目标的层次性。例如，大班美术活动"小小运动员"的目标表述为：尝试运用制作报纸小人的经验，制作出各种运动造型的人物形象（技能目标）；通过观察图片，了解各种运动的姿势，自主探索不同的运动造型的表现、设计方法（知识、创造目标）；能主动、愉快地参与创作过程，喜欢运用报纸进行创作的表现形式（情感目标）。

（4）目标要具有可操作性。目标的表述要具体，具有可操作性，避免出现空泛而笼统的目标。例如，某位教师在一份大班手工活动计划中将目标制定为"引导幼儿学习用彩泥塑造人物""引导幼儿恰当地使用辅助材料和工具""培养幼儿的想象力、创造力"三条。虽然此目标统一从教师角度出发来表述，但目标中没有体现具体的行为，也没有指出行为发生的条件，因此也就无法反映出教师是通过何种具体活动来体现和落实对幼儿各种能力的培养。由于目标过于笼统，只指出了教育的方向，没有具体的教育活动的目标内容，因而缺乏可操作性，对教师的教学失去指导意义，也不便于实施后的评价。

2. 幼儿园美术教育活动目标的撰写

美术教育活动目标通常有以下三种表述方式。

（1）行为目标。陈述的是儿童学习行为变化的结果。这种行为变化的结果是可以观察和测量的。它包括三个组成部分：第一，儿童外显的美术行为表现，如"画出、搓出"等。第二，观察到的这种行为表现的条件，即儿童的这种美术行为是在什么样的情况下产生的。例如，"在教师的指导下"还是"独立地"完成。第三，行为表现的公认的具体内涵。例如，画出一群正在做游戏的小朋友，剪出一朵窗花。一般来说，美术技能的学习，可采用行为目标的写法。

（2）展开性目标。陈述的是幼儿学习行为变化的过程，它所关注的不是外部事先规定的目标，而是强调教师根据教育的实际进展提出相应的目标。注重的是行为进展的过程而不是结果。在幼儿园美术教育活动中，幼儿的感受与体验、艺术修养、情操陶冶、人格的健全和完善是在长期的教育过程中逐渐形成的，可以借助于展开性目标来描述。例如，通过观察下雨，学习关注日常生活中的自然景象。

（3）表现性目标。陈述的是幼儿参与某种活动后得到的各不相同的结果。它所关注的是幼儿在活动中表现出来的某种程度上首创性的反应的形式，而不是事先规定的幼儿行为变化的结果。表现性目标强调的是幼儿行为结果的开放性。例如，"学习设计服装，注意款式、色彩和装饰纹样的变化美"，就是采用表现性目标的表述方式。独创是艺术的本质特征，因而幼儿园美术教育目标中，教师应特别注意表现性目标的撰写。

下面是一组幼儿园美术教育活动目标的修改与调整：

范例一

大班美术欣赏活动：格尔尼卡

撰写不当的活动目标：

1. 欣赏作品《格尔尼卡》，感受作品所传达的强烈情感。
2. 练习大胆地画画。

评析

该目标的表述过于抽象、笼统，应该明确表述哪一种"强烈情感"，是高兴的、喜爱的还是恐惧的、害怕的情感？"练习大胆地画画"这一表述可以用在任何一个绘画教学活动中，缺乏针对性。

修改

1. 欣赏作品《格尔尼卡》，从支离破碎的造型、黑白灰的色彩和凌乱的构图中感受画面暴烈恐怖的气氛，体验作品所表达的害怕、愤怒情感。
2. 通过《格尔尼卡》特有的绘画手段和色彩，了解绘画语言的多样性，尝试用色彩、线条等元素表现自己害怕的心理。

范例二

大班绘画活动：我们的幼儿园

撰写不当的活动目标：

1. 通过观察，用绘画表现幼儿园的美丽景色。
2. 根据幼儿园的布局，学习合理布置画面。

修改

1. 学习观察幼儿园的主要建筑和景物，用绘画表现幼儿园的楼房、运动器具以及花草树木。
2. 根据幼儿园的建筑结构和景物位置，学习合理地布置画面。

需要说明的是，并不是每一位老师、每一次教育活动都需要这样的目标撰写方式。对于刚刚走上工作岗位的新教师，在自己还没有太多的教育经验和对作品的理解时，就应该要求自己撰写详细的教育目标；而当新教师成长为有经验的老教师后，教育目标应该简写，以便给自己更多的临场发挥的空间。

二、学前儿童美术教育的内容

幼儿园美术教育内容是指幼儿园美术教育中幼儿所要学习的美术形式、美术内容及其运用的总和。根据活动类型，一般可分为欣赏、绘画和手工三大方面。

（一）幼儿欣赏教育的内容

幼儿欣赏教育活动是教师引导幼儿欣赏和感受美术作品、自然景物和周围环境中的美好事物，了解对称、均衡等形式美的初步概念，感受其形式美和内容美，从而丰富幼儿的美感经验，培养其审美情感和审美评价能力的教育活动。幼儿欣赏的教育内容有两大部分。

1. 欣赏对象及其类型

（1）绘画作品。从创作所用的工具材料看，所用工具材料和表现手法简单、清晰、明了的绘画作品。从作品的题材内容看，幼儿可欣赏的是那些内容与幼儿生活经验接近、表现手法为幼儿所理解的作品。尤其是人物画的主题与情节。动物画是幼儿比较喜欢的绘画作品之一。从作品的存在形式看，幼儿可欣赏的绘画作品可以有年画、连环画、宣传画等。

（2）雕塑作品。从制作工艺看，幼儿可欣赏的雕塑可以有雕和塑两类。

（3）工艺美术作品。从实用性与陈设性看，幼儿可欣赏的工艺美术作品有日用工艺品和陈设工艺。日用工艺品：餐具、茶具、灯具、服饰、玩具等，陈设工艺品：壁挂、地毯、陶艺、染织工艺等。从民间艺术性看，有剪纸、民间玩具、面具、脸谱、风筝、花灯、皮影等。从时态上看，幼儿可欣赏的现代工艺作品有工业产品设计和装潢艺术设计两类。

（4）建筑艺术。纪念性建筑，宫殿陵墓建筑如故宫等，宗教建筑如天坛等，公共建筑如澳大利亚的悉尼歌剧院等。

（5）儿童美术作品。选择不同年龄的孩子的、有童趣的作品。

（6）自然景物。选取幼儿可以观察到的自然景物：日月星辰、花草树木、虫鱼鸟兽等。并注意自然景物中的不同的美的形态。

（7）周围环境。幼儿可欣赏的周围环境大致有室内环境（家庭环境、幼儿园教室环境等）和室外环境（如广场、园林等）两类。

2. 欣赏知识与技能

（1）艺术作品的形式分析：如造型、色彩、构图等方面。

（2）作品主题的分析：艺术家的意图。

（3）对作品的联想。

（4）对作品的表达。

（5）作品的背景知识：如艺术家的生平等。

（二）幼儿绘画教育的内容

幼儿绘画教育活动是教师引导幼儿使用笔、纸等绘画工具和材料，运用线条、形状、色彩、构图等艺术形式语言创造出可视的、有空间感的艺术形象，培养幼儿的审美创造能力的教育活动。幼儿绘画教育的内容主要有三大方面。

1. 绘画工具和材料的认识和使用

绘画的工具和材料多种多样，其使用方法也是多种多样，幼儿可认识和使用的绘画工具和材料包括：①各种绘画工具和材料的性质，如油画棒的油性，水粉颜料、水彩颜料的水性，宣纸的渗透性等。②各种绘画工具和材料的正确使用方法，如彩笔画、水粉画、蜡笔水彩画、水墨画、印画等。

2. 绘画的形式语言

绘画的形式语言是指线条、形状、明暗、色彩、构图等美术要素，是绘画表现的手段。美术教育中幼儿所要学习的绘画形式语言主要有线条、形状、色彩和构图。

（1）线条：线条的形态和线条的变化。

（2）形状：形状是由线条构成的轮廓和结构，也是造型的基本要素之一。幼儿对形状的学习主要包括基本几何形状、基本几何形状的组合以及自然形体等。

（3）色彩：幼儿对色彩的学习主要包括色彩的色相、明度的辨认和色彩菜单运用。幼儿学习运用色彩的内容主要包括主体色与背景色关系的处理、色彩的装饰和色彩的情感表现等。

（4）构图：构图是指在一定的空间安排和处理人、物的关系和位置，把个别或局部的形象组成艺术的整体，以表达作品的主题思想和美感效果。简单地说就是形象在画面中占有的位置和空间所形成的画面分割形式，如单独构图、并列构图、均衡构图等。

3. 绘画的题材

绘画的题材是指创作者在生活中形成的，根据一定的创作意图进行选择、改造或想象而进入作品的一定生活现象。幼儿绘画的题材有自然景物、日常用品、人物、植物与水果、动物、交通工具与生产工具、建筑物、简单的生活事件、自己想象中的物体与事件以及简单的装饰画。

（三）幼儿手工的教育内容

幼儿手工教育活动是教师引导幼儿使用不同的手工工具和材料，运用贴、撕、剪、折、塑等手段分别制作不同形态的物体形象，培养幼儿的审美创造能力和动手能力、美化生活的一种教育活动。

1. 手工工具、材料及其性质

（1）手工工具：刀、剪刀、笔、泥工板、牙签、切片尺、糨糊、胶水等。

（2）手工材料：点状材料（沙子、小珠子、纽扣、谷物、果核、种子等）；线状材料

（绳、棉线、毛线、麦秸、橡皮筋、高粱秆等）；面状材料（纸、布、树叶、羽毛、刨花等）；块状材料（泥、面团、萝卜、瓶子、纸盒等）。

2. 手工材料的基本制作技法

幼儿可学习的手工材料的基本制作技法有串连、粘贴、剪（目测剪、沿轮廓剪和折叠剪）、撕（目测撕、沿轮廓撕和折叠撕）、折（对边折、对角折、双正方折、集中一角折）、染、盘绕、编织、塑（搓长、团圆、拍压、捏、挖、分泥、连接、抻拉）、插接等。

3. 手工的题材

幼儿可学习的手工的题材有玩具（折纸、泥塑）、节日装饰物（拉花、窗花）、游戏头饰（面具、纸花、帽饰）、日常布置用品（如染纸、点线面状材料贴画、蔬果造型、瓶盒造型）和贺卡等。

🔗 资源链接 1-3

测试你对儿童与艺术的理解

1. 艺术能力是自然展现的，所以最好让儿童遵从他们自己的意愿。
2. 艺术创作是情感表达的手段而非认知范畴。
3. 任何一种感官经验，比如玩弄剃须膏，都是一种艺术体验。
4. 儿童应该独自进行艺术创作，否则他们可能会受到同伴作品的影响。
5. 校内艺术活动的主要目的是庆祝节日或者制作礼物。

当你知道以上五种论断都是错误的时候，可能会感到十分惊讶，错误的原因如下。

论断1：错误。要想得到最好的，单单把艺术材料提供给儿童是不够的，儿童需要学习艺术技能，比如学前儿童需要学习怎样用一点点白胶就能将木质材料粘得又快又牢。

论断2：错误。艺术不仅仅是情感的表达，也是认知（思考）的过程。当儿童在计划展览自己的作品时，要处理很多问题，比如在哪里展览？怎样组织？艺术创作能够教会儿童怎样坚持不懈、从容不迫地接受各种复杂的挑战。

论断3：错误。"消极地操作"材料和艺术体验有本质区别。一个婴儿玩弄自己的食物就不能称作艺术，因为行为的目的与艺术毫无关联。

论断4：错误。艺术也关乎社交，它不仅是天赋的考验也是自我实现的过程。在艺术创作中，儿童经常受同龄人的启发而尝试新鲜事物，就像真正的艺术家也会受到自己钦佩的同行的影响一样。所以应允许儿童与同龄人一起进行艺术创作。

论断5：错误。艺术不是商品。当儿童把棉花当作雪人的胡子粘在打印的图画上时，这不是艺术，而只是一项组合形任务。组合不是艺术，因为它不是创造性的表达，也没有问题的解决。

（引自：Joan Packer Isenberg. 创造性思维和基于艺术的学习[M]. 叶平枝，等，译. 高等教育出版社.）

第四节 学前儿童美术教育的途径与方法

一、学前儿童美术教育的实施途径

目前，幼儿园美术教育活动的类型主要有单独科目的美术教育活动、主题活动中的美术教育活动、区角中的美术教育活动等类型。不同类型的活动指导思想不同，课程模式也不相同。

（一）单独科目的美术教育活动

单独科目的美术教育活动，即分科的美术教学活动，是一种典型的学科取向的美术教育活动。它主要以美术学科的知识、技能技巧等作为活动设计的依据。这类美术教育活动的目标通常比较学科化，教学内容主要根据美术科目的性质由专家或教师预定，对教育活动评价的标准主要是预定的目标是否达成。

相比于其他类型的美术教育活动，单独科目的美术教育活动是一种比较传统的美术课程组织方式。单独科目的美术教育活动目标，往往是将美术学科的目标层层分解而成，然后由浅入深地落实在每一个具体的美术教育活动中。在确定了每一个美术教育活动的目标之后，再选择有助于实现目标的相应活动内容，并在注意保持活动的趣味性和对幼儿的吸引力的基础上，设计好一定的活动程序。由于活动目标比较具体和明确，活动内容和步骤也是事先确定好的，教师在活动实施过程中，只需按照既定的活动目标、内容和步骤进行操作即可。这种类别的美术教育活动，教师操作起来比较方便，是幼儿教师特别是新教师使用比较多的一种类型。

单独科目的美术教育活动侧重知识体系的安排，更突出教师的主导作用，教学形式以集体教学、分组教学为主。教学过程以教师为主导。教学前，教师创设情境，激发幼儿参与活动的兴趣。教学过程中，教师通过启发、引导，帮助幼儿寻找、发现、学习相关知识，形成相关概念。例如：教师提出问题，启发、引导幼儿进行思考；幼儿发现问题，寻找原因；教师讲解相关概念，传授相关知识，帮幼儿形成一定的知识体系；教师指导幼儿运用所学知识解决一些生活中的问题，提高幼儿的能力。而在教学结束时，教师启发幼儿联想，促进多学科之间的联系，促进幼儿思维的发展。

在幼儿园实际的美术教育活动设计中，单独科目的美术教育活动也存在着一些变式。如学科取向与儿童兴趣和发展的取向相结合，力求兼顾两种设计取向的优势，既考虑幼儿在美术知识、技能学习方面由易到难、由浅入深的序列性，又考虑幼儿的兴趣、经验，以及他们创造力、想象力等方面发展的需要，设计以幼儿感兴趣的主题为线索的幼儿美术课程。

（二）主题活动中的美术教育活动

主题活动中的美术教育活动是一种混合取向的美术教育活动，也是一种幼儿园综合课程框架下的美术教育活动。它以幼儿的生活、经验、兴趣、需要为课程设计的主要依据，同时也力求兼顾美术学科的特点和内在要求。

这类美术教育活动的目标通常既有知识、技能方面的，也有态度、习惯、价值观方面的；既有幼儿一般发展方面的，也有美术学科方面的。活动目标和活动内容可以由教师确定，有时也可以由幼儿根据自己的经验和需要来发起，因此有预设的一面，也有生成的一面。

综合主题式美术教育活动的教学模式是：观察幼儿，发现幼儿有价值的兴趣点，确定教学主题或内容；分析此主题活动蕴含的教育价值，以及可能达到的教育目标；分析此主题包含哪些教育内容，可以为幼儿提供哪些学习经验；研究可行性如何，是否便于操作；研究与其他主题活动的关系如何，是否有一定的连续性。

由以上教学模式可以看出，主题活动中的美术教育活动的设计是"先内容，后目标"，即在设计主题活动中的美术教育活动时，一般是先根据幼儿的经验和主题的需要选择活动内容，再根据活动内容设置活动目标，并且允许活动内容和目标具有一定的灵活性和可变性。这不同于单独科目的美术教育活动"先目标，后内容"的要求。而且，教育活动既可以是教师发起的，也可以由幼儿发起。

以主题活动的方式开展幼儿园教育教学活动，这是近年来我国越来越多幼儿园选择使用的一种方式。它既能够反映和落实幼儿教育的一些基本要求，给幼儿一些必要的知识和技能，也能够在一定程度上兼顾幼儿的兴趣与需要，使幼儿在活动中有一定的自主性和空间。

主题活动中的美术教育活动的设计与实施，对广大的幼儿教师提出了较高的要求。这类活动的可变性和不确定性增加，可操作性却随之降低。这就需要教师不仅能够把握住活动设计者的意图，具有基本的按照活动方案进行教育教学的能力，还要具有较高的教学机智，能够关注幼儿在活动过程中的反应，对幼儿的经验和需要有所回应，能够对预定的活动内容和进程进行适时的调整，甚至能够根据需要设计生成新的活动。

（三）区角活动中的美术活动

区角活动也称活动区活动，是幼儿园常见的活动组织形式之一。这类活动是幼儿园教育活动中一类低结构化的活动。活动没有统一的目标和内容，多由幼儿自主选择活动内容和材料，并与同伴、教师互动，以自己生成为主的方式进行活动。区角活动多以小组活动的形式进行，有时接近于幼儿的游戏活动。

区角活动中的美术教育活动是一种适合儿童兴趣和发展取向的美术教育活动。它主要以幼儿的兴趣和需要为导向，活动由幼儿自主选择和发起。教师有时也可以通过投放特定的材料等方式，引导幼儿进行与当前教学活动内容有关的美术活动。

二、学前儿童美术教育的基本方法

美术教育方法是教师和幼儿为了完成美术教学目标，在教学过程中采用的师生相互作用的一系列活动方式的总称。教学方法对实现美术教育活动目标有着重要的作用，方法使用恰当与否，直接关系到美术教育活动的效果。教师应该根据不同的教育内容，选择最适合的教育方法。

根据学前儿童美术教学的特点，可以将教学方法分为语言类、直观类、探索类三种，其中语言类包括讲授法、谈话法、讨论法；直观类包括观察法、欣赏法、演示法；探索类包括发现法、情景法。

（一）语言类

语言类方法是指通过教师的语言表达，向幼儿描绘情境、叙述事实、解释概念、说明道理，使幼儿直接获得美术知识的教学方法。语言类方法包括讲授法、谈话法、讨论法等具体方法。

语言类方法的优点是不仅便于发挥教师的主导作用，也便于幼儿在较短的时间内获得系统、完整的知识。这类方法可以单独使用，也可以与其他方法配合使用。

1. 讲授法

教师通过语言描述、说明和解释，向幼儿传递信息，从而使幼儿获得美术知识与技能的教学方法，具体包括讲述、讲解等教学方式。

讲述是指教师向幼儿描述学习的对象，如在欣赏梵·高的作品《向日葵》时，教师向幼儿介绍画家创作此画的小故事；在写生水果时，描述写生对象的特点等。

讲解是对某个概念或原理进行分析和解释。例如，讲解刮画的步骤和手工艺制作过程，向幼儿介绍水墨画中侧锋、中锋等的运用，解释欣赏作品中关于对称、节奏、变化等形式美的原理。

讲授法是新课程改革以前最常用的一种教学方法，它既运用于新知识的教学，也运用于巩固新知识。其优点在于可以使教师的主导作用得到充分发挥：教师可以根据本节课的内容来确定要学生掌握的内容，从而有效地分配时间；可以使学生在短时间内就能获得大量系统的科学知识；有利于系统地对学生进行思想教育。其缺点有：没有充分的机会让学生对所学的知识进行及时的反馈；学生学习的主动性和积极性得不到发挥，体现不出学生的主体作用；学生很容易分散注意力、走神等。因此讲授法可与其他教学方法进行有机的结合。教师运用讲授法的基本要求有以下几点。

第一，讲授内容要具有科学性、艺术性和教育性。科学性，是指对相关的美术概念、原理等的解释要准确。这是因为幼儿在接受知识时往往先入为主，教师准确的讲授将使他们受益一生。艺术性，是指教师运用艺术性的语言来激发幼儿进行美术活动的兴趣。例如，教师运用文学作品、儿歌、故事等，启发幼儿的形象思维，激发他们的创作愿望。教育性，是指讲授的内容要对幼儿身心发展有益，不可出现对幼儿有负面影响的语言。

第二，要遵循启发性原则。讲解的主要特点是教师运用口头语言作为传递知识信息的媒介，主要是通过教师讲、幼儿听的方式向幼儿传递信息。教师易于控制自己所讲的内容，但也经常会使幼儿处于被动接受的地位。若教师运用不得法，讲解容易使幼儿产生疲倦感，影响学习效果。因此，教师要讲究语言艺术，注重情感性，善于运用生动且富有感情的语言来启发幼儿思维。

第三，讲授的语言要生动有趣、富有情感，符合幼儿的年龄特点。生动有趣的语言能吸引幼儿的注意力，同时富有情感的表达会使幼儿犹如身临其境。例如，大班教师引导幼儿欣赏希斯金的作品《橡树·傍晚》，教师这样介绍画家和作画的背景："画这幅画的画家是希斯金。他是俄罗斯的画家，一生画了很多壮丽的奇异森林景色，人们送他一个美丽的称号'森林王国的缔造者'。有一天傍晚，画家像平常一样来到橡树林，被眼前壮丽的景色深深吸引了：在阳光的照耀下，这些橡树像是披上了一层金黄的衣服，一阵阵微风不停地吹来，斑驳的光与影在闪烁，在跳舞。他惊呆了，回去后就情不自禁地将这壮丽的景色画了下来，就是这幅《橡树·傍晚》。"教师用富有感情的语言，将画家作画时的激情表露无遗。这样可以深深地感染幼儿，也激发他们自己创作的热情。教师还应根据不同年龄阶段幼儿的特点，使用孩子们所能理解的语言，以使他们更好地接受和理解所学内容。

第四，坚持体态语与讲解相配合的原则。体态语是在人们说话时产生的表达情绪情感的自然形态，运用得当能引起注意、调动情绪、渲染情感、诠释话语、交流沟通，并确立良好的教师形象。教师在讲授时，若辅以一定的体态语言，会使幼儿聆听的效果更佳。体态语包括手势、神态、站立、移动等。教师在教学中往往有意或无意地以体态语配合讲解，传递无声的视觉信息。体态语与讲解相配合要求体态语以适当的强度、得体的表情来辅助讲解。

2. 谈话法

谈话法，是指教师根据幼儿已有的知识经验，向幼儿提出问题并要求幼儿回答，或是幼儿提出问题要求教师解答，并通过解答使幼儿获得新知识、提升经验的教学方法。

谈话法的使用可以提高幼儿的注意力、启迪幼儿思维、活跃幼儿的思路。在谈话过程中，幼儿通过积极思考教师提出的问题，能培养和提高其独立思考的能力，以及运用已有知识和经验去获得新知识、解决新问题的能力，同时也能促进其语言表达能力的发展。教师运用谈话法的基本要求有以下几点。

第一，教师在提问前要有计划性，要注意克服提问的随意性。所提问题要围绕活动内容和目标。问题要明确、清楚、具体、有启发性，要能引起幼儿的积极思考。因此，教师要多提开放性问题，可以用"为什么""怎么样"这样开放性的语言向幼儿提问，而不是"对吧？是不是？"这类封闭性的问题来提问幼儿。人们有时会看到教师这样问幼儿，"这幅画很美丽，是不是？"儿童漫不经心地看着别处，拖着长腔说，"是——"。这种做法应该避免，应该问幼儿："你感觉这幅画怎么样？看到这幅画你有什么感觉？"等，避免提出幼儿可以不加思考齐声回答的问题。例如，在欣赏画家雷东的《白瓷瓶里的花束》时，教师可设计"画面上画了些什么？""这些花是什么样的？""画面给你的感觉是怎样的？""花瓶里的花是怎么排列的？"等问题。这些问题有利于启发幼儿边看边思考，有助于提高幼儿分析、评价作品的能力。

第二，教师要注意提问的艺术性。多运用艺术性的语言，可以是一些形容词，也可以是谜语、儿歌、诗歌、童话等形式。例如，"火辣辣"的太阳与"暖洋洋"的太阳的描述可以帮助幼儿体验夏天的太阳与冬天的太阳的不同，从而考虑用什么样的颜色来表现这种差异。教师所提的问题要符合幼儿的理解能力，简单明确，同时要给幼儿一定的思考时间，多提一些引导性的、启发性的问题，以启发幼儿思考，并发表自己与众不同的想法。

第三，教师应鼓励幼儿发问。对于幼儿的发问，教师知之为知之，不知为不知，对于回答不了的问题，可以抛给其他幼儿来回答，同时教师要去寻找答案并给予回答。对幼儿的提问，教师切忌用胡乱的话来搪塞，以免给幼儿造成错误的理解。

第四，教师要重视幼儿的回答，并对幼儿的回答给予一定的反馈。有两种情况应该避免：一是教师对幼儿的回答不置可否，直接让幼儿坐下；第二种情况是教师简单地重复幼儿的回答，这两种情况都不是良好的师幼互动，教师应该"接住孩子抛过来的球"，为此，教师要用接受的态度全方位地聆听，主动地获取幼儿发出的各种信息；用敏锐的耳朵用心地聆听，有意地捕捉幼儿发出的有价值的信息；全神贯注地调动自己的所有心力，改变假装在听却没有听进的局面；用情绪行动投入地聆听，通过目光、身体姿态、微笑表情向幼儿传递教师在认真听的信息，对幼儿的语言给予一种鼓励和期盼。

3. 讨论法

讨论法，是指幼儿在教师的指导下，为认识、解决、探究某个问题而进行讨论，通过讨论获得知识的方法。由于讨论需要幼儿对某个问题进行认识、探索，甚至是发现规律，而小年龄幼儿生活经验较为贫乏，语言表达还不够流畅，分析和概括的能力较差，思维的方式是以具体形象性为主，还不能进行以语言为中介的抽象逻辑性思维，因此该方法比较适合在大班使用。

讨论的形式，可以是全班讨论，也可以是小组讨论。讨论的时间可长可短，关键在于教师提出讨论的问题和对讨论过程的组织引导。教师实施讨论法的要求有以下三点。

第一，做好讨论的准备。对于活动中要讨论的问题，教师事先要有准备，问题的提出要有吸引力，能引发幼儿的思考。教师要让幼儿明确讨论的问题是什么，有时还要事先搜集有关的资料，做好讨论的准备。

第二，教师要启发、引导幼儿讨论。幼儿的讨论必须有教师的指导。教师要创设宽松的心理环境，鼓励幼儿各抒己见，允许发表奇思怪想的见解，对不同想法可以展开争论。教师不要急于下结论，要相信幼儿通过讨论能够解决问题，并在适当的时候给幼儿提供线索，帮助幼儿找出正在探讨的问题与他们已知事物之间的联系。

第三，教师要进行小结。在讨论结束时，教师对于讨论的情况要进行小结，概括幼儿讨论的内容。由于美术学科的特殊性，讨论结果未必都有一致的标准答案，可能是多元的、开放的或不确定的。

（二）直观类

直观类方法是在教育过程中向幼儿显现实物、教具或做示范性实验和表演，让幼儿通过直接感知获取知识的一类方法。这类方法包括观察法、欣赏法、演示法等具体的教学方法。

直观类方法最大的优点是可以使幼儿获得感性认识，形成清晰而深刻的表象，便于理解和记忆。由于这类方法最适合美术学科的直观形象性，因此是美术教育活动中经常采用的教学方法。

1. 观察法

观察是一种有目的、有计划、比较持久的认识某种对象的知觉过程。观察法是幼儿有目的地观察物象的形状、颜色、结构以及事物间的空间位置、相互关系等，获得对事物的感性认识的一种方法，是学前儿童美术教育的最基本方法。

为了培养幼儿的观察兴趣，训练幼儿具有一双敏锐的眼睛，养成随时随地观察的良好习惯，教师在运用观察法时应注意以下要求。

第一，选择合适的观察对象，引导幼儿乐于观察。根据幼儿的年龄特点，教师要选择那些形象生动、色彩鲜明、能引起幼儿兴趣的观察对象。教师可用游戏的方法引起幼儿的观察兴趣，用富有感染力的语言和情绪去吸引幼儿，引导他们乐于观察。

第二，引导幼儿明确观察目的。敏锐的观察力与明确的观察目的有很大关系。观察目的明确，幼儿就能集中注意力观察事物的细节，就不会限于一般的感知。观察目的明确，幼儿就会做到有的放矢，把观察的注意力集中到事物的主要方面，抓住其本质特征。所以，有目的的观察才会让幼儿获得一定深度和广度的锻炼。幼儿由于知识、经验缺乏，认识能力和概括能力有限，往往不会自觉地、有意识地观察，注意力不稳定、不持久，观察也不全面。教师在指导幼儿观察时，必须在观察前向他们提出观察的目的和任务。所谓明确目的和任务就是指儿童知道观察什么，为什么观察及观察时注意些什么，使儿童的观察更具有选择性和针对性。有经验的教师在让幼儿观察前，都会提出明确的要求，如"请小朋友仔细看这幅画上用了哪几种颜色，分别给你什么感觉？"，在问题的引导下，幼儿的观察就会有的放矢，而不是东张西望，无所事事。

第三，教给幼儿观察的方法。孩子不是天生善于观察的，他们的观察往往条理性差，注意力易分散，有头无尾。如果不会使用正确的方法观察，不但达不到观察的目的，还会形成不良习惯。因此，在教学中教会幼儿观察事物的方法，让幼儿学会有目的地、自主全面地、耐心细致地观察事物是非常必要的。

（1）顺序法：即按照从整体到局部、从远到近、从上到下等的顺序。当然，观察的方法也不是固定的。有的物体需要按从上到下的顺序，如观察一盆花就可以按照这样的顺序；有的物体需要按从下到上的顺序。但是这也不是不可变的。比如大树，就可以按先局部、后上下的顺序观察。只要幼儿学会了观察的方法，时间长了自然而然就会运用了。

（2）比较法：即两个或两个以上的事物或现象进行比较，找出它们的相同和不同点。在观察中要注意对比观察。通过对比观察，能迅速找出两件或两类事物的区别和类似的地方，从而认识现象背后的本质。

教师还应该带幼儿到大自然中观察。大自然是神奇多彩的，绚丽的色彩对儿童永远有着新鲜而神奇的魅力。带幼儿接触大自然，不仅能积累经验和知识，还有助于培养对于事物的广泛兴趣。

2. 欣赏法

欣赏法，是让幼儿通过对美术作品、自然景物、社会生活中的美好事物的欣赏，获得美的感受，提高表现能力、审美能力的教学方法。例如，要求幼儿表现"美丽的天空"，在活动之前，教师可组织幼儿观察各种天气下天空的变化，展示天空的图片；在此基础上，再让幼儿欣赏梵·高的作品《星夜》、奥基弗的作品《晚星》，比较画家笔下不同的天空景象。

欣赏各种具有审美价值的艺术作品、自然景物、美好事物的活动，有助于开阔幼儿的视野，扩大其知识面，使他们在欣赏名家名作的同时，积累一定的社会历史文化知识和经验。同时，幼儿在感知、理解、欣赏、对话的过程中，不断地丰富着自己的内心感受，并通过发自内心的、言之有物的表达，使语言表达能力得到提高。欣赏活动还可以为幼儿提供一个不受拘束、自由想象的广阔空间。幼儿在感受力、知识面、想象力、创造力、语言表达能力等方面的良好发展，能促进幼儿自信心的建立，使他们形成积极的情感态度。在运用美术欣赏法时，教师应注意以下基本要求。

第一，尊重幼儿对美术作品的感受与反应。欣赏美术作品是欣赏者再创造的过程。每个人的经历不同，对美术作品的联想就不同，对作品喜欢与否以及喜欢的程度也不同。幼儿由于经验、认识能力有限，有些看法也许是十分可笑的，但只要是在对作品感知和体验基础上产生的，教师都应予以尊重和认可。在欣赏中，幼儿需要有机会来表达他们个人的感受。教师应尊重幼儿，使他们能充分地表达自己的感受。

第二，鼓励幼儿用各种方式大胆地表达自己的感受。幼儿表达的过程是一个体验的过程，也是一个进一步感受和理解美术作品的过程。语言是表达自己感受最常见的一种方式。但是，儿童有多种语言，他们可以通过绘画、身体动作、手工制作等方式进行表现。例如，教师引导幼儿欣赏《忧愁的国王》时，让幼儿用动作和表情表现"忧愁"，孩子们做了各种各样的表情和动作，有的低头叹气，有的用单手撑头皱眉，有的面部表情很严肃……，孩子们用各不相同的动作和表情表达着自己的"忧愁"。教师也可有意识地用一些优美的语言去感染幼儿，比如对画面的一些出色描述，以及儿童读物中对美术作品的描述，让幼儿在一个良好的语言环境中学习。这对培养幼儿的艺术感觉是非常必要的。

第三，增强欣赏活动中的情绪体验。欣赏过程本身是一种感情的投入。移情是幼儿情感发展中的一个很重要的特点。他们常常把自己的想法和情感赋予到有生命或无生命的物体上去，这为他们的欣赏提供了情感基础。欣赏活动中，幼儿的审美感受始终伴随着明显的情绪体验。积极的情绪可以提高幼儿欣赏活动的效率，起着正向的推动作用；消极的情绪则会阻碍欣赏活动的展开。因此，在欣赏活动中，教师要增强幼儿积极的情绪体验。

第四，调动多种感官，形成艺术通感。在运用欣赏法时，调动幼儿的其他感官，比如让幼儿闻一闻，听一听，眯起眼睛来看一看等。一位教师在引导幼儿欣赏《林中雨滴》时，除了让幼儿看一看外，还让幼儿"竖起小耳朵，你听到了什么声音？""用小鼻子闻一闻，你闻到了什么？""眯起眼睛来，你看到了什么？"通过多通道感知，幼儿对作品的感知和理解更加深入，对作品的把握更加全面。

3. 演示法

演示法是教师在传递信息过程中，向幼儿展示直观教具，示范绘画、制作等过程，以使幼儿获得对事物现象感性认识的一种教学方法。

演示法能直观、生动地把所要描绘的形象或要制作的物体展示在幼儿面前，使幼儿获得丰富的感性材料，加深对事物的印象，从而学会描绘、制作等方法。幼儿通过对演示内容的观察和分析，并从观察中提出疑问，能培养自己的观察能力和考察能力。

根据演示的目的不同，可以将演示分成以下不同的种类。

（1）形象感知。心理学研究表明，人类感觉器官中，听觉器官对信息的接受效率为11%。而视觉感官对信息的接受效率高达83%。教师要根据各感觉器官对学习信息的接受效应，选择合适的信息传播媒介。比如，选择合适的挂图、实物、模型或投影、录像等画面，加上声音、色彩、变化的图像等，再配以教师生动的讲解，使幼儿感知到各种形象，从而积累各种审美表象。

（2）引起兴趣。好奇心和兴趣是幼儿学习的内在动力，教师的演示能以其特有的奇特现象吸引幼儿的注意，激发幼儿的兴趣，使他们以积极的态度主动学习。例如，开展手指点画《鱼妈妈和鱼宝宝》时，教师先用神秘的语气对幼儿说："老师用自己的手指变魔术了，看看会变出什么来呢？"随后便用手指蘸了黑色颜料在白纸上画了几条小蝌蚪，幼儿看后显示出了十分惊奇的表情，可能幼儿这样想："咦，手指真神奇，会变小蝌蚪！"然后教师教幼儿认识了手指点画这一画法。

（3）了解过程。教师通过演示让幼儿了解绘画、制作的步骤，使幼儿获得直观感受，并在大脑中形成对演示步骤和方法的系列表象活动，从而获得深刻印象。例如，涂色活动"田野里的房子"，教师如果不演示作画的整个过程，可能幼儿就会被放在桌上的排笔吸引住，忍不住先去用排笔画，通过教师演示，先把田野里的房子涂好，再用排笔蘸颜料刷一层，让幼儿发现原来的颜色没有被涂抹，反而图画上的颜色更加的鲜明漂亮。通过教师的演示，让幼儿了解作画的顺序，以便更好地进行操作。

（4）质疑探新。有些演示过程中出现的现象使幼儿产生疑问，他们被这些现象深深地吸引，迫切希望知道为什么。教师可以针对性地提出问题，让幼儿结合演示过程中观察到的现象探究新知识。例如，在绘画活动中会用到蜡笔与水粉结合的表现方法，教师可以像变魔术般地演示油水分离现象，先在白纸上用白色蜡笔画上各种人、物形象，让幼儿看一看，结果什么也看不见；接着用水粉颜料在蜡笔所画之处刷一下，原来画的人、物形象便会一一呈现出来。通过演示，幼儿产生极大的好奇心，迫不及待地想要亲自操作。

以上四种演示要根据教学内容、幼儿的经验水平灵活运用。

（三）探究类

探究类是在教师的指导下，由幼儿自己发现问题、探索问题和解决问题的一类教学方法。探究类方法的主要特征是相关的美术技能不是直接教给幼儿，而是只提供有关范例，让幼儿通过尝试找到解决问题的方法。对幼儿而言，探索就是玩，玩就是天性。探究法分为发现法、情境法。

1. 发现法

发现法是由教师设置一个情境，让幼儿对某一学习任务按照自己认为可能的想法，通过尝试，探索规律后找到正确答案的教学方法，也叫尝试探索法。现代心理学研究认为，人类学习中含有试误成分，但试误学习不是人类学习的主要形式。然而尝试法在操作性较强的美术活动中，仍不失为一种培养幼儿思维能力和探索精神的好方法。尝试法可分成以下四步。

（1）设置情境。设置一个与美术活动主题有关的、新颖独特的教学情境，如出示一件很有创意的工艺品或是绘画作品、展示一段电视录像、教师用很快的速度画出一幅线条流畅的图画等，以吸引幼儿的注意力，激发幼儿的学习兴趣或学习动机。例如，在折纸活动"小鸟"中，教师出示一幅画有蓝天的背景，上面布满各色折纸"小鸟"，以引起幼儿的兴趣。

（2）尝试练习。由于表现或制作的难度不大，或有一定难度但经过幼儿的努力能够解决，或者幼儿当时没有意识到困难等，教师可以让幼儿先尝试练习，也可以先尝试某一局部、某一步骤。但到了一定的时候，其中的困难就会显露出来。例如，教师把自己的折纸作品"小鸟"放在每一小组的桌上，幼儿已学会一些折纸的基本方法，但其中的某些折法尚未学过，这时可以让幼儿把作品拆开，并尝试沿着折痕练习。

（3）探索讨论。让幼儿带着问题在讨论中寻找合适的答案，或从搜集的资料中寻找解决的方法，也可以通过新的尝试来解决困难。这是幼儿主动探索、研究和解决问题的过程，更有可能是发挥小组集体的智慧、合作克服困难的过程。例如，当幼儿在探索"小鸟"的折法时碰到了困难，相互之间可以进行讨论，也可尝试新的折法。

（4）讲解指导。对于幼儿实在解决不了并带有普遍性的问题，教师应提供必要的讲解。由于这是幼儿久攻不下的难题，所以此时教师的讲解只是点拨一下而已。但更多的是，教师针对幼儿具体情况进行个别指导。比如，对于"小鸟"折纸的难点，教师要进行讲解并演示，使幼儿通过观察与练习，最终折出"小鸟"。

2. 情境法

情境法是教师根据美术活动的需要为幼儿创设具有各种情绪色彩的、以形象为主体的生动具体的情节或教学情境，使幼儿产生身临其境的感觉，引起一定的情感和态度体验，从而激发幼儿乐于学习、乐于创作的一种教学方法。

幼儿的年龄特点是活泼好动、好奇心强、喜欢模仿。因此教师在教学的时候，需要开动脑筋，想方设法把所学的内容融入一个特定而有效的情境中，使他们在无意中学得快、记得牢，从而激发幼儿的主动学习。

教师创设的情境一般包括真实的生活情境、游戏情境、任务情境等。

（1）真实的生活情境。对于一些比较单调或生活中比较常见的美术活动内容，教师可以带幼儿走进真实的场景中，让幼儿进行写生绘画。比如中班美术活动"马路上的车辆"，幼儿对车辆的了解已经比较深入，如果教师在活动中还是仅仅提供图片和模型，幼儿已经不感兴趣了。因此，教师可以设计写生的作画形式，带着幼儿到马路边，看着南来北往的车辆进行写生，在真实的情景体验中，孩子们的兴趣更浓厚、观察更细致、作画更认真，画面效果更真实生动。

（2）游戏情境。对于小年龄幼儿，教师要为其创设游戏情境，使美术活动具有娱乐性。比如在中班美术活动"半圆变变变"中，教师提前在教室内布置了各种各样半圆形的东西，如帽子、小碗、玩具汽车、刺猬、乌龟等实物，收集了各种半圆形物体的图片张贴在墙面上，并对小朋友们说："今天半圆形宝宝要到我们班来找朋友，谁能帮他找到好朋友呢?"幼儿的兴趣被激发了，原本抽象的半圆形被拟人化了，成为和小朋友一样的"宝宝"，小朋友们很快帮半圆形宝宝找了很多朋友，然后教师让幼儿给半圆形宝宝和它的朋友们画一张画像，孩子们就在轻松、有趣的情境下自始至终保持着浓厚的学习兴趣。

（3）任务情境。中、大班的幼儿已经具有了一定的绘画技能，也有了一定的生活经验，同时又很热心，乐于帮助别人，可以为他们创设任务情境，使他们在任务情境中既帮助了他人，又发展了美术表现能力。比如在大班美术活动"小兔过桥"中，教师创设了有趣的任务情境，教师戴着小兔的头饰，蹦蹦跳跳地来到小河边，同时结合图片和语言讲述，告诉孩子们："我（小兔）要去上学，可是河上的小桥被大水冲坏了，过不了河了，怎么办呢?"小朋友们踊跃地献计献策，于是教师又顺水推舟，请小朋友把他们不同的想法用绘画形式表现出来。幼儿创作出各具特色的作品，有的小兔乘着热气球过河；有的小兔坐在乌龟背上过河；有的让长颈鹿把脖子伸到对岸，小兔从长颈鹿脖子上走过去；有的让老鹰嘴里叼个秋千，让小兔坐在秋千上让老鹰带着小兔飞过河……，画出来的作品多种多样，稚拙可爱，其中的创造力连成人都自叹不如。

值得注意的是，老师设计情境时要给幼儿留下充分的想象空间，而且情境中的主要人物、事件一定要交代清楚，至于如何发展，结果怎样可以让幼儿去充分想象，这样才能使幼儿体验到创作的满足感。同时情境法的运用要贯穿于整个活动过程，整个活动的氛围都要与所创设的情境相吻合。不同的年龄班情境的创设要求不同，小、中班幼儿的思维还具有泛灵论的特点，因此创设的情境可以是拟人化的、夸张的，对于大班幼儿则比较适合真实的生活、任务情境。

总而言之，教学方法是教学过程中教师的"教"与幼儿的"学"二者双向活动的体现，是活动过程中教法与学法的统一体。从上述这些教学方法中可以看到，有些方法是教师主导型的，如讲授法、演示法；有些方法是师幼互动型的，如谈话法、讨论法、情境法、欣赏法；有些方法是幼儿主导型的，如观察法、发现法。教学方法的运用受到美术活动目标和内容的限制，因此教师要根据实际情况灵活、综合地运用各种教学方法。

资源链接 1-4

将美术活动融入儿童的一日生活中

通常，教师认为美术仅发生在集体教学时间或小组活动时间。然而，实际上，美术活动可以融入一日生活的每一个时间段里。儿童需要机会将艺术运用到不同的情境中，并且需要有独立的艺术活动时间，就像小组活动一样。例如，成人和儿童可以在晨间问候时谈论书中的插图，儿童可以在工作计划环节用美术材料来表征自己的意图。他们可以在分享环节用二维或三维媒介来展示自己的工作内容。点心和正餐环节也可以加入艺术。儿童会喜欢加入了美学元素的餐桌，例如一瓶花或用心折叠的餐巾。用餐时的谈话也可以从美的角度切入，例如食物的形状，挂在桌子旁边的一件复制工艺品的色彩，或者儿童从家里带来的陶瓷上的图案。户外活动时间同样可以加入艺术和美学元素。儿童可以装饰攀爬玩具，将一张大纸夹在篱笆上，在上面画一幅壁画，或者在操场上画粉笔画。他们会变得对自然界形象的丰富与美丽更加敏感。他们可以仔细观察当地土壤中的黏土，或者自然生长的植物的颜色与形状。

（引自：Ann S.Epstein. 我是儿童艺术家［M］. 冯婉桢，等，译. 教育科学出版社.）

案例

小班绘画活动：鸡年画鸡

在一次小班的美术活动中，老师给每个幼儿提供了一张上面打印有大公鸡形象的白纸，然后要求幼儿按照大公鸡的形象进行模拟绘画并给大公鸡涂上好看的颜色。然而小朋友拿到纸后，并没有按照老师的要求进行模仿绘画，也没有在公鸡的身体各部位进行涂色，而是随意地在纸上涂鸦，很多小朋友越涂越大胆，甚至涂到纸的边缘（图1-13）。老师对此很着急，一个劲儿地要求幼儿："请小朋友们根据范画来画一只大公鸡。"最后小朋友们交过来的作品老师觉得很难看，认为没有实现教育目标。

图1-13

> **思考**
>
> 2012年教育部颁布了《3—6岁儿童学习与发展指南》,其中,在艺术领域的教育建议中明确提出"幼儿绘画时,不宜提供范画,特别不应要求幼儿完全按照范画来画"。在该活动中,教师给幼儿发了一张有着范画的画纸,小朋友却在纸的空白处进行涂鸦,请你根据学前儿童美术教育的目标及方法谈谈教师这种做法是否合理。

学习回顾

1. 谈一谈美术的门类及主要特征。
2. 简述学前儿童美术及学前儿童美术教育的含义。
3. 查阅课外读物,或检索网络资源,了解国内及国外优秀的绘画、雕塑、建筑、手工艺品等,并能用自己的语言介绍2~3幅自己喜欢的作品。

实践运用

1. 制定美术教育具体活动目标有哪些要求?以小组为单位,制定一个具体活动目标。
2. 幼儿园美术教育常用的方法有哪些?选择一种方法,以小组为单位进行模拟试教。
3. 以小组为单位,制定一个完整的活动方案。

第二章 学前儿童美术欣赏活动

学习目标

① 了解不同年龄阶段幼儿美术欣赏能力的发展水平。

② 了解幼儿美术欣赏活动的内容,掌握各类欣赏对象的特点。

③ 理解各类幼儿美术欣赏活动的注意事项,并能在教案撰写及实际教学中加以运用。

④ 通过美术欣赏活动方案的学习,能够为幼儿园美术欣赏活动设计方案。

⑤ 学习美术欣赏的指导方法,并能在实践中灵活运用。

学习导图

学前儿童美术欣赏活动
- 学前儿童美术欣赏活动的设计
  - 学前儿童美术欣赏能力的发展
  - 学前儿童美术欣赏活动的目标设计
  - 学前儿童美术欣赏活动的内容设计
  - 学前儿童美术欣赏活动的过程设计
- 学前儿童美术欣赏活动的指导
  - 学前儿童美术欣赏活动的指导方法
  - 美术欣赏活动各个环节的指导
  - 各类型美术欣赏活动的指导

问题导入

- 什么是学前儿童美术欣赏活动
- 美术欣赏对学前儿童有哪些发展价值
- 如何设计学前儿童美术欣赏活动
  - 学前儿童美术欣赏有哪些年龄特点
  - 如何定位学前儿童美术欣赏活动的目标
  - 如何选择学前儿童美术欣赏活动的内容
- 如何指导学前儿童美术欣赏活动
  - 如何设计学前儿童美术欣赏活动的过程
  - 指导儿童美术欣赏活动的方法有哪些
  - 如何指导美术欣赏活动的各个环节
  - 如何指导不同内容的美术欣赏活动

美术欣赏教育是艺术教育重要内容之一。美术欣赏是人们对美术作品的感受、理解和评价过程。离开了美术欣赏，美术创作便失去了意义。美术欣赏同其他的艺术欣赏一样，是人们观赏艺术作品时特有的一种精神活动。欣赏者根据自己对生活的感受和理解来欣赏美术作品，从而引起思想和感情上的共鸣，并从中受到教育并获得美的享受。他对提高学前儿童审美能力和艺术素养具有重要作用。《纲要》中指出："引导幼儿接触周围环境和生活中美好的人、事、物，丰富他们的感性经验和审美情趣，激发他们表现美、创造美的情趣。"由此可见，学前儿童的美术欣赏教学在美术教育中占有很重要的地位。

美术欣赏活动就是教师引导幼儿欣赏和感受美术作品、周围环境、自然景物和生活中的美好事物，了解对称与均衡、对比与协调、节奏与韵律、连续与反复等形式美的初步概念，感受其形式美与内在美；丰富幼儿的审美经验，培养审美情趣和审美评价能力的教育活动。

第一节　学前儿童美术欣赏活动的设计

一、学前儿童美术欣赏能力的发展

（一）学前儿童美术欣赏能力的发展阶段

目前美术教育研究者关注学前儿童美术欣赏能力发展的研究不是很多，总结已有的研究结果，笔者把学前儿童美术欣赏能力的发展分为以下几个阶段。

1. 生理性的直接感知阶段（0～2岁）

这一时期，幼儿对于美术作品的欣赏主要表现为对颜色和形状这两种形式审美要素的直觉敏感性。这种对颜色和形状的偏爱完全出于生理性的本能直觉，还没有形成真正独立的美感反应。

（1）对颜色的早期直接审美感知。新生儿出生后不久，就出现了颜色视觉。我国学者冯晓梅通过实验研究发现，80%的出生后8分钟到13天的新生儿能分辨红和灰，说明出生两周内的新生儿就具有了颜色辨别能力。一般认为，婴儿从4个月起，开始对颜色有分化性反应，能辨别彩色和非彩色。波长较长的暖色（如红、橙、黄色）比波长较短的冷色（如蓝、绿、紫色），更容易引起婴儿的喜爱，红色的物体特别容易引起婴儿兴奋。

（2）对形状的早期直接审美感知。幼儿生命的最初几个月，视觉能力发展非常快。美国心理学家范茨通过习惯化行为测量发现，出生两天的新生儿就能注视像面孔一样模式的刺激物，而不喜欢看没有图形模式的圆盘。婴儿似乎对人的面孔有特别的兴趣，他们注视人的面孔的时间比注视其他模式的时间更长。班克等进一步研究发现，引起婴儿视觉注视的是图像的明暗交替模式或轮廓。婴儿在图像识别中，对明暗交替的差异特别敏感。研究者们采用了多种黑白相间的格子或条纹图像进行测试，发现婴儿偏爱明暗对比鲜明或颜色对比鲜明的图像，而不喜欢空白无条纹、无明度和单色的图像。

范茨专门用视觉偏爱的方法研究了婴儿对形状的辨别和偏爱。他给1～15周的婴儿看几对模式图，每对模式图在形状和复杂程度上都有不同：线条图和靶心图、棋盘图和正方形图、交叉十字和圆圈。研究发现，婴儿对靶心图和线条图注视时间最长，而对简单的图形注视的时间较短。这个研究表明，婴儿似乎是带着对复杂图形的偏爱而出生的。格林堡也做过类似的试验，发现在出生第6周的婴儿中对中等程度的复杂刺激注视时间较长，第11周的婴儿喜欢看更复杂的刺激。此外，婴儿还喜欢看活动的、清晰的、轮廓多的图形和曲线。

以上的研究表明，婴儿在出生的较早时期就已经对颜色和形状，这两个美术的基本要素具有一定的审美感知能力了。加德纳认为，2岁以内的儿童一般感知能力和审美感知能力还没有分化，但是他们的感知觉的发展为其审美偏爱和审美感知奠定了基础。

2. 主观的审美感知阶段（2～7岁）

随着儿童认知能力的发展，其美术欣赏的发展开始受到社会认识的制约，在美术欣赏的感知和理解方面，表现出下列特点。

（1）强烈地注意颜色。幼儿在感知作品时很在乎画面的色彩，那些色彩鲜艳的作品往往为他们所喜爱，如马蒂斯的《蜗牛》（图2-1）、梵·高的《星月夜》（图2-2）等。玛丽·卡尔金斯曾把儿童对画的选择与成年人的选择做了比较，结论表明"对于儿童来说，色彩的美比形式的美以及没有色彩的光和影更有吸引力"。我国有学者做过"幼儿对美术作品审美偏爱"的实验研究，其结果也表明"美术作品色彩的丰富和鲜艳程度与幼儿被试偏爱的人数成正比"。

图2-1 马蒂斯《蜗牛》

图2-2 梵·高《星月夜》

（2）对绘画题材产生自由联想的反应。幼儿在感知和理解美术作品的过程中，常常出现对绘画题材的自由联想，且常与自己的生活经验相联系。例如，孩子们在欣赏林风眠的《金秋》

（图2-3）时，有孩子说："河面上漂着的是橘子，回去洗一洗就可以吃了。"被孩子误以为是橘子的实际上是飘落的秋叶。幼儿在感知和理解绘画作品时还不能摆脱认识经验的干扰，总是试图把与生活中相似的物品找出来，并对其进行联想，从而获得心理上的满足。

（3）关注画面的局部特征。在感知一幅美术作品时，幼儿往往只注意作品中所表现的局部特征。玛丽·卡尔金斯的实验中，把细节当作偏爱理由的幼儿占了75%。在瓦伦汀的研究中，9岁的小姑娘喜欢一幅骑士画是因为"他戴着一顶漂亮的帽子，有一头漂亮的卷发，还有那对耳环和可爱的黑夹克"。

图2-3 林风眠《金秋》

从上述例子看出，幼儿已经感觉到了单个对象的美与不美，这确实是孩子们对于绘画的典型态度，但未涉及作品的整体感。这种特征"可能是由幼儿视知觉的分析型特征决定的，即幼儿的视知觉往往只注意事物的局部，而不注意事物的整体"。

（二）学前儿童美术欣赏的特点

儿童的美术欣赏活动是一种审美活动，美术欣赏感受是一种积极的心理活动过程，其中包括了感知、想象、理解、情感多种因素的交错融合。

相对于成人的美术欣赏来说，儿童由于其心理发展水平的限制，他们的欣赏还处于浅表层次，有更多的直觉因素参与其中，理性成分不如成人明显。

第一，儿童的审美知觉具有完形性。无数的实验表明，儿童在面对他一无所知的世界时，并不像由一般的经验逻辑所推演的那样，将繁复的对象细节巨细无遗地尽收眼底，而首先是高度概括地"发现"对象的基本结构。儿童把握这种视觉整体完形和结构性的倾向又特别表现在：一是对轮廓块面的强调夸张性的专注；二是对引起注意的特征部分的异常敏感。

第二，儿童的审美知觉具有主动性。儿童审美知觉的主动性是指学前儿童总是主动选择那些对于他们来说富有审美意义的形象及其结构特征的对象作为自己的审美对象。这种选择不受客体的局限，也不受外来律令的强迫，只取决于儿童自身的审美兴趣、审美理想和生活经历。换言之，只是按照儿童自己的内在规定性和内在结构去选择。这种选择完全是自主的、自由的，谁也没有强迫他们去选择什么、舍弃什么，一切都取决于儿童自身的内在规定性和结构与对象之间内在的适应性。

第三，儿童的审美知觉具有多通道性。儿童审美知觉的多通道性来自于儿童的通感。与成人相比，儿童感官的发育还不太成熟，因而他们常常用多种感官来帮助自己进行审美知觉。

如果说审美感知是审美理解的第一步，那么，审美想象则帮助欣赏主体实现审美理解。

因为在美术欣赏中，审美理解不是靠概念、判断、推理来进行的，而是靠想象来进行的。早期儿童心理发展的"自我中心"的特点及其思维发展的形象性决定了他们的审美想象可以达到"神与物游""物我不分"的境界。早期儿童的知觉处于对自己和经验不加区分的状态，他们觉得自己就是对象，对象就是自己，在似现实又超现实的境界中生活、体验、分享，实现"神与物游""物我为一"，获得审美享受。表现出审美理解的直觉性、情感性、外显性和弥漫性的特点，具体如下。

（1）儿童的审美理解具有直觉性。审美直觉是指直接从审美对象的形式猛然地把握了它的理性意蕴。由于儿童原先的视界与成人具有差异，因而教师不能用成人的理解标准来要求儿童达到同样的理解水平。在儿童的眼里，他们的理解就是正确的理解。

（2）儿童的审美理解具有情感性。一是指儿童在进行审美欣赏时的那种全身心沉浸在审美对象中的倾向，他们那全神贯注的神态让大多数成人自愧不如。二是指儿童常常以自己的情感爱好为标准来进行审美判断。

（3）儿童的审美理解具有外显性。教师经常可以看到，儿童手舞足蹈、呜哇有声地借助动作、语言、表情等来表达自己对审美对象的感受。

（4）儿童的审美理解具有弥漫性。他们常常将审美过程中的那种情感带入其他活动中，俨然自己就是这个形象本身，沉浸在角色之中。

二、学前儿童美术欣赏活动的目标设计

《3—6岁儿童学习与发展指南》的艺术领域"感受与欣赏"部分中，美术欣赏的目标表述如表2-1所示。

表2-1 美术欣赏的目标表述

目标1 喜欢自然界与生活中美的事物		
3~4岁	4~5岁	5~6岁
喜欢观看花草树木、日月星空等大自然中美的事物	在欣赏自然界和生活环境中美的事物时，关注其色彩、形态等特征	乐于收集美的物品或向别人介绍所发现的美的事物
目标2 喜欢欣赏多种多样的艺术形式和作品		
3~4岁	4~5岁	5~6岁
乐于观看绘画、泥塑或其他艺术形式的作品	①能够专心地观看自己喜欢的文艺演出或艺术品，有模仿和参与的愿望 ②欣赏艺术作品时会产生相应的联想和情绪反应	①艺术欣赏时常常用表情、动作、语言等方式表达自己的理解 ②愿意和别人分享、交流自己喜爱的艺术作品和美感体验

三、学前儿童美术欣赏活动的内容设计

（一）学前儿童美术欣赏对象的类型

学前儿童可欣赏的美术作品主要有以下几类。

1. 绘画作品

绘画作品是在平面上展现的，以一般的纸、布和笔墨、颜料为工具，运用线条和色彩构成的图像。绘画根据使用材料、工具和技法的不同，分为中国画（图2-4、图2-5、图2-6）、油画（图2-7、图2-8）、版画（包括木刻、铜版、纸版、胶版、石版等）（图2-9）、水彩画、水粉画、色粉画、丙烯画、蜡笔画等。绘画以题材不同，分为人物画（肖像画、风俗画、历史画等）、风景画、静物画、动物画等。绘画以社会作用和表现形式不同，可分为宣传画、广告画、年画、漫画、连环画、组画、插图等。绘画以表现手法不同，可分为抽象绘画、具象绘画、装饰绘画等。绘画根据作画主体的不同，可分为成人画和儿童画（图2-10）。

图2-4　齐白石《虾》

图2-5　徐悲鸿《马》

图2-6　工笔花鸟

图2-7　毕加索《梦》

图2-8　莫奈《睡莲》

图2-9　木版年画

教师可以选择各种优秀的绘画作品，作为幼儿欣赏活动的素材，丰富幼儿的审美体验。

2. 雕塑作品

雕塑是雕和塑两种制作方法的合称。它以特种刀子在黏土等可塑的或者金属、石、木等硬质的材料上，雕塑出各种艺术形象。雕塑一般分为两类：一是圆雕，占有三度空间的实体，不用背景，从四周观看，犹如现实中真的人物或形体（图2-11）；二是浮雕，即浅凸雕。浮雕又有高浮雕、浅浮雕之分。古代雕塑多取材于神话、宗教题材（图2-12），近代雕塑取材极为广泛（图2-13）。

图2-10　儿童画《和爸爸去游泳》

图2-11　古代雕塑作品

图2-12　唐三彩

图2-13　近代雕塑作品

对幼儿来说，雕塑的欣赏主要是和他们的生活经验相关、教学相关的雕塑作品，当然也有一些孩子兴趣需要所涉及的内容。石雕如我国西汉霍去病墓前的《跃马》《马踏匈奴》，古希腊雕塑家米隆的《掷铁饼者》；木雕如根雕（图2-14）等。泥塑如无锡的惠山泥人阿福系列（图2-15）、天津的泥人张系列；陶塑如新石器时期的彩陶罐壶。因为幼儿的认知特点：幼儿对空间概念的认知还不完备，让幼儿欣赏立体的雕塑时，要让幼儿可以利用各种方法多方位地进行

图2-14 根雕

图2-15 惠山泥人

感知，从而让幼儿理解关于造型的一些简单的技巧和特点，激发幼儿运用可塑性材料进行造型的冲动。在活动前一些必要的知识储备，会给欣赏活动带来一定的动力和前期经验。

3. 实用工艺

实用工艺是指在造型和外观上具有审美价值，与人类的生活用品或生活环境相关的一类工艺美术品的总称。实用工艺品的范围极其广泛，主要包括三大类：一

图2-16 风筝

是经过艺术处理的日常生活用品，如漂亮的绣花枕套、精致的床单、美观的玻璃器皿等，这些用品多是以实用为主，装饰为辅（图2-16、图2-17）；二是民间工艺美术品，如竹编器件、蜡染织物（图2-18）、泥塑、木雕、剪纸（图2-19）、京剧脸谱（图2-20）等，既实用，又具有观赏价值；三是特种工艺美术品，如景泰蓝器皿（图2-21）、象牙雕刻、瓷器、玉雕等，它们采用的原材料比较珍贵，工艺非常精细，价格也比较昂贵，主要供观赏和珍藏之

图2-17 虎头鞋

图2-18 蓝印花布

图2-19 剪纸

图 2-20　京剧脸谱

图 2-21　景泰蓝

用。特种工艺品实际上已不具有实用价值，而是主要具有审美价值和艺术价值。

幼儿由于自己的知识经验的不足，对社会文化、民俗理解得不够深入，导致在对民间艺术作品进行欣赏时，需要教师在社会文化等知识层面给予幼儿前期的经验和认知，作为幼儿对民间艺术欣赏的前提。教师在选择民间艺术作品让幼儿欣赏时，可以结合正在进行的教学活动，或是有自己地方文化和特色的艺术作品，这样便于幼儿运用已有的知识经验，体会民间艺术作品中的美。

4. 建筑艺术

从建筑功能出发，通过对建筑材料与结构方式的技术处理，使建筑产生一个美的形式即建筑艺术。建筑依其营造的目的——使用功能不同，可分为宫廷建筑、宗教建筑、军事建筑、公共建筑、民居或园林建筑、陵寝建筑等。

在建筑欣赏中，幼儿的经验最直接的就是楼房、商场、影院等，这些都是一般的建筑，基本上不是"建筑艺术"。幼儿还比较熟悉的可能是广场、园林、纪念碑、桥梁等，因为这些建筑能满足人的精神需要，所以这些属于"建筑艺术"。幼儿还可能会了解一些影响广泛、有艺术性、标志性的建筑（图2-22、图2-23），比如埃及的金字塔、神庙；法国的埃菲尔铁塔；法国塞纳河边的巴黎圣母院；我国的古代建筑（图2-24、图2-25）。

图 2-22　悉尼歌剧院

图 2-23　比萨斜塔

图 2-24　故宫

图 2-25　长城

5. 自然景物

自然景物是以地理、物象、水文、天象等为主的自然造化。自然界的景物千姿百态，美不胜收。日常生活中可供学前儿童欣赏的自然景物有很多，如动物、树木、山川（图2-26）、花草、河流、海滩、冰雪、贝壳、海星（图2-27）、高山、梯田（图2-28）、晨露、霞光（图2-29）、星空（图2-30）等。

图 2-26　雪山

图 2-27　海星

图 2-28　梯田

图 2-29　霞光

图 2-30　星空

幼儿最容易欣赏到的是身边的自然景物——昆虫、花草、树木等，人们经常看见孩子们在秋天会捡拾树叶，仔细地观察和保存，并用树叶进行游戏；人们也会发现孩子们流连于小昆虫的可爱，发现蝴蝶翅膀原来是那么美丽。这些大自然的馈赠，是幼儿美术欣赏的宝库。教师应该引导幼儿去感受大自然的神奇和魅力。

6. 周围环境中的美好事物

周围环境中的美好事物是指以人工为主的各种事物，如各类玩具、节日装饰（图2-31、图2-32）、服装（图2-33）、街道、日用品、环境布置、庭园绿化等。这些周围环境的欣赏可以结合幼儿主题教学的内容，当然也可以是幼儿突发的感兴趣的现象。幼儿对周围环境发生兴趣，往往是突发的、自发的，教师需要的是支持幼儿的发现，引导幼儿感受其中美的现象，鼓励幼儿的想象，做幼儿活动的支持者和引导者。

图 2-31　过新年

图 2-32　圣诞节

图 2-33　服装

（二）学前儿童美术欣赏活动中的基本知识与技能

学前儿童在美术欣赏活动中应掌握的知识与技能主要包括四个方面：一是美术欣赏方面的简单知识，如冷色、暖色、变化、对称等；二是用自己的语言对欣赏对象做出适当的描述；三是用各种"语言"表达自己对欣赏对象的感受和认识，如口头语言、形体语言（如动作、舞蹈、戏剧、哑剧等）、美术语言（如色彩、造型、构图等）等；四是运用不同的艺术形式表达自己的感受和体验，如绘画、泥塑、粘贴、剪纸、撕纸等。

四、学前儿童美术欣赏活动的过程设计

（一）学前儿童美术欣赏教学的准备

学前儿童美术欣赏的最初目标是审美态度的形成，这是欣赏的前提。审美态度的具体形式和关键环节是审美注意。所谓审美注意是指把注意力集中和停留在审美对象的形式结构上面。审美注意与科学研究中对具体对象的注意不同，它并不直接地联结、并不很快地过渡到逻辑思考、概念意义，而是更为长久地停留在对象的形式结构本身，从而发展其他心理功能如情感、想象等的渗入活动。所以，审美注意的特点就在于各种心理因素倾注、集中在欣赏对象形式本身，从而充分感受形式。线条、形状、色彩、韵律、变化、平衡、统一、和谐等形式、结构方面，便得到了充分的注意。这样，审美态度经过审美注意就完成了欣赏的准备阶段，进入欣赏的实现阶段。

在学前阶段，受心理发展水平的限制，儿童还不能完全自发地把注意集中在对象的形式和结构上面，他们常常有一种"求实"的心理，即注意欣赏对象的内容，而忽略其形式。虽然那种与欣赏对象保持距离、将内容与现实分离的能力，在这一阶段还不能得到充分的发展，但这并不会严重地影响幼儿的欣赏。他们已经懂得了卡通片、故事或歌曲只不过是"假的"而已，他们已经有某种解释普遍符号系统的潜力。这说明学前儿童已具备了美术欣赏的可能性，在审美教育中教师有必要也有可能引导儿童把注意力集中到审美对象的形式和结构上来，培养其审美注意的自觉性和稳定性。

学前儿童美术欣赏活动需做好如下准备：

（1）深入了解儿童对欣赏的特殊态度、情感、信念和价值观，他们对美术表现形式的情感和理念。每个孩子的能力是不一样的，一定要以儿童能接受的程度作为课程教学的起点。

（2）教师要具备一定的艺术素养，有较为广泛的艺术知识和技能，并能不断学习，富有挑战冒险的精神，为儿童提供丰富的美感经验，用富有创意的主题吸引儿童的兴趣。

（3）选择经典性的艺术作品，让儿童开展一系列的欣赏，开拓儿童的视野，发展儿童对艺术的敏感性。

（4）创设良好的教学、学习环境，有足够的画册、幻灯片、录像、录音设置，有条件的可以创造机会让幼儿接触画家，参观美术馆、博物馆，有进行创作练习活动的场所。

（二）学前儿童美术欣赏活动的基本过程

儿童对艺术作品的体验也就是欣赏、探索的开始。美术欣赏的过程包含了许多复杂、微妙、变化多端的刺激，这不仅需要培育敏锐的审美感受力、审美理解力，还需要培育一种对复杂的视觉以及它的深奥意义的整体把握能力。学前儿童美术欣赏活动，必须在深入了解儿童心理发展、知识经验积累的基础上，帮助儿童掌握一定的欣赏技能和审美概念，引导儿童一步步地从对作品的最初印象到作品的形式美的感受，进而深入体验作品的内在含义。

孔起英教授认为学前儿童美术欣赏活动一般分为以下四个阶段。

1. 描述阶段

对作品的第一印象是一种瞬间的强力感受，一种单纯的视觉快乐，是儿童直觉地面对作品产生的闪光式的认识。这种印象具有鲜活的生命力，它把儿童带入神秘的艺术世界之门。为了使儿童产生对作品强烈的第一印象，在观看作品以前，教师要做许多准备工作，特别是丰富儿童生活经验的准备。例如：欣赏齐白石的画以前，教师让儿童观看在水里活泼地游着的金鱼、虾，给孩子们讲齐白石小时候的故事；欣赏傅抱石的山水画时，让儿童先看录像，看三峡风光，感受崇山峻岭之美。

对第一印象的描述是很重要的，也就是要儿童说出美术作品外在的、可立即指称的视觉对象，它并不涉及作品的含义及其价值的认定。这时，教师要给儿童以足够的观看欣赏时间，然后让他们用简洁的语言说出自己的真实感受。教师提出的主要问题是："你看到了什么？"

在描述阶段，教师要耐心倾听儿童的讲述，让儿童充分表达。只有当儿童需要帮助时，教师才可以用启发、提问的方式给予线索启迪，引导他们观察、想象并进一步陈述清楚。

在一般性描述的基础上，要对作品的特征和要素的识别方面做进一步的观察，包括对主题、形象、材料等方面做出较为详尽的描述。在陈述过程中，儿童往往会简单地说："我看见有许多人""有狗""我看到海里有船"……实际上，这时儿童所见的还只停留在一般性的认知方面，它并不是审美知觉。教师需要提出一些补充性问题，如"这些人是什么样子的？你有什么感觉？""这是在什么季节？有什么样的风光？"引导儿童使用一些独特的形容词，如"明亮的天空""悠闲的人""慢慢地散步""凉爽的天气"等。

2. 形式分析阶段

孔起英教授认为，所谓形式分析是指分析视觉对象之间的关系，也就是分析作品所表现的美的形式，如造型、色彩、构图等形式语言，以及对称、均衡、节奏、韵律、变化、统一等构成原理的应用。通过形式分析，加深儿童的审美体验，提高审美理解能力，因而形式分析阶段是学前儿童美术欣赏活动的关键环节。

对美的形式的感觉与理解，儿童似乎有一种天生的流露。在色彩方面，从单色到多色，从红色、黄色到绿色、蓝色，从暖色到冷色，儿童对色彩的偏爱及应用，遵循着人类对色彩偏爱的演变规律。这说明儿童是有可能理解和接受艺术家用激情和生命所描绘的色彩的。

艺术作品中的线条，饱含着极其丰富的表现力和文化底蕴。曾经有学者粗略地统计过名画中直线的含义，他惊讶地发现其中具有相当的一致性。比如：一条没有变化的直线，会使人感觉单调、平静；曲线的变化缓慢、连绵，引发人的注意，使人感到柔和、流动；放射线使人感到舒展、充满活力。形状方面，正方形显得稳定、刚直、呆板；圆形则显得活泼、柔和、流动。线条和图形在具体的美术作品中的细腻变化使画家的表现达到鲜明而美妙的效果。而儿童随意画出的一条线，其中主观的、情绪的东西也远远超过了写实的形象。

色彩和线条是构成一幅作品的基本要素，但是在分析作品中，需要注意它们之间的相互关系。形体轮廓的大小、线条的粗细曲折变化、色彩的深浅明暗，它们之间的节奏与韵律、对称与均衡、多样与统一所构成的形式美，构成一种整体的关系。凡是优秀的作品，总会表现出它的运动性、变化性和统一性。要善于发现作品中那些最突出、最重要的部分，注意到它们与那些次要的、较为隐蔽的视觉点的相互衬托关系，感受作品的情感和情调。

因此，在形式分析阶段，要求儿童表达对作品的感受，教师的作用尤其重要。首先，教师不仅自己要对美的形式有一定的理解和欣赏能力，能够掌握形式美的原理，体验作品的意味，而且要用启发性的语言，引导儿童反复多次地深入感知、体验作品，同时要用通俗易懂的语言进行浅显而简明的描述，让儿童真正地理解这些艺术语言与形式美原理的内涵。在此过程中，教师的主要问题是："你喜欢什么？为什么？"以启发儿童对作品形式美的感觉。其次，儿童对欣赏的基本艺术语言和形式美的原理的认识可以经由美术创作来获得。例如：在欣赏梵·高的作品《星月夜》时，可以让儿童试验用波浪形、螺旋形的线条来画画，体验线条的运动和变化。在欣赏完抽象派大师蒙德里安的后期作品后，可以让儿童用彩色纸剪贴各种几何形状。

教师在用问题引导儿童进行形式思考以后，要进行小结，以帮助儿童理清思路，进一步加深印象。

3. 解释阶段

所谓解释是指探讨一件美术作品所蕴含的内在意义，帮助儿童把握具象的艺术形式所再现的东西，或抽象艺术形式所表达的微妙的情感、情调、意义或意味。

首先，是具象性的作品。具象性的作品是画家对现实中最美好、最典型的事物形象的再创造。由于画中形象栩栩如生，因此很容易刺激儿童的感官，引发他们原有的知识经验，产生种种联想。如齐白石的《瓜果》（图2-34），吴作人的《骆驼》（图2-35）、《熊猫》（图2-36），李可染的《牧童放牛》（图2-37），米勒的《拾穗》（图2-38），列宾的《伏尔加河上的纤夫》（图2-39）等，都深深地吸引着儿童。可以从整个画面的形象等方面来感受作品的意蕴，通过人物的神态、身体、动作来感知作品所表现的主题，使儿童通过欣赏作品，使其对美的事物更敏感，对人物情感体验更丰富。当然，对具象性作品的欣赏大多需要联系一定的社会历史背景，对这类作品的欣赏不必苛求儿童完全按照创作者的原意来理解。

图2-34　齐白石《瓜果》

图2-35　吴作人《骆驼》

图2-36 吴作人《熊猫》

图2-37 李可染《牧童放牛》

图2-38 米勒《拾穗》

图2-39 列宾《伏尔加河上的纤夫》

其次,是抽象性的作品。如在中国画欣赏中,选取吴冠中的《春雪》(图2-40)、《小鸟天堂》(图2-41);在西洋画欣赏中,选取波洛克的《会聚:第10号》(图2-42)、《蓝色杠杆:第11号》(图2-43),蒙德里安的《红、黄、蓝构图》(图2-44),康定斯基的《构图8号》(图2-45)、《即兴35号》(图2-46)等现代派艺术大师的抽象作品。这些抽象画虽然没有真实的物体,也没有具体的人物,有的只是各种线条、形状、颜色的不同组合,但这些"有意味的形式"所构成的视觉品质,这些形式层面的东西恰恰最容易为儿童所理解、欣赏和接受。研

图2-40 吴冠中《春雪》

究结果表明，儿童对抽象作品所做出反应的热烈程度，对线条、形状和色彩的直觉感受和把握，就作品所表达的意象和情感的表现性方面所展开的丰富想象，在很多时候是绝大多数成人，甚至包括实验教师和专业研究人员所意想不到的。

图 2-41　吴冠中《小鸟天堂》

图 2-42　波洛克《会聚：第 10 号》

图 2-43　波洛克《蓝色杠杆：第 11 号》

图 2-44　蒙德里安《红、黄、蓝构图》

图 2-45　康定斯基《构图 8 号》

图 2-46　康定斯基《即兴 35 号》

揭示作品的内在意义或意味，必须对作品的符号含义和作品的形式与形象本身具有的意义或意味有所了解。一般来说，符号含义是一种具有象征意味的、由世俗决定的东西。例如："龙"是土地富饶的象征、帝王标志和驱邪的符号；"鸟"是特别吉祥的符号；"神牛"是力量的象征；带角的头巾置于王冠上，表示王权。而作品的内容、人物形象的内在意义又往往浓缩或积淀于形式之中。例如：中世纪常见的主题之一，是描绘一个长有翅膀的青年，脚下踩着轮子或球，手持天平，同时，另一个人在为他加冕，这一主题被解释为具有"生命"的寓意，或是"时机""机遇"的意思。在解释阶段，教师可以从以下两点入手。

（1）探讨美术作品所蕴含的意义，必须在整体与部分的辩证运动中逆行。即必须根据美术作品的各个部分来理解美术作品的整体，同时必须根据美术作品的整体来理解美术作品的各个部分，这是一个循环往复的过程。教师在引导儿童欣赏作品之前，可以对作品的意义有预先的设计，这种意义是教师个人对作品的解释，在引导儿童欣赏过程中，又不停地被修正着，形成一个或多个合理的解释。教师为了扩大儿童对作品的文化底蕴的积累，还可以适当地介绍有关作者的小故事、作品创作的背景等，帮助他们更深入地理解作品所蕴含的意义。

（2）虽然教师在引导儿童欣赏美术作品之前，已有对作品意义的预期，但这并不意味着儿童必须无条件地接受教师的这种预期。儿童仍然可以有自己的理解，而且教师还必须鼓励儿童不要拘泥于教师的解释，甚至不必拘泥于创作者原有的创作意图，而是要求儿童根据自己对作品所传达信息的体验和理解，充分发挥想象力、创造力，发表自己的见解。这时，教师可以这样提问："画家为什么要这样画？""这幅画使你想到了什么？""你能说出这幅画的画家想要告诉我们什么吗？""你想为这幅画取个什么名字？"

4. 评价阶段

评价是指判断一件美术作品的价值。对艺术品作判断需要综合艺术创作、艺术背景知识、艺术欣赏和美学的各方面知识，是一个更高级的阶段。按照美国美学家比斯莱的看法，判断艺术作品主要按照统一性、复杂性和强烈性标准进行。

统一性可以从作品的完美程度、内在结构和风格的一致性等方面评价；复杂性指作品的丰富、变化、精细、微妙等方面；强烈性则可以根据作品的新奇性、新鲜性，是否有震撼力来评价。美学上的活力只有在被承认是属于真正的创造时，才能维持。以上三种评价标准具有一定的互补性，需要灵活运用。

对学前儿童来说，如果儿童能够对优秀作品说出自己的喜欢之处，说出自己对作品含义的某些理解，或是吸收作品的某些方面，进行自己的创作，应当说就已经达到目的了。教师可以这样提问："你觉得这幅画美吗？""你喜欢这幅画吗？""你看后感觉如何？"

📖 **案例 2-1**

当小班幼儿欣赏毕加索的《戴帽的女孩》时,教师可以首先开门见山地这样提问:

谁来了?

她是什么样子的?

画家是用什么颜色画脸的?

你还看到了什么颜色?

黑颜色在画上的什么地方?黄颜色呢?

你还看到了什么呢?

教师应注意发现幼儿所关注的内容,及时用启发和提问题的方式给他们以线索启迪,引导幼儿观察、想象并进一步地陈述清楚,让幼儿初步形成对作品的整体直觉印象。接着,要将幼儿获得的欣赏资料与他们自己的经验结合起来,对作品中比较显著的、幼儿易关注的内容和形式进行进一步的感知和理解。比如,在《戴帽的女孩》中,醒目的色彩以及夸张的画法所表现的五官,强烈地吸引了幼儿的眼球,教师可以抓住色彩、形象等幼儿关注的部分加深引导幼儿对作品的进一步理解。

小班幼儿受到语言表达能力的限制,尤其需要用感官和动作参与理解和表达。因此,在欣赏作品时,教师要调动起幼儿的多种感官感受,并鼓励幼儿多用动作体验和表达,让幼儿在边说边做的同时,获得一些粗浅的审美经验。还是以《戴帽的女孩》为例,作品中粗粗的线条夸张地表现了女孩的眼睛、睫毛,突出了女孩的表情,教师可以让幼儿相互看看同伴的眼睫毛,闭上眼睛用手轻轻触摸自己的眼睫毛进行感知,模仿画中女孩的表情,还可以进行相关的操作性活动,让幼儿用棉签蘸颜色,在"脸上"自由画画。

最后,教师要让幼儿根据自己的想象、理解进行审美判断。小班幼儿的审美偏爱非常笼统,没有标准,教师可以将赏析的作品与幼儿日常生活相接近的作品进行比较,让幼儿说说"喜欢哪幅",鼓励幼儿充分表达自己的审美感知。

(此案例摘自孔起英主编,《给幼儿园教师的101条建议》,南京师范大学出版社,2008年版,第45-46页。)

📖 案例 2-2

当中班幼儿欣赏中国画《秋色胜似春》时，教师可以首先这样提问：

你在画上看到了什么？

你从画上"听"到了什么？

看了这幅画，你有什么感觉？

这里需要说明的是，教师的提问并不是一上来就像"连珠炮"似地问个不停，而应先给幼儿一定的时间进行独立的欣赏，不要操之过急或讲得太多，要让幼儿畅所欲言，充分发挥他们的观察力、艺术想象力和语言表达能力。只有当幼儿需要帮助时，教师才用启发或提问题的方式给予线索启迪，引导他们观察、想象并进一步地陈述清楚。

在形成了初步的整体直觉印象的基础上，教师要引导幼儿对作品的形式和内涵意义进行欣赏，以帮助幼儿进一步体验和理解作品，丰富他们的审美经验。此时，教师要注意将获得的欣赏资料与幼儿已有的经验结合起来，运用感官感知、动作参与、审美联想等多种方式引导幼儿充分感受感性形式中蕴含的内在意义。仍以幼儿欣赏《秋色胜似春》为例，画面通过色彩、线条、构图等形式要素表现了热情奔放、自由明快的意蕴。因此，教师提出"你感觉到什么"，意在让幼儿发挥想象，说出自己的第一感觉；教师进一步追问"你从哪里感觉到的呢""哪些让你有这种感觉的"，引导幼儿关注到形式要素，如果幼儿说出的是画面上所没有的，说明幼儿在进行联想，教师在给予肯定的同时，也要引导幼儿不断关注画面。教师还可以利用意蕴、风格不同的美术作品，让幼儿进行对比欣赏，以丰富幼儿对形式要式要素的感受，加深其对作品内涵的体验和理解。

美术欣赏活动的最后阶段，一般是让幼儿根据自己的想象、理解进行审美判断。经过教育干预，中班幼儿的审美偏爱开始分化，有了初步的标准，教师可以通过让幼儿给作品取名、谈谈"是否喜欢这幅画"让幼儿在分析的基础上进行整体感知。教师还要注意给幼儿开放的空间，不必强求名字的标准和统一，以让幼儿尽可能大胆地表达。

（此案例摘自孔起英主编，《给幼儿园教师的101条建议》，南京师范大学出版社，2008年版，第47-48页。）

📖 案例2-3

当大班幼儿欣赏徐悲鸿的《奔马》时,教师可以先让幼儿听《赛马》和《森吉德玛》两段性质差别明显的音乐,然后让幼儿欣赏美术作品《奔马》,提问幼儿"这幅画面和哪段音乐表达的内容一样?感觉怎么样?"等。在形成了初步的整体直觉印象的基础上,同中班一样,教师要引导幼儿对作品的形式和内涵、意义进行欣赏,以帮助幼儿进一步体验和理解作品,丰富他们的审美经验。教师还要从整体上营造符合作品意蕴的氛围,充分运用对话、动作参与、审美联想、美术创作等多种方式,引导幼儿对欣赏对象的形状、色彩、光线、空间、张力等要素组成的完整形象进行整体把握。仍以欣赏《奔马》为例,画面通过姿态、线条、笔触、光线、构图等形式要素表现了骏马的矫健,以及飞奔时的神态气势。教师可以这样提问:

这些马是老弱病残的,还是健壮有力的?

你从哪里感觉到的?

你觉得这些马是在什么地方奔跑?

它们跑得快吗?怎么跑的?请你来学一学。

在讲到马尾、鬃毛时,为了感受其强而有力的笔触,可以让幼儿拿起毛笔,自己尝试画一画,积累更具体的体验。教师还可以让幼儿看着画面,在音乐营造的氛围中,用自己的动作模仿、表现骏马奔跑的神态、样子,以丰富幼儿对形式要素的感受,进而加深对作品内涵的体验和理解。

最后是对作品的审美判断,教师要提示幼儿在分析的基础上进行理性的感知。经过教育干预,大班幼儿的审美判断标准不再局限和单一,教师引导幼儿进行评价的重点是在对作品的审美判断和揭示作品对于人类美术活动的意义上,帮助幼儿从多样化的作品表达方式中吸取审美经验,提高其审美判断能力和审美情趣。

(此案例摘自孔起英主编,《给幼儿园教师的101条建议》,南京师范大学出版社,2008年版,第49—50页。)

🔗 资料链接2-1

1. 名画欣赏——毕加索《格尔尼卡》

《格尔尼卡》(图2-47),毕加索作,1937年,布面油画,305.5厘米×782.3厘米,马德里索菲亚王妃艺术馆(Reina Sofía Art Museums)馆藏。

毕加索虽然热衷于前卫艺术创新,然而却并不放弃对现实的表现,他说:"我不是一个超现实主义者,我从来没有脱离过现实。我总是待在现实的真实情况之中。"这或

图2-47 毕加索《格尔尼卡》

许也是他选择画《格尔尼卡》的一个重要原因吧。然而他此画的对于现实的表现,却与传统现实主义的表现方法截然不同。他画中那种丰富的象征性,在普通现实主义的作品中很难找到。毕加索自己曾解释此画图像的象征含义,称公牛象征强暴,受伤的马象征受难的西班牙,闪亮的灯火象征光明与希望。

当然,画中也有许多现实情景的描绘。画的左边,一个妇女怀抱死去的婴儿仰天哭号,她的下方是一个手握鲜花与断剑张臂倒地的士兵。画的右边,一个惊慌失措的男人高举双手仰天尖叫,离他不远的左处,那个俯身奔逃的女子是那样地仓皇失措,以致她的后腿似乎跟不上而远远落在了身后。这一切,都是可怕的空炸中受难者的真实写照。

画中的诸多图像反映了画家对于传统绘画因素的吸收。那个怀抱死去孩子的母亲图像,似乎是源自哀悼基督的圣母像传统;手持油灯的女人,使人联想起自由女神像的造型;那个高举双手仰天惊呼的形象,与戈雅画中爱国者就义的身姿不无相似之处;而那个张臂倒地的士兵形象,则似乎与意大利文艺复兴早期某些战争画中的形象,有着姻亲关系。由此可以看出,毕加索不仅是一位富于叛逆精神的大胆创新者,同时也是一位尊崇和精通传统的艺术家。

乍看起来,这幅画在形象的组织及构图的安排上显得十分随意,甚至会觉得它有些杂乱。这似乎与轰炸时居民四散奔逃、惊恐万状的混乱气氛相一致。然而,当细察此画,却发现在这长条形的画面空间里,所有形体与图像的安排,都是经过了精细的构思与推敲,而有着严整统一的秩序。虽然诸多形象皆富于动感,可是它们的组构形式却明显流露出某种古典意味。

可以看到,在画面正中央,不同的亮色图像互相交叠,构成了一个等腰三角形;三角形的中轴,恰好将整幅长条形画面均分为两个正方形。而画面左右两端的图像又是那样的相互平衡。可以说,这种所谓金字塔式的构图,与达·芬奇的《最后的晚餐》的构图,有着某种相似的特质。

另外,全画从左至右可分为四段:第一段突出显示了公牛的形象;第二段强调受伤挣扎的马,比喻了在战斗中最无辜的百姓,其上方那盏耀眼的电灯看起来好似一只惊恐、孤独的眼睛;第三段,最显眼的是那个举着灯火从窗子里伸出头来的"自由女神",在其之下,是一位妇女,她朝着自由女神走去,象征着人们渴望和平和自由;而在第四段，那个躺在地上的男子，象征着战斗中不屈的战士，他手拿一支剑，最巧妙的是他剑上的小花，赞颂了这种宁死不屈的精神。

毕加索以这种精心组织的构图，将一个个充满动感与刺激的夸张变形的形象，表现得统一有序，既刻画出丰富多变的细节，又突出与强调了重点，显示出深厚的艺术功力。在这里，毕加索仍然采用了剪贴画的艺术语言。不过，画中那种剪贴的视觉效果，并不是以真正的剪贴手段来达到的，而是通过手绘的方式表现出来。那一块叠着另一块的"剪贴"图形，仅限于黑、白、灰三色，从而有效地突出了画面的紧张与恐怖气氛。

2. 杨柳青年画的艺术特色

杨柳青年画产生于中国明代崇祯年间，继承了宋、元绘画的传统，吸收了明代木刻版画、工艺美术、戏剧舞台的形式，采用木版套印和手工彩绘相结合的方法，创立了鲜明活泼、喜气吉祥、富有感人题材的独特风格。2006年5月20日，该遗产经国务院批准列入第一批国家级非物质文化遗产名录。

杨柳青年画既有版画的刀法韵味，又有绘画的笔触色调，构成与一般绘画和其他年画不同的艺术特色。

杨柳青年画具有笔法细腻、人物秀丽、色彩明艳、内容丰富、形式多样、气氛祥和、情节幽默、题词有趣等特色，创立了鲜明活泼、喜气吉祥、富有感人题材的独特风格。

杨柳青年画题材范围极广，包括风俗、历史故事、戏曲人物、娃娃、美人、花卉、山水等，尤以反映现实生活，时事风俗、历史故事等题材为特长。不仅富有艺术欣赏性，而且具有珍贵的史料研究价值。以这些优秀作品为代表的现实主义和浪漫主义相结合的优良传统，形成杨柳青年画艺术的主流。

年画特点通过寓意、写实等多种手法表现人民的美好情感和愿望，尤以直接反映各个时期的时事风俗及历史故事等题材为特点。比如年画《连年有余》，画面上的娃娃"童颜佛身，戏姿武架"，怀抱鲤鱼，手拿莲花，取其谐音，寓意生活富足，已成为年画中的经典，广为流传。

杨柳青年画的艺术特点是多方面的，形成其艺术特点的条件也是多方面的。其中较为显明突出的则是表现在制作上。制作时，由于彩绘艺人的表现手法不同，同样一幅杨柳青年画坯子（未经彩绘处理的墨线或套版的半成品）可以分别画成精描细绘的"细活"，和豪放粗犷的"粗活"，艺术风格迥然不同，各具独自的艺术价值。

杨柳青年画受到北方版画和院体画的影响，精工细腻，有画、刻、印、描、开脸等多种工序。年画作坊拥有画师、雕版师、刷印工、裱工，还有以填色、开脸为副业的农民。一张年画除主要领先画师创作外，从刻版到水印加彩完成，还要众多民间艺人通力合作。其中杨柳青的画师尤其具有相当高的技艺，清代时有的还曾被邀入宫廷，北京前门外一带画店中也有杨柳青画师，清末又有上海画家钱慧安受聘为杨柳青年画创稿。

杨柳青年画历史长，渊源久远，产量多，制作精细，在中国民间年画中具有重要的代表性。

3. 美术欣赏教学的四个层次

（1）感觉的层次。教师以开放的态度，利用艺术作品本身的感染力激发儿童的探究欲望，要求他们用自己直接的感觉、知觉与美感意识去接触作品。这时教师要避免用自己预定的期望去影响儿童。

（2）智慧的层次。艺术活动有赖于智慧的运用，而艺术认知层面的活动是需要学习的。在儿童观看欣赏以后，要引导儿童从主题、形式、象征、材料、构图等方面进行有意识的观察，并做扼要的陈述，在教师的指导下，进一步了解画面的形式及其内涵。

（3）表现的层次。要求儿童表达对作品的感受，在教师的启发引导下，对审美要素进行分析、描述和谈论。教师可以着重分析作品中视觉元素的特色，作者是如何安排或组织以达到创作的预期效果的。教师和儿童在共同的交流中，用隐喻、暗示和解释等方式巧妙地呈现艺术品的内涵与意境，并将所知觉的作品结构加以必要的说明、解释和评价。

（4）创造性的层次。教师和儿童共同发掘所欣赏的艺术品的潜在美感价值，扩展其新奇性、原创性，并鼓励儿童在作品的潜移默化中创作自己的作品。

第二节　学前儿童美术欣赏活动的指导

学前儿童虽然喜欢美，有着对美的强烈憧憬，但由于受年龄限制，他们缺乏知识经验和对美的正确理解。有时他们非但不明白什么是真正的美，反而会以丑为美。从爱美到理解美、评价美、表现美的过程，正是幼儿园开展美术欣赏活动的首要任务。如果学前儿童能掌握美术欣赏的基本方法，那么就能更快地提高审美水平和欣赏能力，从而开阔艺术视野陶冶情操。教师要根据儿童年龄和美术欣赏活动的特点，给予科学合理的指导。

一、学前儿童美术欣赏活动的指导方法

（一）对话法

对话法是指美术欣赏教育中教师、儿童与艺术作品三者之间的相互作用和相互交流。它是指导学前儿童美术欣赏活动的基本方法，也是学前艺术教育活动的基本指导思想。其依据之一是现代解释学美学关于"艺术作为文本是无限开放的"的观点。依据之二是长期的学前儿童美术欣赏教育中，教师所采用的灌输法所带来的缺憾。

对话法的实施中，教师应注意以下几点。

（1）对话双方的关系应该是平等的，教师不能强求儿童接受某一权威的结论或自己对美术作品的看法，而应让儿童有自己的探索。

（2）教师自己首先要会和美术文本进行对话，做好儿童与美术文本之间的"审美期待"中介。

（3）教师要为儿童提供大量的欣赏的机会，提高其欣赏"视界"。

（4）教师应给儿童利用多通道充分体验的时间。

（5）教师不但要自己学会提问题，还要教会学前儿童提问题。

教师自己首先与美术作品进行对话，找出作品欣赏的要点，然后，将这些要点转化为开放性的一些问题，如：这幅画上画着什么？（引导儿童欣赏内容），你看了这幅画有什么感受？（引导儿童进行主动的审美体验），你为什么会有这种感受？（引导儿童从内容美和形式美方面进行分析），你喜欢这幅画吗？为什么？（引导儿童理解作者的思想、感情和深刻内涵），这样层层深入地引导儿童认真观察、自由讨论，少提一些"美不美？""是不是？"的问题。

（6）教师可引导学前儿童用多种方式来表达自己的审美感受，如语言的、表情的、身体动作的等。

（二）体验法

体验法是指在学前儿童美术欣赏活动中，教师为学前儿童精心选择和设计与作品有关的环境、情景，组织学前儿童开展相关的操作活动，以丰富学前儿童的感性经验，激发学前儿童审美的主动性、积极性和创造性的一种方法。

体验法可以用在专门的欣赏活动前，使学前儿童积累相关的感性经验；体验法也可以用在欣赏活动中，使学前儿童对欣赏对象有进一步的感受和理解；体验法还可以用在欣赏活动结束后，每次欣赏活动后，设计相关的创作活动，引导学前儿童学习艺术大师的创作方式和表现手法。

（三）对比法

对比法是指在学前儿童美术欣赏活动中，教师引导学前儿童观察比较不同作品的表现手法、表现形式和表现风格，培养学前儿童对美术作品较敏锐的感受力，提高幼儿对作品的审美感受和理解能力的一种方法。

对比法有助于学前儿童超越作品描绘的具体事物，将审美注意集中到这些线条、形体、色彩所建构的形式关系上，从而进一步探讨它们所表现的情感和蕴含的意味。可以就同一主题的不同表现形式进行比较；也可以就相同题材的不同表现手法进行比较；还可以引导学前儿童比较不同画家的表现风格。

二、美术欣赏活动各环节的指导

（一）整体感觉，自由地谈论

对艺术品的初步印象，是儿童进入美术欣赏的第一步，这一步应把儿童鲜活的个人体验放在优先位置，由此出发再来讨论其他问题。

儿童对这幅作品的第一印象，是未被教师修正过的最原始最真实的直觉体验，它伴随一种创造性知觉活动和思维活动，是儿童产生审美愉悦的重要源泉。

此时，教师应支持、鼓励和激发儿童的表现欲（表情、姿态、动作和声音等），给他们一定的时间来表达自己的感受，还可以和儿童一起做出真实的反应，拉近与儿童的距离。

（二）要素识别及其形式关系分析

儿童欣赏美术作品，不仅要获得对作品的内容、主题、题材等的认识，更重要的是还要逐渐养成能够透过画面所描绘的故事、情节和具体的内容，进一步感知和体验潜伏在具象中的抽象形式和意味的习惯和能力。此时，教师要重点引导儿童发现作品的点、线、形、色等要素，这些要素与要素之间所形成的关系以及它们所表现的情感和蕴含的意味。

（三）回到整体，较深入地讨论作品给人的感觉

这是又一次的整体感受。它建立在儿童对作品的各种要素及其美学意味的深切感受和讲述之上，它与第一印象时相比，应该是更深刻的。这一步也可以通过给作品命名并说出为什么要这样命名的方式来进行，因为儿童对作品的命名往往能够反映他们对作品的总体感觉，而考虑取名字的理由则能帮助他们整理和清晰地了解自己的这些感受和思考过程。

从以上一次欣赏活动的几个环节中不难看出，在教师的引导下，儿童对美术作品的欣赏经历了一次"整体—部分—整体"的整体感受，然后进行部分分析和感受，最后再回到整体，这是符合美术欣赏的一般规律的。

（四）创作

欣赏后的创作有助于儿童迁移欣赏经验，强化审美情感体验，学习借鉴画家的作画方式和表现手法，有效加深对艺术语言与形式美的原理的理解。

（五）作品评议

创作之后的评议也是重要的一个部分，是另外一种欣赏活动。评议应以自评和互评欣赏为主，采取多种方式来进行。可以把作品放在实物投影仪上，或放在展览角中进行展示，并小声地互相谈论和评议；并请小朋友挑出自己最喜欢的（而不说是最好的）一件介绍给大家；也可以轮流向大家介绍自己的作品，这样便于儿童把对名作的欣赏经验迁移到对同伴们和自己作品的欣赏中来，也使儿童有一种自豪的体验和成就感。

三、各类型美术欣赏活动的指导

教师在指导儿童美术欣赏活动时，应根据欣赏内容的特点来加以指导。

（一）绘画欣赏指导

绘画是指运用线条、色彩和形体等艺术语言，在二维空间里塑造出静态的视觉形象，以表达作者思想感情和审美感受的艺术形式。

绘画种类繁多，幼儿园的绘画欣赏大致有水墨画、水粉画、油画、版画、年画等类型，不论何种类型，一般可以引导幼儿从内容（画面的形象、情节和主题等）和形式（线条、形体、色彩、构图等）两个方面引导幼儿欣赏，然后启发幼儿用语言、表情、动作表达自己的审美感受。

1. 水墨画

水墨画又称"中国画"，我国传统绘画（区别于"西洋画"）。工具和材料有毛笔、墨、国画颜料、宣纸等，题材可分人物、山水、花鸟，技法可分工笔和写意，它的精神内核是"笔墨"。

国画在内容和艺术创作上，反映了中华民族的民族意识和审美情趣：以形写神，形神兼备，气韵生动，书画同源。

2. 西洋画

欣赏西洋古典绘画时，要注意它崇尚理性，重写实，造型上讲究明暗，构图上讲究均衡，色彩是其构图和造型的主要手段等特点。

欣赏西洋画中的现代派绘画，要注意它远离理性，追求形式上的创新，致力于表达多姿多彩、超现实的内心世界的特点，教师在引导幼儿欣赏现代派绘画时，不要关心它画了什么，而要注重引导幼儿就作品中的线条、形体、色彩所传递的意象和情感表现性方面展开丰富的想象和体验。

3. 年画

年画是中华民族祈福迎新的一种民间工艺品，是一种承载着人民大众对未来美好憧憬的民间艺术表现形式。

年画追求拙朴的风格与热闹的气氛，因而画的线条单纯、色彩鲜明、构图饱满、富有张力。内容有花鸟、胖孩、金鸡、春牛、神话传说与历史故事等，表达人们祈望丰收的心情和对幸福生活的憧憬，具有浓郁的民族特色与乡土气息。

（二）雕塑欣赏指导

雕塑是用可雕刻的材料（如木、石、玉等）或可塑造材料（如黏土）或可熔铸的材料（如金属）制作出的具有实体形象，以表达思想感情的一种艺术形式。雕塑是三维空间艺术最典型的样式，雕塑的分类有很多形式，从表现形式来分，雕塑可分为圆雕和浮雕，圆雕是不附在任何背景上，教师可以引导幼儿从四面八方观赏；浮雕是在平面上雕出凸起的艺术形象，宜正面欣赏。

雕塑的审美特色：

1. 实在体积是雕塑艺术语言的基础

不论哪一种雕塑,它的基本特征都是作品自身的实体性,教师在引导幼儿欣赏时应着重引导他们体验作品的形体所表现出的充沛生命力,不仅可以引导幼儿看,还可以引导幼儿触摸雕塑的材质,因为雕塑的媒介特点就是"质材在艺术之内"。

2. 表现的单纯性与精神内涵的丰厚性

受物质材料的限制,雕塑的造型必须具有凝练性、概括性,表现最有特征的、最典型的动作和表情,教师在引导幼儿欣赏时,要注意引导幼儿感受其表现的单纯性与精神内涵的丰厚性。

3. 环境的制约与重建性

教师还要引导幼儿联系周围的环境来欣赏雕塑,体验雕塑如何借助周围环境丰富自己的表现力,同时,周围场景和文化背景又可以给雕塑赋予丰富的内涵。

(三)工艺美术欣赏指导

工艺美术是指美化日常生活用品,使之具有强烈的审美价值的艺术,它的显著特点是实用价值和审美价值有机融合,一般分为实用工艺美术和陈设欣赏的工艺美术。

幼儿园的工艺美术欣赏主要是一些与学前儿童生活有关的、学前儿童能理解的、生动有趣的工艺品。教师引导学前儿童欣赏工艺美术时,应重点欣赏其造型美和装饰美,以及这些形式美所洋溢出的趣味、情调和生活气息。

(四)建筑艺术欣赏指导

建筑艺术是指按照美的规律,运用独特的建筑艺术语言(如建筑物的体形、内外空间、总体布局及装饰等),使建筑形象具有文化价值和审美价值的艺术。建筑艺术是一种实用和审美相结合的艺术。

建筑的审美特色包括以下几个方面。

1. 建筑语言的抽象性

建筑与书法一样,本质上不具备象形特征,建筑史上象形的建筑少之又少。

虽然每一件建筑作品都包含着丰富的内容,但是人们从建筑直接感受到的是它独有的象征性和形式美,民族性和时代感。

2. 内外空间的秩序性

歌德、黑格尔、贝多芬等人都曾将建筑比作"凝固的音乐",建筑与音乐一样,也有主题、基调、高潮、休止、协调、节奏、尺度、重复等,体现为和谐的秩序美。

建筑艺术在一定空间展开的构图序列可以使人在欣赏的过程中逐步加强感受,随欣赏层次和角度的改变,由空间的变化带出时间的推移。观赏者在不断更换的空间景物中,能唤起一种连绵流动的情感,空间的视觉形象变成了观赏者内在的时间的情感流动。

此外,优秀的建筑艺术总是与环境融为一体,体现出人文景观与自然景观的完美结合。

3. 建筑的文化历史性

建筑是人类文化的基本形式，是特定文化审美意识的表现。

建筑作为一种艺术形式诉诸人们的感官时，它不仅仅是审美形式问题，任何一种形式及其风格的形成都是历史的、时代的民族文化心理和审美意识交织的作用，因此，有人说，建筑是一部"用石头写成的史书"。

幼儿园的建筑艺术欣赏作品既要考虑代表优秀文化遗产，又要照顾学前儿童心理的接受性。一般来说，从欣赏他们喜爱的、极为熟悉的建筑艺术开始，再由近及远地欣赏他们能理解的建筑艺术；欣赏建筑艺术既要注重欣赏它的形式美，同时，要从它的地理位置、文化背景来感受它的文化价值和审美价值。

（五）自然景物欣赏指导

法国著名艺术家罗丹有一句名言——"自然总是美的"。的确，自然界的景物千姿百态、美不胜收。

教师在引导幼儿欣赏自然景物时，要注意：

（1）重点引导幼儿欣赏自然景物的形式美及其所蕴含的生命意味。

（2）用形象化的文学语言唤起幼儿自然的审美情感，加深幼儿的审美体验。

（3）引导幼儿从整体到局部再回到整体进行深入、细致、全面的欣赏。

（六）环境欣赏指导

环境欣赏主要指对人工创设的环境的欣赏，如幼儿园、社区环境、家庭室内装修、节日装饰等。幼儿园的环境突出儿童情趣，社区环境反映地方风土人情，家庭装修体现个性风格，节日装饰强调喜庆和热闹。

教师在组织幼儿欣赏环境布置时，要将重点放在整体布局、色调及所烘托的气氛上，引导幼儿体验环境布置的情趣和创设环境的智慧美。

> 🔗 资料链接 2-2
>
> 1. 民间艺术的审美特色
>
> 民间美术是人民群众创作的，以美化环境、丰富民间风俗活动为目的，在日常生活中应用、流行的美术。
>
> 民间美术产生与民间，与广大人民的生活习俗、审美爱好相一致。其内容与形式都是民间大众所喜闻乐见的。从内容上看，民间美术大都表现了劳动人民对美好生活的热爱与憧憬，表达了他们健康朴实、乐观通达的人生观；从形式上看，民间美术质朴、率直、不拘一格，想象大胆而丰富，表达自由无羁。

2. 民间美术的审美特色

（1）稚拙。稚拙首先是心灵的真实。在民间美术中，稚拙首先表现为儿童形象表征的模拟；其次，在民间意识和艺术传承样式中，常常可以看到改装的原始意象样式（年年有余、百年好合、岁岁平安等）；最后，在造型上表现为简单的完形化、程式化，在色彩上表现为原色并列，热衷于补色对比，纯净明亮。

（2）象征性。民间美术图像的表达语言，可以说是一个完整、透彻的象征语言系统。民间美术的象征方式有符号象征与谐音象征两种形式。民间美术在造型上以完整与饱满为准则（完美无缺）；民间美术的造型象征还体现在数量上，偶数崇拜是中华民族深刻而又通俗的文化心理原型。民间美术在色彩上，典型的面目为浓绿嫣红，象征春时之色，生机之色。

（3）装饰性。就服务功能而言，民间美术在艺术类型上属于装饰艺术。民间美术的样式大部分可以归结为人自身与环境的装饰两种。

（4）审美（实用）。在民间美术的发展史上，实用的创造意向与审美的追求眼光自古就展示着相交的趋向。民间美术的实用性，并非完全指物质使用的功能，也指精神领域的功利主义。其中多数的造型形象都有约定俗成的文化象征内涵，体现民间美术的人文精神。

（5）张力。民间美术中大量的运动造型有些像戏剧中的亮相，既有典型风范，又有永恒意味。同时，选择的往往是在经验记忆中动势最强的姿态。

民间美术的一切形象都有自己独特的比喻象征体系，它的存在，使形象自然形式的轻盈与文化内涵的厚重之间，单纯的自然含义与渊源古久的约定之间，先天存在一种较大幅度的"偏离"，这种存在与审美主体的感受之间表现为显著的心理张力。

（6）响亮。形式感的响亮首先是界域分明的图底关系（原色对比，"缺乏"过渡色）。民间构图的装饰性节律也奏出响亮的乐章（饱满、整齐、对称、均衡和对比）。意念的高度单纯和表达方式上相应的直白爽朗，形成内涵方面的利落响亮。

【示例】

小班美术欣赏活动：玩球的人

设计意图

幼儿美术欣赏活动是一种培养幼儿欣赏能力的教育活动，尤其是引导幼儿欣赏名画家的作品，可以让幼儿从小就接触经典，与大师直接对话，这样儿童发展的起点高了，眼界开阔了，对美的知觉和选择也更敏感了，同时也有益于发展儿童的性情、情感、自信和语言。《玩球的人》是法国著名画家卢梭的作品，这是一幅具象性作品，画面色调明快、主题鲜明、内容简单，适合小班幼儿欣赏。

活动目标

1. 感知图画的色彩和形象美。
2. 理解画面内容，并能对画面进行简单的描述。

活动准备

名画《玩球的人》、视频转换仪、电视机。

活动过程

1. 初步感受画面。

师：今天我们一起来欣赏一幅画。请仔细看，你在画上看到了什么？

幼1：我看到球了。

幼2：我看到了人。

幼3：树。

幼4：有很多很多树。

幼5：树叶黄了。

幼6：有的变红了。

师：你们观察得真仔细。树叶有的绿绿的，有的变黄了，有的变红了，绿的、红的、黄的，和在一起真漂亮。

（在这里，老师并不直接提出"画上远处有什么"，"近处有什么"之类的问题，而只以"你在画上看到了什么"这样的问题引入，放手让儿童认真观察，自由讨论。在美术欣赏活动中若教师提出的问题过于具体，容易限制儿童的观察思路，使他们无法按照自己的已有知识和兴趣点，从不同角度和不同视点对作品进行独立自由的观察。）

2. 进一步观察画面，感知画面的色彩美、形象美。

师：你感觉画中的事情发生在白天还是晚上？

幼1：晚上。

师：你是从哪里看出来的？

幼1：我知道的。

幼2：我觉得是白天，因为我看到了天上的云。

师：蓝蓝的天上飘着白白的云，天气真好呀！画中的人在做什么呀？

幼3：在跳舞。

幼4：不是跳舞，是在玩球。

师：你从哪里看出来的？

幼4：那边有球（孩子指着球说）。

师：他们是怎么玩球的？

幼4：他的手是这样的，脚在这样！（孩子边说边模仿画中的动作。）

师：那我们一起来学学他们玩球的动作吧。

（幼儿自由模仿画中人的动作。）

（此环节的重点是让幼儿进一步感知画面的色彩美、形象美。孩子的观察往往是片面的、点的观察，而老师的引导则是提升，它让幼儿能更深层次地挖掘画面的内涵，这也就是教育的目的所在，教育的价值所在。小班孩子的思维特点决定了他们的认识依赖于行动，所以在让孩子感受画面的形象美的时候，教师设计了通觉的方法，让幼儿通过模仿画面中人物的姿态、动作来体验运动带来的快乐情绪，感受作者描绘的蓬勃向上的朝气，同时它也符合动静结合的原则，能满足小班幼儿的生理需求。）

3. 教师与幼儿一起分享自己的感受。

师：这群人玩球玩得开心吗？

幼：开心。

师：你从哪里看出来的？

幼：他们在笑。

师：真的哦，他们都笑眯眯的！

教师分享：这幅画的名字叫《玩球的人》，它是一个叫卢梭的外国画家画的，他画的是在一个晴朗的秋天，一群人在枫树林里玩球，他们玩得真开心。

（幼儿对作品的命名往往能够反映他们对作品的总体感觉，但对于小班的孩子来说，这可能有点难度，情感上的引导，更容易激起孩子的共鸣，所以这里教师应该把重点放在分享看画的感受上。）

导引

在组织这一活动时，因为幼儿是刚刚接触美术欣赏活动，所以教师结合发散性问题和具象问题，尽可能多地鼓励和引导孩子细心观察，大胆想象、勇敢表达。在美术欣赏活动中，唯一、绝对的正确答案几乎是不存在的，这也为儿童提供了可以充分自由地想象和创造的空间。但对美术作品的解释也不能是完全的"什么都是"和"怎么都行"，它毕竟还是有一定的规律可循的，特别是对于写实性的作品来说，人们对画面所描绘事物的识别，对作品情感表现倾向的判定，也总是大致相当的。所以，教师在允许幼儿有自己不同的感觉的同时，又鼓励孩子发表各自的不同见解，使他们通过讨论和争辩，得出相对更合理的结论。讨论的目的只在引导和提升，而不是硬性说服，更不是压制不同意见，使儿童丧失自信，只迷信权威，不敢再大胆表述自己的看法。

【示例】

中班美术欣赏活动：美丽的青花瓷

设计思路

青花瓷以其突出的历史风格和独特的艺术特色被誉为是中国的"国瓷"，是中国文化的象征。它是将自然物象用中国特有的水墨画图式在瓷器上表现出来，构图简洁，色彩素雅明快，造型、线条极其丰富，给人一种淡雅的视觉美感。正好满足中班幼儿强烈的学习探索欲望，是中班幼儿易于理解和接受的一门艺术，也是一个很好的幼儿美术欣赏教材，既可以拓展孩子的视野，又丰富了他们的审美情趣。于是，教师带领幼儿走进青花瓷的世界，更近距离地欣赏国瓷，感受中国文化。

活动目标

1. 欣赏青花瓷，初步感受白底青花的古朴简约美。
2. 学习利用美丽的线条将事物进行装饰提亮。
3. 喜欢民间艺术作品。

活动准备

1. 知识经验准备：事先幼儿有认识过生活中的普通瓷器制品。
2. 物质材料准备：场景（米奇妙妙屋）；展示台（1个大藏宝箱，内部摆放各种青花瓷实物）；电脑投影仪；介绍青花瓷的课件；音乐情境（三首古典音乐，分别对应于幼儿出场、欣赏以及创作时间的不同氛围）；一次性纸盘、蓝色记号笔（幼儿人手一份）。

活动过程

一、欣赏青花瓷

欣赏一：（实物欣赏）

1. 以幼儿喜爱的"米奇妙妙"引入课题，用音乐调动幼儿的情绪，激发幼儿美术欣赏的兴趣。

师：小朋友们，今天我们要去米奇妙妙屋做客，妙妙屋里有很多好玩的宝贝，小朋友们想不想去呀？现在就让我们跟着美丽的音乐轻轻地出发吧。

教师带领幼儿随着古典音乐的舒缓旋律，轻轻地舞动入场。

2. 进入展示区——发现米奇的藏宝箱，教师与幼儿一同揭开藏宝箱里的秘密，并进行实物欣赏。

师：这些是什么宝贝呀？它们上面画了什么？有什么形状？它们都是什么颜色呢？

3. 组织幼儿进入米奇妙妙屋内做客，教师出示现代瓷器与青花瓷器实物，引导幼儿在直观的比较中总结刚才发现的奥秘。

师：刚才我们看见的那些瓷器，你们发现了什么？在颜色上它跟我们现代这种瓷器有什么不一样？

教师小结：这些瓷器它们只有白底和蓝色，这种白底蓝色的瓷器有一个好听的名字叫青花瓷。古代人把蓝色叫作青，他们又觉得这种瓷器像花儿一样美，所以叫青花瓷，是我们中国特有的瓷器。

欣赏二：（课件欣赏）

1. 提出问题，引导幼儿带着问题（播放介绍青花瓷的课件）集中欣赏图片。

（1）师：有个要求，请小朋友们欣赏时注意观察青花瓷它们的花纹、形状、图案美在哪里？

（2）请小朋友们念通关米奇的通关咒语把神秘墙（投影仪）打开，欣赏图片。

（3）提问幼儿欣赏后的感受：看完这些青花瓷你们有什么感觉？你们觉得青花瓷器美在哪里？

2. 引导幼儿重点欣赏几个富有特色的青花瓷器。

（1）启发幼儿重点说说青花瓷上美丽的图案。

师：小朋友们的小眼睛真厉害，能够发现青花瓷器里各种各样的美。这些青花瓷器里米奇也有几个特别喜欢的，让我们一起来看看它们美在哪里吧？

以米奇有几个特别喜欢的青花瓷器，引导幼儿用猜测的形式进行逐图欣赏，并说说青花瓷器上美丽的图案。

教师提问：瓷器上画了什么美丽的图案？它画了什么故事？他们在干什么呢？

（2）引导幼儿想象如果自己是创作者想画什么美丽的图案故事。

师：原来每个美丽的青花瓷器上，中间画的都是一个美丽的故事，如果让你们来设计，你们想给青花瓷器画上什么美丽的图案呢？

（3）认识各种美丽的花边花纹。

出示几张范图，启发幼儿发现图案少了花边花纹的装饰并不完美，引导幼儿认识花边花纹装饰的重要性。

组织幼儿再次念咒语打开神秘墙，观看介绍花纹的课件，认识各种美丽的花纹。

师：米奇用相机拍下了很多美丽的青花瓷花纹，我们一起来看看古代人是怎么装饰花边的。

结合节奏小游戏，引导幼儿发现各种花纹的规律美。

师：你们喜欢哪一个花纹？你们觉得哪个花纹美，它们是怎么排列的？

二、制作青花瓷，装扮米奇妙妙屋

1. 师：今天米奇让小朋友们认识了这么多美丽的青花瓷，现在我们也用自己学到的本领来帮它把妙妙屋打扮打扮吧。

2. 幼儿尝试用蓝笔在纸盘上进行创作，进一步感受古代青花瓷的简约美，鼓励幼儿大胆表现。

三、展示幼儿作品，幼儿互相欣赏评价，活动自然结束

导引

1. 整个活动让人耳目一新，让大家真正理解了幼儿园美术欣赏教育活动。虽然活动重点是欣赏，但教师并不是将欣赏作为孤立的一个活动，而是注重多种艺术形式的有机整合，古典音乐为主线的前后贯穿，给幼儿带来了古代水墨江南的诗情意蕴，有一种清新素雅的感觉。

2. 活动中充分发挥了多媒体投影仪的教学效应，化难为易，通过幼儿熟悉喜爱的卡通形象，结合念咒语、节拍小游戏等有趣的魔法小手段，让活动充满了神秘感，更具趣味性，大大调动了幼儿的参与热情。

3. 活动强调幼儿的自主探索。教师始终保持用平等的对话方式引导幼儿步步解读青花瓷的文化韵味，让幼儿在对话中轻松获得青花瓷的相关信息（色彩、图案造型、花纹的运用，以及所表达的情感、意境）。活动环节循序渐进，层层深入，通过欣赏体验→设疑推进→幼儿内化拓展→提升创作，全程带给孩子们一个充满创造性的学习空间，使幼儿在不知

不觉中了解青花瓷、接受青花瓷，并再次创造青花瓷的美。幼儿的活动过程是快乐的，幼儿的作品也是丰富的。

【示例】

大班美术欣赏活动：格尔尼卡

设计意图

幼儿年龄虽小，但已体验过各种情感、产生各种感觉。艺术品又是艺术家情感的体现，选择欣赏大师名画，可以加深幼儿对情感的体验，获得审美和情感的陶冶。在幼儿园开展欣赏外国名画的活动，有助于拓展幼儿的视野，感知人类文化的多样性。《格尔尼卡》从支离破碎的造型、黑白灰的色彩和凌乱的构图体现了画面暴烈恐怖的气氛。通过欣赏《格尔尼卡》独有的绘画手段和色彩有助于幼儿了解绘画语言的多样性。

活动目标

1. 欣赏毕加索的作品《格尔尼卡》，感受画面所表达的悲愤的情感。
2. 大胆表达自己对作品的感觉和认可。

活动准备

毕加索的作品《格尔尼卡》；多媒体。

活动过程

1. 教师出示《格尔尼卡》。

教师：小朋友们，看到这幅画有什么感觉？

幼儿纷纷回答：很特别、很害怕、不好看、很奇怪、不美、人没有身体、没有脚、颜色不鲜艳、只有白色和黑色、马叫起来、人、太阳、杯子、牛在跳舞、好像有人要去帮助别人、有断手、断脚、很恐怖、上面有亮的灯、有个人眼睛睁得大大的，两只手伸向天空……

2. 教师：你什么时候会把眼睛睁得大大的？

幼儿：害怕的时候，有人要打我、咬我、抓我、难受的时候，东西不见了，受伤的时候，有怪兽要吃我，有鬼要抓我……

3. 教师给幼儿讲解画家及画中典型局部所象征的意义。

4. 教师：在这幅画中，除了马叫声，你们还听到什么声音？

幼儿：人在大叫"救命"、马蹄声、风呼呼刮、雨哗哗下、枪声、炮声、飞机扔下炸弹的声音"轰轰"、小孩的哭声、人"哎哟"叫、妈妈的哭声、妈妈在叫孩子的名字、火"呼呼"烧房子、房子倒下来的声音、鸡和鸭的叫声、人们跑的声音。

5. 教师：你们能给这幅画取名字吗？

幼儿：《可怕的世界》《打仗》《生气》《奇怪的画》《危险的地方》《痛苦的人》《害怕》《痛苦的马》《黑色和白色》《黑暗的画》……

导引

当画面呈现给幼儿时，出乎教师的意料，幼儿很快抓住了作品中所表达的情感。在后面的环节中，通过教师的引导，这幅画似乎像电影片段一样展现在幼儿眼前，使他们的感受力充分调动起来，这是幼儿深切感受、积极探索和大胆想象的结果。在《纲要》中，要求"应充分发挥艺术的情感教育功能，促进幼儿健全人格的形成"，因此，欣赏名画、名曲的活动应大量开展起来，幼儿也许会成为成人与大师之间情感沟通的桥梁。

学习回顾

一、选择题

1. 教师在指导儿童进行美术欣赏的过程中，应注意从他们的_____特点出发，启发、引导其进行美术欣赏。
   A．兴趣　　　　　B．年龄　　　　　C．能力

2. 幼儿的审美取决于自身的内在规定性和结构与对象之间内在的适应性，因为幼儿审美具有_____。
   A．完形性　　　　B．主动性　　　　C．情感性

3. 儿童的审美情感具有_____，他们常常将审美过程中的那种情感带入其他活动中，把自己当作是某个形象本身，沉浸在角色之中。
   A．外显性　　　　B．直觉性　　　　C．弥漫性

4. 对话法是指美术欣赏教育中教师、儿童与_____三者之间的相互作用与相互交流。
   A．生活经历　　　B．美术作品　　　C．教学要求

5. _____是指分析上述指称对象之间的关系，也就是分析作品中各部分之间组合的情形，如造型、色彩、构图等形式语言和对称、均衡、节奏、韵律、变化、统一等构成原理的应用。
   A．形式分析　　　B．描述　　　　　C．解释

二、简答题

1. 什么是学前儿童美术欣赏活动？
2. 学前儿童美术欣赏过程有哪几个阶段？
3. 简述学前儿童美术欣赏活动要做的准备。

实践运用

1. 观察一次幼儿美术欣赏活动，并做好记录。
2. 以四季为内容，撰写一个幼儿园（大、中、小班任选其一）美术欣赏活动方案。

第三章 学前儿童绘画教育活动

学习目标

① 了解学前儿童绘画能力的发展分为三个阶段，分别是涂鸦阶段、象征阶段和图式阶段。

② 了解学前儿童绘画教育活动各年龄班的目标。

③ 了解学前儿童绘画教育活动的两大块内容，第一块是绘画工具的认识和使用，第二块是绘画的形式语言，分为线条、形状、色彩、构图四个部分。

④ 掌握学前儿童绘画教育活动的过程设计方法，了解活动过程中每个环节的功能和设计注意事项。

⑤ 了解命题画、意愿画和装饰画的特点。

⑥ 掌握指导学前儿童开展命题画、意愿画和装饰画绘画教育活动的要领和方法。

⑦ 了解水粉画、油画棒画、水彩画、棉签画、水墨画、版画、线描画等常见画种的特点。

⑧ 掌握指导学前儿童画水粉画、油画棒画、水彩画、棉签画、水墨画、线描画等的方法。

学习导图

- 学前儿童绘画教育活动
  - 学前儿童绘画能力的发展
  - 学前儿童绘画教育活动的设计
    - 学前儿童绘画教育活动的目标设计
    - 学前儿童绘画教育活动的内容设计
    - 学前儿童绘画教育活动的过程设计
  - 学前儿童绘画教育活动的指导
    - 命题画教育活动的指导
    - 意愿画教育活动的指导
    - 装饰画教育活动的指导
    - 儿童美术常见画种的指导

问题导入

- 学前儿童绘画教育活动如何开展
  - 学前儿童绘画能力的发展分为哪几个阶段
  - 学前儿童绘画教育活动分几块进行设计
    - 学前儿童绘画教育活动的目标如何设计
    - 学前儿童绘画教育活动的内容如何设计
    - 学前儿童绘画教育活动的过程如何设计
  - 学前儿童绘画教育活动如何指导
    - 命题画教育活动如何指导
    - 意愿画教育活动如何指导
    - 装饰画教育活动如何指导
    - 儿童美术常见画种如何指导

第一节 学前儿童绘画教育活动的设计

绘画是使用笔、刀等工具，墨、颜料等材料，通过线条、色彩、明暗等手段，在纸、纺织品、木板、墙壁等二维空间里塑造出静态的视觉形象，创造出可以直接看到并具有一定形状、质感和空间感的艺术形象，以表达作者审美感受的艺术形式。学前儿童绘画教育活动是在教师的引导下，儿童用各种笔、纸等工具和材料，运用线条、造型、色彩、构图等艺术语言创造出视觉形象，从而表达儿童思想和情感的一种活动。学前儿童绘画教育活动的设计包括目标设计、内容设计和过程设计，而这些都要依据学前儿童绘画能力的发展水平。

一、学前儿童绘画能力的发展

学前儿童绘画能力的发展是开展学前儿童绘画教育活动的基础。根据儿童在美术发展中所表现出的各种现象和特征，国内外学者从不同的观点和立场出发，总结出儿童绘画能力发展的规律，提出了儿童绘画能力发展阶段理论。其中，国外以柯思修泰、白特、赫伯特·里德、维克多·罗恩菲尔德等人为代表。国内则由于受到欧美相关研究的影响，对绘画发展阶段的研究直到20世纪20年代才兴起，主要以陈鹤琴、黄翼、庞丽娟、屠美如、杜玫等人为代表。综合国内外学者的儿童绘画发展阶段理论可以发现，儿童绘画能力的发展具有一定的范围和幅度变化，但阶段与阶段之间具有顺序性和系统性，且它不会因为文化背景、社会生活等条件的改变而打破原有的顺序性和跳过某个阶段。同时，在发展阶段的划分上，国内外的划分虽然不绝对相同，但所描述的儿童绘画发展过程基本一致，各阶段绘画能力发展的规律与特点也大体相似。因此，结合各种理论，笔者把学前儿童绘画能力发展划分为三个阶段，分别是涂鸦阶段、象征阶段和图式阶段。需要注意的是，儿童的生理年龄特征虽然是儿童绘画能力形成的自然前提，但儿童的年龄并不能决定儿童绘画能力发展的特征，儿童绘画能力的发展还会受到社会支持、教育条件、儿童自身绘画实践活动的参与度等因素的影响。所以，不能把儿童绘画能力发展的阶段与儿童的生理年龄完全等同起来，只可与大致的年龄相对应，也就是说，有些儿童可能会晚于所对应的年龄进入某一个发展阶段，而有些儿童则可能会早于所对应的年龄进入某一发展阶段。

（一）涂鸦阶段（1.5～3岁）

从生理方面来看，儿童从1岁半左右开始独立行走，对外界事物的探索变得更加自由，手的骨骼和肌肉在2岁左右也已经有所发育，具有了一定的力量和准确灵活性，神经系统也有所发育，脑、眼、手之间的协调关系基本建立，产生了抓、握等新的动作。从心理方面来看，处于这一阶段的儿童的思维是直觉行动思维，这种思维是在直接感知和实际行动中进行的，它不能脱离对具体事物的感知和儿童自己的动作，换言之，儿童不会把自己的动作和外界事物相联系，而是仅仅关注动作本身以及动作留下的痕迹。

图3-1

受到生理和心理原因的影响，这一阶段的儿童普遍喜欢拿他们能接触到的工具，如蜡笔、铅笔、钢笔、粉笔，甚至树枝、木棍等，在纸、墙、地板等能留下痕迹的平面材料上面乱涂乱画，然后对自己画出的线条感到非常愉悦和满意，这就是涂鸦现象。儿童在涂鸦时，通常极为专心，并经常接二连三地作画，在作画时，由于没有明确的表现意图，也就不会讲究造型、色彩和构图。对儿童而言，涂鸦更像是一种游戏活动，追求的是运动快感和视觉感官的满足（图3-1）。

随着儿童对手的控制能力的增强、手臂动作灵活性的增加、表象功能的进一步发展，儿童的涂鸦期会经历三个阶段，从漫无目的的涂鸦，逐渐过渡到有控制的涂鸦，再发展到命名的涂鸦，各阶段都有着各自的表现特征。

第一个阶段是无控制阶段。儿童还不懂得自己可以驱使手中的笔，只是依靠手臂在纸上来回移动，重复地乐此不疲地画一些毫无意义的线条，这些线条不分化，包含横线、竖线、斜线、弧线、锯齿线、螺旋线、点等。

第二个阶段是有控制阶段。儿童开始能够较自如地运用笔，能够来回重复地画出长短不齐的倾斜线或旋转画出螺旋线，也就是用同样的动作画出同样的线条，这类线条被称为单一线。继单一线后，儿童倾向于尝试更复杂的动作，如在螺旋线的基础上，将线条封闭为图形，画出各种大大小小、封口不封口的圆形，这类线条被称为圆形线，圆形线的意义就在于儿童可以初步控制动作的方向、力量和幅度。

第三个阶段是命名阶段。儿童意识到自己所画的线条或图形与自己经验中的某些事物是相似的，于是在画出这些线条或图形之后，开始给它们起名字，并自言自语地进行注释和说明，这种命名的涂鸦说明儿童的绘画从单纯的肌肉运动转变为对图像的想象思考。但儿童的命名往往并不稳定，会随着时间的变化而有所差异。

在涂鸦阶段，成人要尊重儿童乱涂乱画的特点，给儿童提供适当的多样化的绘画材料（图3-2），然后，在儿童画画时，不要干预和制止，要允许儿童边玩边画，不用引导儿童画什么，更不用引导怎样画，在儿童画好后，耐心地聆听儿童描述所画的图形，促进他们想象性的思考，并适当地给予鼓励。

图3-2

（二）象征阶段（3～5岁）

3岁以后，儿童开始进行有目的、有意识的绘画活动，能够凭借主观直觉印象用所掌握的极简单的图形和线条将事物的特征粗略表现出来，儿童笔下的"蝌蚪人"就是这个阶段儿童非常典型的表现，虽然所画的图像与生活中的真实事物相差甚远，但却具有象征性的意义。因此，笔者把这一阶段称为象征阶段（图3-3）。

象征阶段的早期，儿童能够用简单的线条勾勒出物体的外部轮廓，能够把基本形状结合在一起构成图像，但所画物体缺乏完整性，与实物相差较远；画面上的颜色较为单一，只有小面积的涂色，涂色也不均匀，经常涂到轮廓的外面，而且涂什么颜色不取决于实物的颜色，而是取决于儿童的兴趣；儿童所表现的都是独立的事物，多是将事物随机排列在纸上，物体与物体之间并无联系，也不能构成整体的意义。

图3-3

象征阶段的中后期，儿童掌握了更多的基本图像和线条的组合，能够描绘的事物越来越多；涂色能力较以前也大有提高，能够按照自己的喜好使用更多的颜色，并且能将颜色涂在轮廓线以内；画面上也开始出现空间关系（图3-4）。

在象征阶段，成人应该鼓励和支持儿童大胆地按照自己的意愿自由地画画，用绘画语言来表现生活中的事物，表达自己的思想情感，不要用成人的眼光去评判儿童的画作，不要挑剔儿童画作中不合常规的部分，更不要示范一些绘画技巧，要培养儿童独立绘画的能力，树立儿童用绘画进行表达的信心，同时，引导儿童观察事物的细节及各部分的关系，通过观察来强化儿童的视觉能力。

图3-4

（三）图式阶段（5～7岁）

这个时期的儿童视觉感受性提高，手部的肌肉进一步发育，作画时能够表现事物的基本特征，所画的内容不需要语言的解释旁人也可以看懂。同时，儿童会用固定的样式和画法来表现不同的事物对象，使得所画图像缺乏写实性，比较概念化。正是由于儿童在绘画时所表现出的符号化或概念化的特征，这一阶段被称为图式阶段。图式阶段也是儿童绘画最充满活力的时期。

图式阶段的早期，儿童开始把画中的各个独立的图形进行融合，但所画出来的轮廓线比较死板；儿童对色彩的认识更加精细，能按照物体的固有色来选择颜色，并在轮廓线内涂色；儿童开始注意图像的整体性，但不能很好地表现物体的比例，所画的物体与物体之间具有了一定的联系，但这种联系是简单的，通常使用重叠或透明这类的表现手法。

图式阶段的后期，儿童能够用流畅的线条表现事物的整体形象，并用一些细节来表现事物的基本特征，结构合理，各部分之间的关系基本正确，例如在画人时，可以用服饰、发型等细节来表现人物的性别、年龄和职业等；色彩方面，儿童在按物择色的基础上，能够均匀地在轮廓线内涂色，能够用某种颜色统一画面，形成主色调，也更能够用色彩来表达自己的情感；儿童所画的图像一般能够符合主题，画面内容丰富，具有一定的情节，会夸大印象深刻的事物（图3-5）；儿童注意到了物体的大小比例，但还是不能很好地呈现，另外，有些儿童开始可以进行遮挡式构图（图3-6）。

图3-5

图3-6

在图式阶段，成人要引导儿童观察细节与整体的关系，注重培养儿童的想象能力和创造能力，同时，要鼓励儿童轻松大胆地用绘画表达自己的想法，培养儿童的形象记忆能力，如可让儿童画绘画日记，在儿童作画时，重视儿童的主观意识，不要强调事物的逼真性。

总之，学前儿童绘画能力是随着儿童生理和心理的发展而发展的，其发展既有连续性又有阶段性，各个阶段之间没有明显的界线，但每个阶段都有不同的特点，而这样的特点又是建立在前一阶段发展的接触之上的，同时，每一阶段到了后期便会出现下一阶段行为的萌芽，可以说，儿童绘画能力的发展是一个从量变到质变的过程，阶段与阶段之间不能跨越，也不能颠倒或倒置。而且，学前儿童绘画能力的发展还表现出明显的从自我中心向客观化发展的趋势，儿童的画无拘无束、天真无邪，但随着阶段的推移，会逐渐与客观事实接轨。

作为成人，要能够看到学前儿童绘画能力的发展阶段，尊重儿童的特点，不能拔苗助长也不能放任自流，要根据儿童不同的发展阶段，提供恰当的条件，给予恰当的指导，激发儿童主动运用绘画语言表现自我的欲望，培养儿童观察、想象、创造、审美等各方面的能力，促进儿童从低级阶段向高级阶段过渡。

二、学前儿童绘画教育活动的目标设计

学前儿童绘画教育活动的目标是指导学前儿童绘画教育活动内容设计与过程实施的关

键准则。针对不同的教育对象，根据学前儿童艺术教育目标，笔者列出了学前儿童绘画教育活动的年龄阶段目标，教师可根据此年龄阶段目标，细化为每一个绘画教育活动的具体目标。

（一）小班绘画教育活动目标

小班儿童的年龄在3~4岁，他们开始由以动作为中心的涂鸦向再现物体形象转变。小班第一学期的前半学期左右，儿童基本处于涂鸦阶段，3岁半开始，儿童陆续进入象征阶段，且多处于象征阶段的早期。

根据小班儿童的特点，小班绘画教育活动的年龄阶段目标如下。

1. 认知目标

（1）初步认识绘画的工具和材料。
（2）学会辨别红、黄、蓝、绿、橙等基本颜色，并能说出名称。
（3）学会辨别和感受直线、曲线、折线及各种线条的变化。

2. 情感目标

培养儿童对绘画的兴趣，能愉快大胆地作画。

3. 技能目标

（1）会使用蜡笔、水彩笔、棉签等工具进行涂染。
（2）能画出直线、曲线、折线，并能表现线条的方向、粗细、疏密。
（3）学会用圆形、方形、长方形、三角形等简单图形表现物体的轮廓特征。

4. 创造目标

（1）初步学会用图形和线条组合创造各种图式。
（2）能将形象画得大一些，均匀地分布在画面上。

教师可根据此年龄阶段目标，撰写可操作的具体的小班绘画教育活动目标，范例一如下：

活动主题	花蝴蝶
活动目标	1. 初步学习运用大小不同的圆进行组合 2. 乐于调换各种颜色来表现自己的认识
活动准备	在大小不同的瓶盖上包上一层薄海绵、各色水粉
活动过程	1. 在散步中指认各种花卉的颜色，比较花的大小，如大红花、小白花 2. 玩蝴蝶找花的游戏：戴上头饰扮成各色蝴蝶，随音乐飞舞唱歌，歌声停止时，找到与自己颜色匹配的花朵 3. 绘画操作过程： （1）选择一大一小两个瓶盖，分别表示蝴蝶的大小翅膀 （2）将瓶盖蘸上一种颜色的颜料，在纸上敲印组合成蝴蝶 （3）调换颜色、瓶盖和组合的方向，表现许多蝴蝶 （4）大瓶盖印成花，小瓶盖印成叶子，构成画面

（注：范例选自李慰宜著《2—6岁儿童绘画活动指导》第二章。）

分析：本活动的目标之一"初步学习运用大小不同的圆进行组合"对应年龄阶段目标中的技能目标的第（3）条和创造目标的第（1）条；目标之二"乐于调换各种颜色来表现自己的认识"对应年龄阶段目标中的认知目标中的第（2）条、情感目标以及创造目标中的第（2）条。

（二）中班绘画教育活动目标

中班儿童的年龄在4~5岁，他们在经过小班转化的质变之后，逐渐进入象征阶段的中后期。根据中班儿童的特点，中班绘画教育活动的年龄阶段目标如下。

1. 认知目标
（1）能较准确地把握形状的基本结构，理解形状符号的象征意义。
（2）认识常见的固有色，说出它们的名称。

2. 情感目标
喜欢用自己独特的绘画语言表达自己的想法和感觉。

3. 技能目标
（1）学会运用图形组合方法，表现物体的基本部分和主要特征。
（2）学会选择与物体相似的颜色，初步有目的地设色、配色。
（3）在教师的引导下能围绕主题安排画面，能表现出物体的上下、左右位置。

4. 创造目标
引导儿童能大胆地按意愿作画。

教师可根据此年龄阶段目标，撰写可操作的具体的小班绘画教育活动目标，范例二如下：

活动主题	小动物的运动鞋
活动目标	1. 引导儿童分辨左右对称，尝试运用左右颜色间隔的方法进行对称装饰 2. 启发儿童结合动物的生活习性，为自己喜欢的动物做一双新鞋 3. 培养儿童关心帮助小动物的情感
活动准备	范例样样（两双相同，三只不同），兔子图、松鼠图各一，动物玩具若干，彩色水笔、记号笔、蜡笔若干
活动过程	1. 引出绘画主题，引导儿童观察讨论： （1）下午，森林里的幼儿园要召开六一运动会，小动物们为能穿上新的运动鞋而高兴。可是，午睡起床却发生了一件糟糕的事，它们搞不清哪双鞋是自己的，为什么？（出示白色的鞋） （2）小松鼠却找到了自己的鞋（翻开其中两只），为什么它能够找到？它的鞋上有什么记号？什么花样？小松鼠高兴地穿上鞋回家了 （3）小白兔找到一只有萝卜的鞋，小白兔穿着一只鞋能回家吗？为什么 （4）大家一起帮小白兔找另一只鞋（出示其余几只） （5）观察讨论：在左右对称中找出哪两只鞋是一双的？（小鞋子像小手一样，也是面对面，像一对好朋友） （6）讨论：为什么其余几只不是小白兔的鞋呢？（找出不对称的部分，证明是兔哥哥或兔姐姐的）

续表

活动过程	2. 创作要求： （1）小动物们正在找鞋，快帮它们找到自己的鞋 （2）替自己喜爱的小动物画一双漂亮的鞋 3. 儿童作画，教师指导： （1）选择自己喜爱的动物，画出其主要特征 （2）按照动物的生活习性在鞋上画出相应的图案 （3）注意左右对称，启发儿童用左边画画、右边画画的方式，尝试画出左右对称的图案 （4）介绍颜色排列鲜明有变化的作品，引导进一步思考

（注：范例选自李慰宜著《2—6岁儿童绘画活动指导》第一章。）

分析：本活动的目标之一"引导儿童分辨左右对称，尝试运用左右颜色间隔的方法进行对称装饰"对应年龄阶段目标中的认知目标的第（1）条、技能目标的第（2）条和第（3）条以及创造目标和情感目标；目标之二"启发儿童结合动物的生活习性，为自己喜欢的动物做一双新鞋"对应年龄阶段目标中的技能目标的第（1）条以及创造目标和情感目标。

（三）大班绘画教育活动目标

大班儿童的年龄在5~6岁，他们对事物认识渐进加深，处于绘画能力发展的图式阶段。根据大班儿童的特点，大班绘画教育活动的年龄阶段目标如下。

1. 认知目标

（1）认识物体的整体结构和各种空间关系。

（2）增强配色意识，提高对颜色变化的辨析能力。

（3）知道运用不同的绘画工具和材料表现不同效果的作品。

2. 情感目标

在安排画面的过程中逐步体会均衡、对称、变化等形式美。

3. 技能目标

（1）能较灵活地表现各种人物、动物的动态。

（2）能运用对比色、类似色、同种色等多种配色方法，注意色彩的整体感和内容的联系。

（3）能有目的地安排画面，表现一定的情节，并对安排画面的方法进行多种变化。

4. 创造目标

（1）综合运用多种绘画工具和材料进行绘画创作。

（2）能将图形融合尝试用轮廓线创造多种图画，形成自己的图式。

教师可根据此年龄阶段目标，撰写可操作的具体的小班绘画教育活动目标，范例三如下：

活动主题	蹦蹦跳跳真开心
活动目标	1. 了解中国民间蓝白相间对比的颜色配合，尝试表现具有民族特色的画面 2. 有兴趣地运用夸张动作表现想象中的人物

续表

活动准备	1. 蓝花布装饰物，欣赏作品《蓝花布娃娃》 2. 油画棒、淡蓝色笔、普蓝色水粉笔
活动过程	1. 欣赏讨论： 出示欣赏作品，谈论中国娃娃的特点，结合画面欣赏蓝花布装饰物，分辨它们的颜色，体会虽然颜色很少却很特别，是中国有名的蓝花布。从动态和表情上观察，说一说为什么大家称它为开心娃娃 2. 共同尝试讨论： 开心娃娃一直在不断地蹦蹦跳跳，无论做什么动作总有一个地方碰到天，一个地方碰到地（师生共同合作尝试变化人物动态） （1）一边说："蹦蹦跳跳真开心"，一边用笔在纸上自由地"跳跃"，停在哪里，就在哪里开始画 （2）师生轮换着作画，如头在纸的中间，儿童画身体部分，教师画四肢；或头在纸的旁边，由儿童先挑选画身体或四肢，然后由教师接着画，直到合作完成 3. 操作想象： （1）自由地边用笔"跳"边画，鼓励超出常规 （2）大胆想象表现夸张的动作，设法使身体部位能碰到纸的四边 （3）思考哪些部位可以用蓝花布做。背景处也可增添蓝花布装饰物 （4）用白色油画棒画花纹，用各色油画棒画装饰带，用普蓝色水粉笔涂色 4. 观赏： 相互观赏，看谁的开心娃娃做得最夸张

（注：范例选自李慰宜著《2—6岁儿童绘画活动指导》第二章。）

分析：本活动的目标之一"了解中国民间蓝白相间对比的颜色配合，尝试表现具有民族特色的画面"对应年龄阶段目标中的认知目标的第（2）条、技能目标的第（2）条和第（3）条以及创造目标第（1）条和情感目标；目标之二"有兴趣地运用夸张动作表现想象中的人物"对应年龄阶段目标中的技能目标的第（1）条以及创造目标第（2）条和情感目标。

三、学前儿童绘画教育活动的内容设计

教育内容是落实教育目标的具体体现。学前儿童绘画教育活动的内容是学前儿童绘画教育活动目标的载体，必须要符合儿童的兴趣、需要、生理和心理发展水平，要与儿童的日常生活经验相结合，笼统来讲，其主要包括两大方面，一方面是绘画工具和材料的认识和使用，另一方面是绘画的形式语言。

（一）绘画工具和材料的认识和使用

绘画的工具和材料多种多样，学前儿童在绘画教育活动中要认识这些工具和材料，并学习使用这些工具和材料。

1. 认识各种绘画工具和材料

适合学前儿童使用的绘画工具和材料有蜡笔、油画棒、水粉颜料、广告颜料、毛笔、排

笔、铅画纸、宣纸、卡纸等。在使用时，要注意这些工具材料的性质，如油画棒的油性、水粉颜料的水性、宣纸的渗透性等。教师在设计绘画教育活动的内容时要恰当地选择绘画工具和材料，并巧妙地利用其性质。

2. 使用各种绘画工具和材料

绘画的工具和材料多种多样，其使用方法也多种多样，从不同的工具和材料来看，儿童可学习的使用方法主要包括涂蜡法、点彩法、粘彩法、喷水法、撒盐法等，而可以学习的以这些方法为基础的绘画形式主要包括彩笔画、水粉画、蜡笔水彩画、水墨画、印画、纸版画、吹画、喷洒画、吸附画等。教师在设计绘画教育活动内容的时候要注意在帮助儿童学习使用方法和绘画形式的同时，更要激发儿童使用不同的绘画工具材料和绘画形式的兴趣和用其来表达自己的经验、情感和想象的欲望。

（二）绘画的形式语言

绘画的形式语言是绘画表现的手段，主要包括线条、形状、色彩、构图等要素。

1. 线条

线条是造型的基本要素之一。在绘画中，线条能表现物象、表达情感、显示个人风格。学前儿童对线条的学习主要包括：

（1）线条的基本形态。线条包括直线和曲线两种基本形态。直线包括垂直线、水平线、斜线和折线。曲线主要包括以圆弧度的大小、方向转换的不同而呈现的各种曲线。

（2）线条的变化。线条有长短、粗细的变化，线与线之间有交叉、并列、重叠、穿插等变化。

利用线条的基本形态以及线条的变化，儿童可以根据自己的观察、感受和理解来描绘自己的内心世界，形成线描画（图3-7）。以线条为中心的线描画是培养儿童造型能力、表现能力以及形象思维能力的基本手段，通常在绘画教育活动中，涂色的训练居多，相比较而言，儿童用于造型的时间不多，教师在教学内容的设计中可以多引入线描画，鼓励儿童用最简单也是最直接的线描进行创作，如设计画鸟窝、画蜘蛛网等主题活动。

图3-7

2. 形状

形状是对象的外轮廓，一般是由线条构成，也是造型的基本元素之一。形状包括规则形、自由形和规则形与自由形相结合的形状。

（1）规则形。规则形又称为规则几何形状，包括三角形、正方形、长方形、梯形、多边形等由直线构成的简单明确的形状。这类形状常见于旗帜、屋顶等。

（2）自由形。自由形又称为非规则的自由形状，是由方向不定的弧线、曲线、波状线等自由曲线组成的形状。这类形状常见于波浪、河流、花、叶等。

（3）规则形与自由形相结合的形状。规则形与自由形结合的形状基本是由曲线、弧线构成的特殊形状，如圆形、半圆形、椭圆形、月亮形、心形等。这类形状常见于太阳、海星、卵石、车轮（图3-8）、皮球等。

图3-8

教师在学前儿童绘画教育活动内容的设计中要鼓励儿童将各种或简单或复杂的形状以一定的方式组织起来，构成形象代表某些事物。这类设计可以使得儿童用已经习得的形状来表现自己的经验和愿望，从而培养儿童的想象力、创造力和艺术表现力。

3. 色彩

色彩是绘画基本要素之一，具有表现性、象征性、装饰性三个特点。在美术教育中，学前儿童对色彩的学习，经历了从辨认到运用的过程。

（1）色彩的辨认。学前儿童要学习辨认色彩的三要素，分别是色相、色度和色性。色相是指色彩的种类和名称。儿童要辨认三原色（红、黄、蓝），三间色（橙、绿、紫），无彩色（黑、白、灰）和常见的复色（如蓝灰、紫灰、红灰等）。色度包括色彩的明度和纯度。色彩的明度指色彩的明暗程度，七种基本色相中，紫色明度最低，黄色明度最高；色彩的纯度又称饱和度或彩度，是指色彩的鲜浊程度，一般来说，原色的纯度高，在原色中加黑、白、灰后纯度就变低。色性是色彩的冷暖属性。不同的色彩给人带来不同的心理感受，或冷或暖，色彩的冷暖是相对的。通常，红、橙、黄等被称为暖色，而青、蓝等被称为冷色。

（2）色彩的运用。学前儿童运用认识的颜色来表现事物形象，并通过颜色的对比、渐变、重复等变化来丰富画面，表达自己的情绪和情感（图3-9）。学前儿童在色彩的运用方面主要经历了按物择色、变化色彩、色彩的情感表达这几个过程。

教师设计在绘画教育活动的内容时，在色彩的辨认和运用方面要循序渐进，尊重儿童的能力发展特点。对小班儿童而言重在色彩的辨认，而对中班、大班儿童而言则重在色彩的运用；色彩的辨认对不同年龄的儿童要求不一样，如色相方面小班儿童主要认识三原色和三间色，到中班、大班，儿童则可以认识更多的颜色；同样，色彩的运用对不同年龄的儿童要求也不一样，中班的儿童主要是按物

图3-9

择色和简单的色彩变化等，而大班儿童主要是运用复杂的色彩变化进行配色以及运用色彩表达情感等。

4. 构图

构图是绘画语言要素之一。构图是指在一定的空间安排和处理人、物的关系和位置，把个别或局部的形象组成一个整体。构图需要儿童有把握整体和预先构思的能力，要能够处理绘画中形象的分布和主次关系。

（1）形象的分布。形象分布是指形象在画面上的位置关系和形象相互之间的关系。不同年龄阶段的儿童的空间概念水平是不一致的，教师在设计形象分布方面的活动内容时要考虑到儿童的不同水平。具体来说，按形象之间的关系，形象分布从低到高分为零乱式、并列式、散点式和遮挡式四个水平。

（2）形象的主次关系。形象主次关系是指各种形象在画面中如何分化成主体和背景的过程。不同年龄阶段的儿童在处理形象主次关系时有着显著的差异。这一方面的发展大致表现为罗列形象、以空间关系安排形象和形成主题与背景三个水平。

四、学前儿童绘画教育活动的过程设计

学前儿童绘画教育活动的过程设计就是根据绘画教育活动的目标和所选取的绘画教育的内容，对绘画教育过程中的一切事先进行设计。学前儿童绘画教育活动的过程设计主要包括以下项目和内容。

（一）激发兴趣的开端活动

教师可以为绘画教育活动的开端设计一个小小的活动，或者是简短的几句话，或者是一个小故事，等等。目的是激起儿童对即将开始的绘画教育活动的兴趣，把注意力集中到当前活动中来。设计开端活动要注意前后活动的衔接，要很自然地承上启下。

（二）导入创作构思的通道

导入创作构思，也就是启动儿童的头脑进入创作思考。教师可使用观察、回忆、发现、问题等引出创作的主题，以发文的方式引发儿童的思考，设计这一环节时要注意每一步的内容与先后顺序，要遵循儿童的心理顺序，环环相扣，有悬念，有暗示，要使得儿童水到渠成地产生创作的灵感。

在小班和中班较为简单的绘画教育活动中，以上两个步骤可以合二为一，设计一个小活动，既激发兴趣，又引发构思，如采用游戏的形式。

（三）解决创作难点的方法

在绘画创作的过程中，在内容或形式较新的时候，儿童必然会遇到一些程序和技术上的

困难，如新绘画工具材料的使用，新画种的特点认知等，针对这些困难，教师应当事先估计到，并设计一些方法帮助儿童理解和解决这些困难。常用的方法为动作演示与语言讲解，在这个过程中，教师要注意使用相应年龄阶段的儿童可以听懂的语言。

（四）步入创作前所提的要求

解决创作难点之后，教师要根据儿童以往绘画中的薄弱点和在新的绘画活动中可能会出现的问题进行预估，提出步入创作前的要求，如绘画顺序、绘画习惯等。

（五）创作中的关注点和对策

预设某些在绘画中儿童可能需要教师特别关注的地方，提出所设想的解决对策。

（六）赏析要点和分享方式的拟定

教师在设计活动过程时，要根据选定的活动目标和内容以及今后的引导方向，拟定出活动将要结束时对儿童画作的赏析要点，如形象是否容易辨认，线条是否流畅，涂色是否均匀，是否有自己的独特创新，是否具有美感等，当然在拟定赏析要点的时候，要符合各阶段儿童的绘画能力发展特点，要求不能过高，也不能过低。

为了保证儿童在绘画创作后充分享受创作的成果，教师应更具创作的内容和形式，结合以上环节，设计分享的方式。一般来说，分享方式包括自述、谈话、作品展示、游戏等。分享可以增进儿童的绘画兴趣、加深儿童对画作的理解、提升儿童的绘画能力和丰富儿童的美感。

在整个绘画教育活动的过程设计中，教师要注意各个环节的先后顺序合理，层次清晰，要点明确。范例五如下：

活动主题	快乐印画·纹理拓印画
活动目标	1. 寻找、发现生活中物品各种有趣的纹理，运用正确的方法进行拓印创作 2. 触摸感受物品的纹理，用多种颜色进行拓印，创造形式多样、色彩风度的装饰画面
活动准备	1. 教师与儿童一同收集带有纹理的物品若干：1块白布；1块有花纹的凹凸拓板和1张普通的光滑书写垫板 2. 有凹凸纹理的物品若干；儿童每人1份油画棒和画纸
活动过程	1. 教师用游戏导入活动，引导儿童猜想游戏的结果，引发参与活动的兴趣： （1）教师事先将拓板和垫板平放在桌上，上面覆盖一块白布。教师："今天老师变一个魔术，想请一个小朋友与我一起合作。""请你把手伸到布底下，告诉大家你摸到了什么？你认为这里面会是什么花纹呢？""现在老师不用看也能将底下的花纹画出来，你相信吗？"教师用油画棒在白布上拓出下面拓板的花纹。教师掀开拓板一侧的白布："请你检查一下这个图案是不是跟下面拓板的相同呢？""这个神奇的魔术其实是用拓的方法变出来的。""那么，另一块板是不是也能拓出花纹来呢？我们一起来实施。"——没有成功。"为什么这块板就拓不出花纹来呢？什么样的东西能拓出花纹来？"——表面粗糙或有凸起的花纹才能拓出来

续表

活动过程	（2）"找一找，摸一摸"，教师请儿童在班上寻找可以拓出花纹的物品，还有大自然中可以拓出花纹的东西 2. "试一试，比一比"，教师请儿童尝试拓印： 教师："小朋友，请你选一样东西，用老师刚刚变魔术的方法拓一拓，试试你能不能也拓出好看的花纹。"儿童试拓。教师："谁拓得最清楚，说说你是怎么拓的，注意了什么？"——拓的时候应选择较深颜色的笔，拓时用力均匀、不移动，向同一个方向涂。教师帮助不成功的儿童总结教训，如颜色不能太厚，否则只有一片颜色而没有纹理出现 3. 儿童拓印，教师提示指导： 教师："请你用自己选的东西拓一张画。""拓出一片花纹后仔细看一看，想一想还能添加些什么，改变些什么，让它成为另一样东西。""小朋友们可以试一试，把几样东西组合在一起，看看能拓出什么来。比如，一片叶子拓出来还是一片叶子，试一试，如果把几片不同的叶子组起来再拓，会是什么效果呢？看看谁能拓出更多、更有意思的东西来。"教师及时向大家介绍那些有趣的组合拓的作品，鼓励儿童拓出更多有趣的拓画 4. 教师组织儿童展示拓印作品： 教师："请小朋友们找一找，哪些作品色彩丰富、印迹清晰、花纹均匀？哪些作品最为独特、最有意思？哪些作品的组合最巧妙？""请小朋友说一说，你是怎么拓出这么美丽的作品的，注意了什么？"

（注：范例选自张念芸著《学前儿童美术教育》第四章，由魏红设计。）

分析：在本绘画教育活动的过程设计中，设计者将开端活动和导入创作构思两个步骤合二为一，以游戏激起儿童对"拓出花纹"的兴趣，同时，引发儿童使用物品拓出花纹的创作灵感。之后，教师设计了一个尝试的环节，让儿童简单地尝试拓印一个物体，然后让儿童总结经验，从而解决创作难点，如"颜色不能太厚，否则只有一片颜色而没有纹理出现"，这一尝试环节让儿童主动发现难点，并在教师的点拨下自主找到解决问题的方法。根据儿童的试误，教师顺其自然地提出了创作的要求，如拓的时候应选择较深颜色的笔，拓时用力要均匀、不能移动，要向同一个方向涂，且颜色不能涂太厚等。在正式创作中，教师又引发儿童新的思考——怎样拓出更多更有意思的东西，引导儿童采用添画和组合拓的方法创作更加有趣和丰富的拓画作品，这属于创作中提出关注点和对策的环节。最后，教师设计了赏析拓画的要点，如"哪些作品色彩丰富、印迹清晰、花纹均匀？哪些作品最为独特、最有意思？哪些作品的组合最巧妙？"，另外，教师所设计的赏析过程并不是以教师为主体由教师来评价儿童的作品，而是一步步引导儿童来赏析自己和其他小朋友的作品，让儿童自主参与自评和他评，这种评价的过程同时也是儿童分享作品的过程，能够进一步让儿童体会到绘画创作的乐趣，并且通过同伴学习取长补短提高自己的创作水平。总之，本绘画教育活动过程结构完整，步骤明确，设计合理，更是体现了以儿童为主体的思想，值得借鉴。

🔗 **资源链接 3-1**

在幼儿画作中，太阳、星星、月亮、花草树木、飞禽走兽会微笑，甚至会愤怒和悲伤，它们还能像人类一样地行事。为什么幼儿会将非人类的事物画得像人类一样有情感、有表情、像人类一样地行动？这是为什么？

解析

心理学的研究揭示，幼儿和人类早期有一种泛灵的倾向，他们会把客观事物看成是有生命、有意向的事物。发展心理学家皮亚杰发现，在幼儿时期的开始，幼儿把客体看作有生命的，它们进行着一种有利于人类的活动；后来，只有活动的东西有生命了；再往后，只有本身移动的东西才有生命；最后，只有自发的运动才有生命。而且，在幼儿看来，一切事物都是人类创造出来的，或者是神灵按照人类的样式装配起来的，它们的活动是有目的的。皮亚杰认为，泛灵论的思想是由于幼儿内在主观世界与外在的客观物质世界未分化的混沌状态的一种表现。

拟人的画法源于幼儿时期的泛灵倾向，它与幼儿一定时期的智慧水平相吻合，因此，广泛地出现于幼儿艺术当中。在幼儿自己创作时，拟人化可以让他们思维活跃，兴趣盎然，创作出有意趣的作品。

【示例】

绘画活动：想开放的花

活动目标

1. 愿意参与绘画活动，体验绘画的快乐。
2. 在滴色与添画中，乐于观察画面的变化。

活动过程

1. 介绍颜料导入活动。

小瓶要和大家做游戏，请按瓶里水的颜色为它们起个名字，如红娃娃等。分辨在眼药水瓶中颜料的颜色。

2. 教师演示如何滴色。

一个红水娃娃要出来玩了，它在纸上轻轻站稳（滴下一滴水），呼地一下就滑了下来（把纸提起来，让水流下来），哇，红娃娃在滑滑梯呢。

3. 儿童有兴趣进行操作。

许多娃娃都想来滑滑梯，大家和它们一起来玩吧。（儿童滴色，教师通过提示和适当帮助，使儿童把握滴色方法——一个一个排好队，一个滑下接着再来一个。）

4. 水娃娃变花朵——用手指在水滴的旁边印画花瓣和叶子。

水娃娃滑到地上变了，它请儿童的小手帮忙长出了许多叶子，美丽的花儿开放了。

分析

此案例与学前儿童绘画教育活动的内容设计中认识和使用绘画工具和材料部分相关。本活动的内容涉及的绘画工具材料有水粉颜料和卡纸,在设计的过程中,教师利用水粉颜料的水性和卡纸的耐水性,引导儿童进行水娃娃滑滑梯和水娃娃变花朵两个小游戏,儿童在这一活动过程中,对水粉颜料和卡纸有了一定的认识,对它们的特性也有了一定的了解。

第二节 学前儿童绘画教育活动的指导

学前儿童的绘画教育活动建立在儿童绘画能力发展特点的基础之上,面对不同年龄阶段的儿童,教师应当采用不同的指导方式。

对小班儿童来说,首先,教师要给儿童准备涂鸦的工具和材料,要给儿童创造一个相对属于自己的绘画天地,使儿童能经常接触到绘画的工具材料,如在涂鸦的早期阶段,最佳的材料通常是油画棒和平滑的大张纸。其次,教师要鼓励儿童大胆地作画,刚入园时,不要苛求儿童画出像样的东西来,而是让儿童自由自在地表现,小班下半学期,可引导儿童在观察的基础上表现单一的物体。其次,教师要为儿童创设绘画的情境,由于小班儿童情绪多变,常凭主观直觉印象来描绘物体的粗略形象,作画时容易没有明确目的,教师要为儿童创造一个情境,让儿童有目的地进行绘画。

对中班儿童来说,首先,教师要引导儿童从多方面观察物体,特别是对空间关系的观察。其次,进行简单的构图练习,中班前期,教师可以给儿童提供与主题相关的单张图片,让儿童根据主题进行构图,到中班后期,教师可提供较少的图片,其余由儿童添画来完成完整的画作。其次,教师要让儿童通过情感体验来表现空间关系。比较典型的就是"画你自己跟洋娃娃"。在这类绘画中,教师在指导时,要注意将所画内容与儿童的生活经验、情感体验相联系。

对大班儿童来说,首先,要鼓励儿童进行在绘画时注重情节的建构。到了大班之后,儿童逐步将自己所画的人、物围绕绘画的主题,具有一定的情节,所以教师要引导儿童把自己描绘的人、物与周围环境联系起来,借助绘画形式表达自己独特的感受。其次,教师要开展多种形式的绘画练习。大班儿童已经具有一定的绘画技能,能够使用大多数绘画工具和材料,这时候,对同一个主题,教师可以为儿童准备各种绘画工具和材料,让儿童自由选择,用自己喜欢的方式来创作。

可以看出,教师在指导儿童绘画时必须遵循儿童的发展规律,但是也要意识到不同年龄班的儿童都有可能会接触到各种类型的绘画活动以及各种画种。从类型来看,学前儿童的绘画活动一般可分为命题画、意愿画和装饰画三种形式。从画种上来看，儿童美术包括水粉画、油画棒画、线描画、棉签画、蜡笔画、水墨画、版画等。各种类型的绘画活动和各种画种，他们的功能不同，指导的方式也各有差异。下面笔者将分别阐述各类型绘画活动的指导要点和各常见画种的指导要点。

一、命题画教育活动的指导

命题画是指由教师提出绘画的主题和要求，儿童按照这一要求完成的绘画。命题画教育活动以帮助儿童学习造型、色彩、构图等形式语言为主要目的。根据命题画的内容不同，命题画可分为物体画和情节画。由于情节画更为复杂，所以在幼儿园绘画教育活动中，随着儿童年龄的增长，情节画的比重逐渐超过物体画的比重。

（一）物体画

物体画是儿童绘画活动的起点，也是培养儿童造型能力的基础。儿童物体画由于受到自我中心思维的影响，表现出四个特点，分别是拟人化、透明式、展开式和夸张式。

拟人化是指儿童相信万物有灵，世界上所有的东西都是有生命的，表现在绘画上，最常见的就是给太阳添上五官；把动物画成直立的，跟人非常相似。儿童把自己的意识和情感赋予整个世界，这是泛灵论的体现（图3-10）。

透明式是指儿童在画物体时，由于还没有学会合理地去表现物体之间的关系，只能从自己的想象出发，把从视觉上看不到的部分像X光透视一样表现出来。透明式的表现是儿童机械地表现事物之间的关系，如把相关的物体简单地重叠在一起，到客观表现事物之间关系的过渡（图3-11）。

展开式是指儿童把画中的人物、事物由中心向四周或上下、左右地展开。比如，画一家人围着桌子吃饭，画面上的人一个个都"躺"在地上，呈放射状。这主要是因为学前儿童在描绘物体时，总是从已有的知识经验出发，想要把自己知道的事物全部都画出来，而不考虑当时的观察角度（图3-12）。

图 3-10

图 3-11

图 3-12

夸张式是指儿童在绘画时，根据自己的经验做出图式的变化，主观地把自己认为重要的部分或感兴趣的东西画得十分突出和仔细（图3-13）。

上述的这些特点在儿童的物体画中有时会单独出现，有时会同时出现，而这些特点会随着儿童年龄的增加、观察的客观化而逐步消失。教师在指导儿童画物体画时，要注意以下几点。

图 3-13

1. 引导儿童详细观察物体的基本结构和主要特征

面对不同年龄班的儿童，教师所提出的观察要求是不同的。对于小班儿童，教师只需引导他们观察物体的大致轮廓外形，形成一个基本的视觉印象；对于中班儿童，教师不仅要求他们能够看到物体的整体轮廓，更要求他们观察物体的基本结构和主要特征；对于大班儿童，教师要引导他们注意细节，全面细致地观察物体的形状、结构、颜色和特征等。

2. 通过系列课题引导儿童从不同角度表现物体

教师要帮助儿童从不同角度观察、描绘物体的不同造型特点，这时候可以围绕一个主题采用一系列的课题。例如，儿童在学习建筑物的造型表现时，教师可以组织儿童开展一系列循序渐进的绘画活动：先表现房子的一般特征，接着表现几栋组合在一起的房子，再表现我的家、我们的幼儿园建筑，最后让儿童设计房子、想象未来的房子等。这一系列的绘画活动，能让儿童从不同角度来描绘房子的造型特征，使得画面越来越生动，从而促进主题的表现。

3. 引导儿童采用涂染法和线描法两种方法来描绘物体

涂染法是指不画轮廓线而直接涂色画出物体的形，以表现物体形象特征的方法。线描法是指先用线条勾画出物体的基本部分和主要特征，然后再涂上颜色的方法。比较而言，涂染法更适合较小年龄的儿童的物体画学习，而线描法则适合年龄稍大的儿童的物体画学习。

（二）情节画

情节画是以物体画为基础的，要求儿童根据主题内容的需要把与之相关的物体形象恰当地安排在画面上，以此表现各个形象间的关系和位置。可见，情节画是以儿童的构图能力为基础的，所以在指导儿童画情节画之前，教师要先了解儿童构图能力的发展水平。儿童的构图能力从低到高分别是零乱式、并列式、散点式和遮挡式。根据儿童构图能力发展的水平，教师可以从以下几个方面进行指导儿童的情节画教育活动。

1. 有意识地引导儿童观察

教师应当引导儿童在日常生活和学习中多观察，多积累，从而建立起象征符号与现实中各种事物的联系，形成较为丰富的视觉经验和情感体验，为艺术创作打下基础。

2. 引导儿童感知物体间的空间关系

物体的空间关系包括现实的空间关系和画面上的空间关系，在观察的过程中，教师要引导儿童关注物体的空间关系。观察现实的空间时，教师可以让儿童认识到远处的事物小，近处的东西大。观察画面上的空间时，教师可以帮助儿童分析画面上各形象间的关系，主次形象的大小关系，主要形象的位置，情节的表现方法，背景的设置方式等。对空间关系的观察可以使得儿童提高对空间关系的认识，发展他们的空间知觉能力。

3. 多让儿童欣赏感受大师作品中的构图形式

教师可以让儿童欣赏一些大师的作品，如保罗·克利、梵·高等的作品，从中感受不同的构图方式所带来的不同的视觉效果，了解相同的主题可以有不同的构图方式，让儿童积累一定的构图经验，从而逐渐发展自己的构图技巧。

4. 开展多种形式的构图练习

只有通过练习，儿童才能够发展个别的技巧，所以教师要结合不同年龄儿童的构图水平来安排适宜的多样化的构图练习。

对于中班儿童，教师可以先提出一个主题，然后让儿童根据主题选择一些与之相关的图片进行构图练习。中班后期，教师可以先在纸上画上部分形象，其余的由儿童添画来完成一幅完整的画。对于大班儿童，教师可运用合成、连画等形式来进行构图练习。合成是指把两个或两个以上的基本图形（包括点、线、面、体等）做有意义的联结，从而构成一幅完整的画作的过程。比如把旧报纸上的图片剪下来，根据主题进行重新组合，并添加一些内容，形成一幅完整的画。连画是指由第一位儿童设计一个主题，第一位儿童完成第一张画，第二位儿童完成第二张画，第三位儿童完成第三幅画……以此类推，直至整套连环画完成。

5. 引导儿童在作画时突出绘画的主题

情节画活动教育的关键是突出主题，而突出主题有两种方法：第一种方法是在画面上设置一个构图中心。教师引导儿童通过把主体物画大或把主体物放在中心位置上，其他物体紧紧围绕主体物布局的方法来突出主题，其中，主体物要重点刻画、细致描绘，而其他想象可以概括处理。第二种方法是通过画面色彩的设置来突出主题。教师可以引导儿童在画面上大面积的主色调中，设计小面积的对比色彩，通过强烈的色彩对比来突出主题，教师也可以引导儿童用色彩来表现人物的情感，通过引起欣赏者与创作者的情感共鸣来突出主题。

6. 设计多种形式的绘画活动来学习情节画

教师可以采用多种绘画形式来展开情节画教育活动，如添画、故事画、日记画、情境探索画等。

二、意愿画教育活动的指导

意愿画又称自由画，是指教师不规定主题和题材的范围，完全由儿童自己自由地选择题材进行构图创作的绘画。由于意愿画需要儿童对自己在生活中所见所闻和自己头脑中想象的东西进行独立的加工和改造，因而意愿画教育活动的主要目的是促进学前儿童想象力和创造力的发展。教师在指导儿童意愿画的过程中，有以下几点要领。

（一）为儿童提供宽松的创作环境

教师要为儿童创设一个宽松的创作环境，让儿童大胆地、无拘无束地画他们心中想画的东西，不能够给出过于细致的要求，用各种条条框框去限制他们。

（二）通过提问－谈话的方式帮助儿童进行创作构思和表现

有些儿童可能会觉得意愿画无从下手，这时候就需要教师帮助他们进行绘画的构思。教师可以通过提问-谈话的方式来启发他们思考。在这一过程中，教师要先帮助儿童确定绘画创作的主题，即儿童想画什么。例如，儿童在假期结束回到幼儿园后画一幅意愿画，教师就可以启发儿童思考：自己在假期里主要待在哪里？自己在假期里做了些什么？什么事印象最深刻？什么事最有趣？这些事是和什么人一起做的？当时的情境如何？做完这些事后自己的感受是怎样的？当儿童确定好绘画的主题后，教师要引导他们思考如何表现这一主题，即怎么画的问题。对此，教师可以从造型、涂色、构图等方面启发儿童，但教师不能代替儿童思考，否则就失去了意愿画的意义。同时，教师还要注意提问-谈话环节应该在儿童动手创作之前进行，在儿童开始画画之后，教师就不要随意和儿童谈话，更不能用自己的描绘来代替儿童的创作，而只是在儿童求助时给予适当的技术提示。

（三）评价绘画作品应将重点放在创造性上，尽可能给予正面评价

学前儿童的意愿画主要是发展儿童的想象力和创造力，因此，教师在评价一幅意愿画时要把重心放在作品是否具有创造性上。那么什么是具有创造性？对于学前儿童来说，只要所画的画作对其个人而言是前所未有的，那么就可以说，这幅作品具有创造性。相对于此，将作品中的技能是否精湛作为作品水平高低的评价标准的做法是不妥当的。

学前儿童的意愿画表达了他们内心的思想情感，是个性的反应，所以每个儿童的作品都可能是不同的。为此，教师在评价儿童的意愿画时，要打破教育要求整齐划一的枷锁，要注意到儿童个性的差异性，对画作内容和材料使用方法的评价都要灵活，尽量给予积极的评价。教师的鼓励、表扬会带给儿童成功和愉悦的体验，让儿童感受到绘画活动的乐趣，这种乐趣本身会增加儿童的自信心；而教师的嘲笑、责备会给儿童带来挫折感和失败感，从而使得儿童失去自信心，对绘画活动丧失兴趣。因而，教师在评价时，要尽量找出儿童表现好的地方进行表扬，而且这种表扬不能够泛泛而谈，应该要具体和真实；其次，对儿童画作中不足的地方，教师可以用商量的口吻诚恳地提出改进意见。

三、装饰画教育活动的指导

装饰画是指在教师指导下儿童运用各种花纹、色彩在各种不同的纸形上进行装饰。儿童视觉、动作日趋精细，空间知觉能力发展到一定程度的时候，幼儿园就可以进行装饰画的绘

画教育活动，一般是从中班开始。儿童在图案装饰活动中具有以下两个特点：

一是儿童喜欢用具体的花纹进行装饰。儿童在选择和运用花纹进行装饰时，往往喜欢用一些具象的花纹，如小花、小草、动物等，而不太喜欢抽象的点、线条、几何图形等。

二是儿童不能掌握图案构图的规律。由于儿童的视觉和动作尚且不能协调配合，因此在描绘花纹时不能很好地辨别各花纹之间的距离，也不能准确地在固定的位置上描绘花纹。在他们的画作中，图案不对称、不均衡、不规则的现象经常出现。

根据上述的儿童在装饰画中的表现特点，教师在进行装饰画教育活动指导时，要注意以下几点。

（一）多欣赏装饰画作品，开阔儿童的视野

装饰画在人们的日常生活中随处可见，教师可以引导儿童欣赏一些装饰性强、造型独特、具有民族特色、多元化的装饰花纹和图案。教师可以从儿童最熟悉的物体着手，在认识形状的基础上，让儿童观察欣赏这些物品上面的图案。一方面，教师可以让儿童观察欣赏自然界自然物所生成的装饰美；另一方面，教师也可以让儿童观察人造物品的装饰美，如衣服、围巾、手帕、床单、地毯、糖纸、脸盆、花瓶、碟子、地砖等装饰图案。在让儿童欣赏这些日常生活中的图案装饰的时候，要注重培养儿童对图案装饰美的感受，认识和理解装饰画的实用价值，初步了解图案装饰的规律，激发儿童对装饰画的兴趣。例如，在引导儿童观察欣赏伞面上的图案时，要启发儿童思考伞与人们生活的关系，探索伞面图案装饰的特点，通过欣赏了解装饰与生活的关系。

（二）引导儿童循序渐进地学习装饰画

装饰画的规律性较强，描绘过程也比较规范和精细，因此，教师在装饰画教育活动中要特别注意学习的循序渐进性。这种循序渐进性表现在学习方法上，也表现在学习内容上。教师要让儿童由浅入深、由易到难地学习装饰画。

在学习方法上，教师可以引导儿童先欣赏，多看多接触，形成对装饰美的感受力，同时在大脑中形成大量表象。其次，教师可以引导儿童进行盖印章、贴树叶、折叠染纸等游戏活动，用游戏让儿童体验装饰的方法。在这些活动的基础上，再让儿童进行装饰画的创作。

在学习内容上，从提供装饰的物品上看，较小年龄的儿童可以在纸盒、桌布、毛巾等规则纸型上进行装饰，较大年龄的儿童可以在手套、领带、衣服、靴子等不规则纸型上进行装饰。从装饰的纹样看，较小年龄的儿童可以用点、线、简单的几何图形等简单纹样进行装饰，较大年龄的儿童可以用自然界的花草、数目、房子等较为复杂的纹样进行装饰。从装饰的色彩上看，较小年龄的儿童可以用两到三种颜色进行装饰，较大年龄的儿童可以用多种颜色较为协调地进行装饰。

（三）要采用多样化的方法进行装饰练习

装饰画的创作过程规范性较强，如果教师让儿童反复地用一种形式练习技法的话，会在

不同程度上抑制儿童的想象力和创造力的发挥，使得装饰画的练习变得枯燥乏味，也容易让儿童失去装饰的兴趣。因此，教师要采用多样化的方法来培养儿童对装饰画的兴趣。例如：小组间进行比赛，看看哪组小朋友设计的纹样最多；结合节日，如母亲节、父亲节，为妈妈设计服装，为爸爸设计领带。多样化的练习，能够让儿童在轻松愉快的氛围中掌握装饰画。

四、儿童美术常见画种的指导

（一）水粉画

水粉画的色彩瑰丽，柔润饱满，不需要使用过多的技法和复杂的调和，就可以调出千百种丰富的色彩。水粉画变化无穷的色彩，可以激发起儿童浓厚的绘画兴趣，提升儿童的造型、构思、构图能力以及观察力、想象力和创造力。所以，不论是小班儿童还是中、大班儿童都非常喜爱画水粉画（图3-14）。

图 3-14

儿童画水粉画所使用的工具通常是水粉笔或毛笔，使用的材料通常是广告色（宣传色、水粉颜料）和吸水性较强的纸张。广告色属于水性颜料，便于使用和清洗，色彩鲜艳，可以在画面上产生艳丽、柔润、明亮、浑厚等艺术效果，介于水彩和油画之间，介于不透明与透明之间。不透明的水粉颜料具有一定的遮盖力。但是也要认识到，水粉颜料的颜色纯度具有局限性，水粉画在颜料未干的时候，颜色的饱和度很高，颜料干了之后，颜色会失去光泽，色彩没有湿润时鲜艳。画水粉画时，儿童需要自己用水调配颜料。水粉画的表现技法一般有平涂法、薄画法、厚画法、点彩法、综合法等。

儿童在画水粉画时容易出现的问题有三个：一是对水分的多少把握不恰当；二是难以掌握运笔速度；三是重复用色。基于这些问题，结合水粉画的特点，教师在指导儿童进行水粉画活动时应注意以下几点。

1. 鼓励儿童自主探索水粉画的绘画工具和材料

教师要把自己放在和儿童平等的位置上，和幼儿一起去探索和研究水粉工具、材料以及它们的特点。在这个发现和探究的过程中，幼儿能够逐渐获得粗浅的水粉绘画知识，了解一些水粉画工具材料的特征，如怎样拿毛笔更顺手，颜料要不要兑水，颜料干的时候和湿的时候颜色的不同等。

2. 鼓励幼儿尝试调和水粉颜料

针对幼儿把握不好水分多少的问题，教师可以让幼儿尝试调和水粉颜料，在颜料中自由添加水量，感知不同水量和一定量的颜料混合后的效果。通过探索，儿童可以感知到颜色、水与画面三者的关系，认识颜料的稠稀，从而掌握水量。

3. 鼓励幼儿感知并总结不同运笔速度和力量所产生的效果

针对幼儿难以掌握运笔时的速度、轻重以及方式问题，教师可以先让幼儿自由探索各种运笔速度、用力大小以及握笔方式，感受运笔的不同速度、不同力度、不同握笔方式所带来的不同效果，以及画笔大小与画面的关系。之后，教师可以带领幼儿一起总结运笔速度、力度、握笔方式等带来的效果。当然，教师也要考虑到儿童的年龄和经验差异。

4. 鼓励幼儿尝试混合颜色

针对小班幼儿混合搭配多种颜料使画面产生"脏"的感觉这一问题，教师可以鼓励幼儿混合颜色，在混合的过程中，幼儿会对颜色产生兴趣，如红色加黄色、蓝色加黄色等，幼儿可以感知到颜色与颜色之间的关系。对于中大班的幼儿混搭颜色的现象，教师可以让幼儿进行对比，分析画面"好看"和"脏"的原因，使幼儿明白多种颜色混搭产生的不同效果。

5. 鼓励幼儿使用多种颜色作画

刚开始接触水粉画时，有些幼儿会一直使用一种或两种颜色作画，这种现象可能会持续很久。针对这个问题，教师可以有三种方法来解决。第一种方法是给幼儿提供许多不同的颜色，让幼儿根据自己的喜好来选择颜色，然后，教师再请幼儿尝试使用平常不常用或不喜欢的颜色来作画，同时，告诉幼儿画过颜色的地方，不要再涂抹其他颜色。第二种方法是教师用一些内容来引导幼儿主动采用多种颜色，比如可以让幼儿画彩虹。第三种方法是根据作画内容让幼儿自己分析画面是一种颜色好看还是多种颜色好看，让幼儿自己去感受和体会。

6. 帮助幼儿分辨同一色系内的色差

幼儿最初学习水粉画时，难以分辨同一色系内的色差。教师可以提供同一色系的颜料，让幼儿在使用过程中，体会同一色系颜色之间深浅、明度的差异；或者也可以用其他方法激发幼儿用同一色系颜料创作的欲望，例如，带领幼儿去观察树叶的颜色，引导幼儿发现不同树叶颜色的差异，之后，教师进一步引导幼儿用同一色系的颜料创作出其他内容。

7. 引导幼儿学习搭配颜色

对于已经具备一定水粉画经验的幼儿，教师可以引导他们学习搭配颜色。最初，教师可以只提供几种颜色，让幼儿用这几种颜色绘画。在幼儿熟悉了限色搭配之后，教师可以逐渐放开，提供多个色系的颜色，让幼儿用于创作，尝试搭配颜色。

8. 鼓励幼儿使用不同纸张画水粉画

在幼儿创作时，教师可以鼓励幼儿选择不同的纸张画水粉画，然后相互比较，发现纸张带来的不同绘画效果。例如，请幼儿用水粉颜料分别在油性画纸和宣纸上绘画，幼儿会发现水粉颜料在油性纸上会收缩到一起，很长时间不能散开，而在宣纸上画的线条竟然会一下子就渲染开，画面别具一格。

（二）油画棒画

油画棒也叫油粉笔，是一种棒形画材，由颜料、油、蜡的特殊混合物制作而成，携带方便，绘画时不易弄脏环境，色彩艳丽，表现力强。与水粉颜料不同，油画棒是一种固体颜料，无需混色或调色的准备工作，一旦有绘画想法，儿童就立刻开始创作，是低年龄儿童较适合绘画的工具之一（图3-15）。油画棒和蜡笔的特性很像，它们都不溶于水，都可勾线，也可以用来大面积涂色，都可以直接使用，都容易折断，使用方法也大体一样，不同的只是蜡笔含蜡多一点，油画棒含油多一点。

图3-15

儿童在画油画棒画的时候容易出现的问题有五个：一是多种颜色混合重复，容易弄脏画面；二是不善于搭配纸张和油画棒的色彩；三是使用单一色彩，效果不饱满；四是覆盖使用，色相不明确；五是涂色顺序不当。基于这些问题，结合油画棒画的特点，教师在指导儿童进行油画棒画活动时应注意以下几点。

1. 提供多种绘画材质，鼓励儿童与画笔结合使用，以发现适宜的材质

儿童在运用油画棒进行创作时，教师可以提供不同的绘画材质，如各类纸张、胶片纸、砂纸、瓷片等，让儿童选择，并尝试探究油画棒与各种材质结合使用时会出现什么样的效果，然后自主找到适宜的绘画材质。例如，油画棒用在牛皮纸、白板纸上会产生不同效果，油画棒用在木片、瓷片、胶片纸上则不太适宜。

2. 以单元方式提供绘画工具和材料，增强儿童对画笔的敏感性

儿童运用油画棒作画时，会遇到很多用色方面的问题，教师可以以单元方式或按照一定的顺序逐渐向儿童提供绘画工具和材料。比如，同类色设为一个单元，对比色设为一个单元，混合色设为一个单元，用完一个单元的画笔后再提供另外一个单元，帮助儿童逐步认识油画棒的颜色和特性。

3. 鼓励儿童尝试进行画笔颜色之间的搭配及画笔与材料之间的搭配

一方面，各种颜色的油画棒之间的配合运用会出现不同的效果。教师可以让儿童自由探索白色油画棒同蓝色、红色、黄色等油画棒混合使用；也可以探索同类色，如浅黄和深黄、浅绿与深绿等渐变色彩的混合使用。儿童会发现这些颜色混合使用后产生的神奇效果。

另一方面，教师可以让儿童通过试验发现如何根据绘画材质的颜色来选用画笔的颜色。比如，提供黑色或白色的纸张和两组画笔，一组是浅色系列，一组是深色系列，让儿童分别使用两组画笔作画，然后比较两组画笔作画的效果，引导儿童发现，作品的效果与纸张色彩之间的搭配有直接关联。

4. 引导儿童发现恰当的涂色顺序，避免涂色过厚

针对儿童涂色顺序不当的问题，教师可以让儿童尝试先涂浅色，后涂深色，看看效果如何；然后，再让儿童先涂深色，再涂浅色，看看效果如何。这样正反对比，儿童会发现先涂浅色再涂深色，着力先轻后重，这样出来的作品不容易"脏"，也更利于细致加工。

针对儿童绘画时涂色太厚的问题，教师可以引导儿童观察重叠涂色之后的效果，儿童会

发现画面已经失去了原本自己想要的颜色。之后，可以让儿童尝试用刮刀刮去过厚的颜色，使其变薄。

5. 引导儿童学习多层涂色的方法

在儿童充分了解油画棒的特性后，教师可以要求儿童在涂色时，尝试第一层力度轻一点、薄一点，第二层力度重一点、厚一点，即颜色先浅后深，逐步叠加，以此帮助儿童丰富画面的内容、更加深入细致地刻画、增加色彩的对比和画面的厚重感。

6. 鼓励儿童尝试将油画棒和水粉结合使用

在儿童熟悉了油画棒的特性之后，教师可以鼓励儿童根据自己的喜好将各种绘画工具和材料结合使用，比如水粉颜料和油画棒，让儿童观察两者结合后会出现什么样的效果。

7. 指导儿童尝试刮画

刮画具有强烈的色彩明暗对比和与众不同的表现力，这是单纯的油画棒画或蜡笔画所无法比及的。而且，刮画活动可以很好地激发儿童对色彩的感受力。

制作刮画，首先要做彩色底版纸。教师可以让儿童先用多支浅色的油画棒或蜡笔，同类色、渐变色皆可，在白卡纸上根据自己的喜好任意涂抹。涂满浅色后，再用深色油画棒进行覆盖，这样就做好一张底版纸了。最好将做好的底版纸放置一到两天，使得油画棒的颜色渗透到白卡纸中，再用来创作。创作时，教师可让儿童用坚硬的钉子勾线，然后再用刀片或别的坚硬材质的工具将勾线内容的油画棒颜色刮去，这样一幅作品就完成了。当然，创作刮画，也可以使用现成的刮画纸，这种刮画纸使用更为方便，效果也更为明显。

（三）水彩画

水彩画是指以水为媒介调和专用的水彩颜料作画的一种表现形式。由于儿童难以掌握水彩画的技法，所以，对于儿童而言，水彩画的工具主要为水彩笔和彩色铅笔，其中水彩笔使用较多。水彩笔就是彩色水笔，其色彩丰富，使用简便，适合年龄较小的儿童使用，缺点是水分不易均匀，过渡不自然。水彩笔对应的材质或纸张非常重要，一般需要洁白度高、表面比较光滑的纸张。水彩画教育活动目的主要是让儿童掌握色彩配置要点和各种画面处理方法，培养色彩意识，灵活运用，合理搭配结合，用绘画语言表达自己的想法。

儿童在画水彩画时容易出现的问题主要有四个：一是重叠覆盖后造成色彩不均匀；二是所用纸张色彩与画笔色彩搭配不当；三是使用不当损害水彩笔头；四是涂色过满使得画面过于凌乱和纸张破损。基于这些问题，结合水彩画的特点，教师在指导儿童进行水彩画活动时应注意以下几点。

1. 引导儿童用色块作画，感受水彩笔效果

儿童用水彩笔作画时，教师可以重点引导用色块来作画，帮助儿童感受色块与色块之间颜色的变化，熟悉水彩笔的颜色效果，而不可以要求儿童对细节刻画，否则会转移儿童对颜色的注意。

2. 提供彩纸和白纸，引导儿童比较绘画效果

针对纸张色彩干扰水彩笔色彩效果的问题，教师可以给儿童提供彩纸和白纸，引导儿童

分别在这两类纸上作画，然后对结果进行比较。儿童在这个过程中，尝试错误，可以深入了解水彩笔的透明特质。

3. 要求儿童用笔干净利落，不重复涂色

针对水彩笔反复涂色会致使纸张潮湿、发毛、破损等现象，教师可以要求儿童在作画时下笔干净利落，不使笔尖在纸张一处停留过久，不在一个局部重复涂色。

4. 逐渐引导儿童用水彩笔进行细节刻画

与水粉颜料相比，水彩笔更易于涂色和细节刻画。在儿童积累了一定的水彩画经验以后，教师可以要求儿童进行细节刻画，其中，在细节方面，对小班儿童要求不能过多，而对中班或大班儿童可以有一些要求。

5. 适度引导儿童发现留空的感觉

儿童用水彩笔绘画时，教师不要强求儿童将画面涂满，在儿童涂色时，教师要适当引导儿童发现留空的感觉，留空一样可以画出很漂亮的画。

（四）棉签画

棉签画的主要工具是医用棉签、水粉颜料等。棉签画是用棉签蘸颜料的绘画，相对于油画棒画、水彩画等幼儿园常见画种来说，棉签画更适用于小班刚入学的儿童（图3-16）。他们年龄小，小手肌肉发育还不完善，手指不太灵活而且力度不够，握笔画画不听使唤。而油画棒画需要一定的力度，水彩笔笔道细，涂一块颜色需要好多道道，小班刚入学的儿童掌握起来有一定的难度。由此看来，棉签画更适用于小班上半学期的

图3-16

儿童。因为小班儿童很容易掌握用拇指和食指捏住东西，而且大块鲜艳的颜色更能激发他们的绘画欲望。当然，在中班和大班也可以设计棉签画绘画教育活动，让儿童接触并喜爱这样一种新的绘画形式。

棉签画的教学分为四个阶段，分别是点彩练习，短线条练习，点、线、色块练习和简单造型的综合练习。结合棉签画的特点，教师在指导儿童进行棉签画活动时应注意以下几点。

1. 让儿童画自己感兴趣的事物

教师要鼓励儿童用棉签画出自己生活中熟悉的感兴趣的事物，并且以此来表达他们的主观感受，这样儿童才能对棉签画产生浓厚的兴趣。

2. 引导儿童探索发现棉签画的作画方法

棉签画对于儿童来说，是一种很特别的作画方式，很多儿童可能之前很少接触。教师可以指导儿童用大拇指、食指、中指捏紧棉签的中部，将棉花部分蘸上颜料作画，在此过程中，引导儿童在蘸颜料时不要蘸得太多，如果小手不小心蘸到颜料可以用抹布擦掉。

3. 采用各种方法辅助练习

教师可以用游戏的形式帮助儿童学习棉签画，或者用彩纸剪出主体想象，让儿童用棉签进行添画或涂色的形式帮助儿童学习棉签画，这样的学习效果会比单纯让儿童用棉签作画要好很多，会让儿童更加喜欢棉签画，也更容易激发他们的创作欲望。

（五）其他

除了以上详述的水粉画、油画棒画、水彩画和棉签画之外，学前绘画常见画种还有很多，下面将简单介绍其他的一些画种，如水墨画、版画、线描画等，并给出在这些绘画教育活动中的一些指导建议。

水墨画又称中国画，是中华民族优秀传统文化的一部分，讲究意境深远、气韵生动、形神兼备、诗画一律。水墨画的工具主要有毛笔、墨水、宣纸、食用色素等。儿童学习水墨画，强调的是率真的直觉表达、水墨的自由挥洒、成型的自然与和谐，以及具有黑、白、疏、密等多种的审美要素。教师在指导儿童水墨画教育活动时，重点要注意：提供笔墨，采用多种形式，鼓励儿童自由感知水墨之乐，激发儿童画水墨画的兴趣；帮助儿童感知墨汁用在生宣和熟宣上的不同效果；鼓励儿童大胆表现，不要用技法限制儿童；抓住时机，帮助儿童体会"写意"；帮助儿童感知墨汁浓淡的不同效果；引导儿童感知运笔力度大小的不同效果；帮助儿童分辨毛笔的软硬特质；指导儿童在水墨画中添加不同颜料。

版画按颜色可以分为黑白版画、单色版画、套色版画等；按制作方法可以分为凹版、凸版、平版、孔版和综合版。儿童常用的是凹版和凸版。凸版版画通常指木刻版画，凹版版画通常指腐蚀画。儿童的版画创作在选定材质时要以易刻、省力、安全为原则。教师在指导儿童版画教育活动时，重点是要注意：用软质材料代替硬质材料；确保儿童用正确的方法使用木刻刀；引导儿童感受凹版和凸版的不同效果；使用铁钉代替刻刀作为版画工具；指导儿童将图案粘贴牢固；提供多种材料制作综合版画。

线描画又叫作白描，即用单色笔画画，线条有许多变化，如长短、软硬、粗细、曲直、疏密、轻重、刚柔等，并形成点线面、黑白灰等效果。线描画的工具主要为签字笔、毛笔、铅笔、炭笔、单色的油性笔、水彩笔等。教师在指导儿童线描画教育活动时，重点是要注意：用内容激发儿童对线描画的兴趣，分阶段提出教育要求；为儿童提供多种线描画工具和材质，让儿童感知不同工具和材质相互作用的效果；借助一定媒介引领儿童走近线描画；引导儿童欣赏线描作品，发现线描的表现力；指导儿童选择大小适中的绘画材料；引导儿童将画面画得大一些；引导儿童比较不同画笔的效果；绘画过程中要让儿童适当休息。

另外，在儿童熟悉了各种绘画形式之后，教师还可以设计综合绘画活动，在指导儿童综合绘画活动的过程中，教师要注意：按照由多到少，再逐渐增多的顺序提供多种绘画材料；用两到四种材料引领儿童走进综合绘画；鼓励儿童多探索交流，发现材料使用的顺序；利用游戏，激发儿童的绘画兴趣；引导儿童观察并反复练习。

🔗 **资源链接 3-2**

案例

一次意愿画活动中,教师问幼儿想画什么,有的幼儿说:"我想画天线宝宝。"教师问:"为什么?"幼儿说:"因为我从来没画过。"有的幼儿说:"我想画坦克。"教师问:"为什么?"幼儿说:"因为它难。"

分析

在案例中,幼儿喜欢画天线宝宝、坦克等很多周围新鲜的事物,他们的回答"因为它难"体现出大班幼儿的理智感已经明显地发展起来,智力活动的积极性提高,越来越喜欢挑战自己,他们愿意大胆探索,富有个性地表现自己对新鲜事物的感受。针对幼儿的这个特点,教师要提供各种机会帮助幼儿开阔视野,引导幼儿积极关注身边新鲜的、有挑战的事物,鼓励幼儿观察、探索、尝试、感受新鲜事物。比如,教师可以带幼儿外出参观,组织"小小新闻员"的活动等。教师还要善于关注幼儿的兴趣点,选择开放式的活动内容,给幼儿更多挑战自我、表现自己的机会。

对于意愿画的指导,在内容开放的基础上,教师可以加入材料的挑战性,为幼儿提供不同的工具和材料,鼓励幼儿发现材料的不同使用方法带来的不同效果。教师还可以让幼儿自己收集绘画工具(如棉花、纸团、废旧牙刷等),尝试不同的使用方法,鼓励幼儿大胆运用多种形式综合地进行表现。在绘画过程中,教师要尊重幼儿的想法,鼓励幼儿尝试解决困难或给予帮助、肯定,增强幼儿的自信心。绘画过程中幼儿有任何想法,教师都应该尊重。本案例中教师给幼儿机会表达自己的想法:"你们想画什么?""为什么?"简单的两句话引起了幼儿讨论的高潮,各种答案表现了幼儿个性化的想法。当幼儿遇到困难时,教师要针对幼儿的不同表现给予支持。这样,幼儿就会更加积极地思考,更加大胆地创作。

【示例】

小班绘画活动:开火车

(本案例由江苏省泰州市艺术幼儿园教师杨梅提供。)

设计意图

小班的幼儿刚上幼儿园,很多幼儿都是初次接触绘画,接触绘画的工具和材料可能会有胆怯的心理。而游戏是幼儿最喜爱的活动形式,教师设计本活动就是想通过游戏来引发幼儿探索绘画工具材料的兴趣,并让幼儿在整个过程中学习感受线条和色彩的魅力。

活动目标

1. 乐于参与活动,初步感受绘画的乐趣。
2. 能根据自己的意愿尝试选择颜色作画,并大胆地画长长的线。

活动准备

1. 经验准备。

认识火车，对火车这种交通工具有一定的了解。

2．物质准备。

（1）环境布置：小兔车站，小熊车站。

（2）油画棒人手一盒。印有小兔车站和小熊车站的大、小画纸若干。

（3）欢快的音乐伴奏。

活动重点和难点

活动重点：认识并使用油画棒。

活动难点：用不同颜色画直线，并表现线条的方向。

活动过程

1．游戏"小司机开火车"。

幼儿扮演火车司机，听着音乐的旋律从小兔车站开到小熊车站，一边开一边说：火车开啦！呜—呜—呜。可以以邀请幼儿轮流上车的形式进行游戏，让幼儿体验火车长长的感觉。

2．游戏"小小蜡笔开火车"。

（1）教师：小司机开火车真有趣，从这一头开到那一头，油画棒宝宝看了真开心，也想玩"开火车"的游戏。小朋友做小老师，教它们玩游戏，好吗？

引导幼儿观察小兔车站在哪里，小熊车站在哪里。帮助幼儿懂得游戏时要确定起点和终点。

（2）教师：我们的油画棒宝宝可着急了，它们都想来开火车，先请谁来玩？

教师引导幼儿依次选择油画棒绘画（红色的油画棒、绿色的油画棒等）。

（3）教师：我的红色油画棒先来开火车，火车开啦！呜—到站啦！（教师演示从纸的一端画到另一端，幼儿空手练习。）

3．幼儿作画，教师巡回观察。

（1）教师：小朋友们的油画棒也想来开火车，快请它们来玩吧！

（2）幼儿作画，教师指导。

引导幼儿从纸的一端画到另一端；鼓励幼儿大胆尝试画直线；鼓励幼儿画出各种颜色的直线。

4．引导幼儿用简单的语言介绍作品。

教师：你请的哪些油画棒宝宝开火车？开得怎么样？

活动延伸

火车前面遇到障碍物啦，鼓励幼儿用油画棒画曲线或折线，继续新一轮开火车。

导引

本活动是为刚入幼儿园的幼儿设计的，这些幼儿大多处于涂鸦阶段。整个活动围绕游戏"开火车"进行，激发了幼儿的学习兴趣，让幼儿在玩乐中学习。在导入之后，教师先让幼儿认识油画棒这种绘画工具，再通过让幼儿选择不同颜色的油画棒帮助幼儿辨别红、黄、蓝、绿、橙等基本颜色，感受色彩之美。选择之后，教师引导幼儿"开火车"，即用不同颜色的油画棒画直线来模拟火车的前进，线条是造型的基本元素，所以这个环节的设计会让幼儿逐渐学会运用笔来描绘线条，且能够表现出线条的方向，从一端到另一端。在幼儿创作线条时，教师并没有给予很大干预，而是让幼儿大胆地作画，让幼儿感受绘画的趣味性，激发幼儿以后进行绘画创作的积极性。最后，由于命题涂鸦阶段的幼儿已经能够意识到自己所画的线条或图形与自己经验中的某些事物是相似的，于是在画出这些线条之后，愿意给它们起名字，并进行注释和说明，所以，在幼儿创作之后，教师引导幼儿用简单的语言介绍作品，这是去鼓励幼儿对绘画中的图像进行想象思考，使得幼儿不再仅仅把绘画当成是单纯的肌肉运动。

【示例】

中班绘画活动：巧变的小手

（本案例由北京市朝阳区和平街幼儿园教师刘婷提供。）

设计意图

手是幼儿身体的一部分，幼儿非常熟悉。在此之前，幼儿阅读过关于手指的图画书。此次活动中，教师希望幼儿可以认识到幼儿与幼儿之间手的差异，并用添画、组合的方式来帮小手变魔术，培养幼儿构思、造型、设色等方面的能力。

活动目标

1. 喜欢参加美术活动，从中体验美的感受和成功的喜悦。
2. 能根据不同手形的特征，大胆地添加、组合，设计出有趣的形象。
3. 能够为自己的作品添画简单的背景。

活动准备

1. 经验准备。

幼儿绘画过各种小动物，如金鱼、鸽子、蝴蝶等。在日常生活中，注意引导幼儿用图形概括法观察物体。

2. 物质准备。

（1）大班哥哥、姐姐的小手画。

（2）不同大小手指组合的手形模型板。

（3）纸、胶棒。

（4）优美的音乐。

活动重点和难点

活动重点：描画小手，进行造型。

活动难点：根据教师的提示展开想象，利用添画的形式丰富画面。

活动过程

1. 活动导入。

（1）教室设置悬念，引发幼儿注意。

教师：小手还会变魔术呢！

（2）教师进行对话启发，并播放多媒体。

教师：这是什么？小手在哪里？

教师引导幼儿观察画面，待幼儿发现后，启发幼儿：他们把小手当成了什么？伸出自己的小手学一学，在画中手是什么样的？

（3）幼儿观察比较，认识不同的手形模型。

教师：它们都是手的模型，有什么不一样？（手指的不同组合）

2. 幼儿创作。

（1）教师进行对话启发。

教师：帮小手变个魔术吧，想象你要把小手变成什么呢？怎么变？

（2）幼儿借助造型。

幼儿可以在画纸上描画自己喜欢的手模型；可以把自己的小手放在纸上画下来；可以把现成的手形贴在画纸上，进行添画。

（3）幼儿进行添画补充。

教师：它们在哪呢？

教师引导幼儿根据新形象添画出简单的背景。

3. 分享。

（1）教师对于幼儿想与教师分享的愿望，给予积极的支持。

（2）幼儿互相欣赏同伴的作品。

（3）教师请幼儿说一说自己喜欢的作品：为什么喜欢这个小朋友的画？他把小手变成了什么？以此促进幼儿之间的交流，增强幼儿的自信。

活动延伸

1. 可继续设计接下来的活动，为幼儿提供不同的模型材料，如简单的瓶子，让幼儿对不同的模型材料进行添加，进一步提高幼儿的创作想象力。

2. 将本次幼儿的作品与主题活动或集体活动相结合，作为欣赏活动的材料。

3. 将本次活动与游戏活动相结合，利用欣赏区挂饰、语言区手指偶进行讲述。

导引

"巧变的小手"这一绘画活动设计充分表现出了幼儿丰富的创造力。造型对于刚刚升入中班的幼儿来说，有一些困难。假设直接让幼儿去画一条鱼、一艘火箭等，对于现阶段幼儿的发展水平来说，或许要求过高了。但是在这个活动中，教师以不同的手作为中介物，引导幼儿大胆地发挥想象，就能创造出新的形象了。在一开始的导入环节，教师有层次地提问："这是什么""小手在哪里""他们把小手当成了什么"这些问题丰富了幼儿的想象，让幼儿在心里形成了清晰的解体，进一步激发其创作的欲望。之后就是画出小手，相同的内容，教师提供了多种绘画的形式，如粘贴手模型、按手描画轮廓、描画手的模型等，为不同发展水平的幼儿创设了按自己的能力和爱好进行选择的机会，由易到难，考虑了不同层次的幼儿，体现出"儿童本位"的教育理念。在对小手进行绘画后，幼儿又根据想象进行添画，这是简单的构图练习，也是情节画的一种，幼儿的生活和情感经验都可能会影响到他所添画的背景，添画后，小手变成了一幅漂亮的画，让幼儿从内心深处产生了一种成就感。最后是欣赏环节，幼儿在丰富自己经验的同时，也能再次体验美和感受美。

【示例】

大班装饰画活动：蝴蝶找花

（本案例由江苏省无锡市江阴市文林富昌幼儿园教师包菊提供。）

设计意图

夏天到了，幼儿园的花园里蝴蝶飞舞，教师就想到了蝴蝶找花的主题。装饰画是大班幼儿以前所接触过的，但是渐变色的使用对幼儿来讲是一个挑战。于是，教师便想到让幼儿用渐变色来装饰蝴蝶，然后再以蝴蝶为中心进行拓展，采用黑白的对比效果添画背景图，创作情节画，发展幼儿的色彩感受力和形象创造力。

活动目标

1. 通过欣赏，感知了解渐变色的画面特点，并能够独立使用渐变色装饰蝴蝶。
2. 通过欣赏黑白背景图画，感知黑白色的另类美，并能够合作用涂鸦笔绘画背景图。
3. 喜爱美术活动，能够将自己的想法富有创意地进行表达。

活动准备

1. 经验准备。

幼儿已经用渐变色绘画过，有使用涂鸦笔的经验。

2. 材料准备。

涂鸦笔、空白蝴蝶人手一只。4K黑卡纸每小组一张。茅根、双面胶、KT板、PPT课件等。

活动重点和难点

活动重点：欣赏和装饰蝴蝶；用白色涂鸦笔在黑色卡纸上创作花园。

活动难点：用渐变色装饰蝴蝶。

活动过程

1. 欣赏渐变色蝴蝶。

（1）出示蝴蝶：瞧，这是一只什么颜色的蝴蝶？

（2）（播放PPT）让我们来慢慢欣赏一下，看看这些蝴蝶的颜色是怎样的。

（3）你喜欢哪只蝴蝶？它的颜色是怎样变化的？

教师小结：这些美丽的蝴蝶，身上的颜色是由深到浅慢慢变化，我们就叫它色彩的渐变，也可以叫作渐变色。

2. 独立涂色渐变色蝴蝶。

（1）你还知道哪些颜色是渐变色呢？

（2）你想用渐变色来装饰一只蝴蝶吗？

教师要求：四个小朋友一张桌子，装饰好之后贴到黑板上来，让大家欣赏欣赏。

3. 欣赏黑白背景画。

（1）瞧，老师的蝴蝶要飞出去玩啦！

（2）（播放PPT）蝴蝶飞到哪里去玩啦？这些花是怎样的？和前面看见的花一样吗？引导幼儿感知黑白画的魅力。

（3）蝴蝶飞去这么多地方玩儿，看看这些画面，你们有没有发现什么秘密？

教师小结：这些画面只有黑色和白色两种颜色。黑色和白色是两个很特别的颜色，黑色包含了所有的颜色，白色表示什么颜色也没有，人们往往将这两种颜色进行搭配，组成了区别于彩色世界的独特效果。

4. 合作创作黑白背景图。

（1）小朋友，想不想让你的蝴蝶也去花园里玩一玩呢？今天，我们也来画一幅黑白画花园好吗？

（2）介绍工具和要求：白色涂鸦笔的使用方法；画在黑卡纸上，一张桌子四个小朋友，合作画一幅花园。

5. 粘贴立体蝴蝶。

教师出示一张示范背景图，"瞧，我的蝴蝶在花朵上翩翩起舞呢。"

（1）你们想让自己的蝴蝶在花朵上翩翩起舞吗？

（2）怎样才能让蝴蝶翩翩起舞呢？（小弹簧）

（3）有一样小工具，能帮助我们。（出示茅根）

（4）介绍制作方法：捏住一端，在食指上绕螺旋线，轻轻取下就制成一根弹簧。用双面胶将蝴蝶固定在花园上。

6. 欣赏与评价。

（1）请大家欣赏：看看我们的作品，有什么感觉？

（2）将作品带到教室里给大家欣赏。

活动延伸

幼儿回家和家长一起用白色涂鸦笔在黑色卡纸上进行绘画创作，再次体验黑白对比的独特效果。

导引

此活动的主题来源于幼儿的生活，幼儿熟悉并且感兴趣。在活动的一开始，教师通过蝴蝶图片的欣赏让幼儿感受到渐变色的美丽，对渐变色有了基本认识。大班的幼儿处于图式阶段，他们在色彩方面不再限于按物择色，开始可以用色彩来表达自己的情感，教师在让幼儿以渐变色的形式装饰蝴蝶时，并没有给予过多的提示，所以幼儿在装饰时可以使用自己想用的任何颜色，并在这个过程中探索配色的方法，利用颜色变化来创作美。平常幼儿都是画彩色画，幼儿周围的世界也都是彩色的，很少去体会黑白搭配的独特魅力，所以本活动另辟蹊径，让幼儿使用涂鸦笔和黑色纸等绘画工具和材料进行作画，幼儿在作画的过程中，既对所运用绘画工具材料更加熟练，也能够体会黑白所带来的美感。同时，教师让幼儿画花园，没有其他约束，这是鼓励幼儿发挥想象，将自己所画的事物围绕主题，借助绘画来表达自己的独特感受，增强幼儿把握绘画主题的能力，也让幼儿大胆作画的意愿更加强烈。最后，教师让幼儿把蝴蝶插入到花园中，将蝴蝶与花园里的花联系起来，使所创作的事物不再孤立，促进了幼儿构图能力和情节创设能力的发展。

📖 学习回顾

一、简答题

1. 幼儿绘画能力的发展分为哪几个阶段？
2. 幼儿绘画教育活动的目标一般包括哪几个方面？各阶段目标又有什么差异？
3. 幼儿绘画教育活动的过程设计分为哪几个环节？
4. 物体画和情节画有什么区别和联系？
5. 幼儿进行装饰画创作的特点有哪些？
6. 幼儿在画水粉画时容易出现什么问题？

二、论述题

1. 在认识各种绘画工具和材料时，教师应该如何激发幼儿的兴趣？请举例说明。
2. 在幼儿创作意愿画没有思路时，教师应该如何帮助他们构思？请举例说明。

⭐ 实践运用

一、研究型学习活动

1. 选择某一个班级（小班/中班/大班）的幼儿画作（至少五次绘画教育活动的画作），进行观察和分析，总结出这一年龄班的幼儿绘画的特点。
2. 分小组讨论如何为各年龄班的幼儿选择绘画教育活动的内容。
3. 观察一名幼儿画油画棒画的过程，分析幼儿绘画中存在的问题，并提出指导策略。

二、材料分析

1. 材料描述：绘画活动开始了，幼儿在纸上不停地画着圆圈，有的大，有的小，有的告诉老师是蝌蚪，有的说是气球，有的说是棒棒糖。不一会儿，纸上就出现了好多圆形宝宝。（小班上学期）

    问题：请问这种现象说明此年龄阶段的幼儿绘画能力发展的什么特点？教师该如何引导此年龄阶段的幼儿来促进其发展？

2. 材料描述：在"我的家"作品中，我们看到幼儿表现出的家都是透明的，里面的人有的在做饭，有的在睡觉。幼儿会高兴地和大家讲自己的家。（大班上学期）

    问题：请分析幼儿作品是透明的原因，并举例说明教师在面对这样的情况时该如何进行指导。

三、活动方案设计

1. 尝试设计一个中班绘画教育活动。
2. 尝试设计一个命题画教育活动。
3. 尝试设计一个棉签画教育活动。
4. 尝试制作一个学期的绘画教育活动计划。

第四章 学前儿童手工教育活动

学习目标

1. 了解不同年龄阶段学前儿童手工教学的目标。
2. 了解手工教学活动内容。
3. 理解学前儿童手工教学活动指导要点。
4. 学习设计学前儿童手工教学活动过程。

学习导图

学前儿童手工教育活动
- 学前儿童手工教育活动的设计
  - 学前儿童手工能力的发展
  - 学前儿童手工教育活动目标
  - 学前儿童手工教育活动内容
  - 学前儿童手工教育活动过程
- 学前儿童手工教育活动的指导
  - 学前儿童泥工活动的指导
  - 学前儿童纸工活动的指导
  - 学前儿童综合手工活动的指导

问题导入

学前儿童手工教育活动的定义是什么
- 学前儿童手工教育活动的设计
  - 学前儿童手工能力的发展分为哪三个阶段
  - 各年龄阶段的手工教育活动目标是什么
  - 学前儿童手工教育活动包含哪些内容
  - 学前儿童手工教育活动过程设计要点有哪些
- 学前儿童手工教育活动的指导
  - 如何指导学前儿童泥工活动
  - 如何指导学前儿童纸工活动
  - 如何指导学前儿童综合手工活动

学前儿童的手工教育活动是教师引导儿童发挥想象力和创造力，直接用双手或操作简单工具，对各种具有可变性的物质材料进行加工、改造，制作出占有一定空间的、可视的、可触摸的艺术形象的一种教育活动。通过手工活动，对学前儿童手的动作的灵活性、精确性、手眼协调能力的培养，对手工构成原理、造型规律、装饰手段的了解，对想象力与创造力的开拓，以及对耐心细致、勇于实践等个性品质的培养都有非常重要的意义，是学前儿童美术教育不可缺少的组成部分。学前儿童手工有别于一般意义上的手工技艺（注重造型结果，即手工制品的艺术性、技能性与实用性），它更注重造型的过程，而非造型的结果。对幼儿来讲，手工操作是集玩、学、启、用为一体的学习活动，是充满快乐与情感体验的过程。

按照不同的分类角度和分类标准，手工活动类别就会不同。例如：根据使用材料的不同，手工可划分为纸工、泥工、木工、布工、金工等不同的材料工种；根据制作工艺的不同，手工可划分为雕刻、塑造、编织、印染、刺绣、缝纫等不同的工艺品种；根据作品的功能性质的不同，手工可划分为观赏性手工、实用性手工、娱乐性手工和科技性手工等。笔者结合学前儿童手工制作的特点和幼儿园教师指导的特点，将幼儿园的手工活动分为纸工、泥工和综合手工活动。

第一节　学前儿童手工教育活动的设计

儿童在绘画活动中所获得的构思、构图、色彩、造型等方面的知识与技能，与儿童手工表现能力之间存在着内在的联系，使得儿童手工能力的发展呈现出与绘画能力的发展状况相一致的特点。我们可从儿童经常进行的手工形式来了解儿童手工能力发展的特点和规律。

一、学前儿童手工能力的发展

从幼儿动作发展的顺序来看，应该说幼儿从抓握之初就具备了手工制作的可能条件。随着幼儿手部肌肉力量的发展、手眼协调性的发展及手指灵活性的发展，幼儿手工制作才有了现实的可能性，而手工制作活动的开展反过来又能促进幼儿小手精细动作的发展。因此，在了解和遵循幼儿手工制作能力发展的规律的基础上，有针对性地为幼儿提供多种制作材料，展示多种制作技巧，不仅可以促进幼儿手工制作能力的发展，也能促进幼儿大脑智能的发展。儿童心理学告诉我们，动作与大脑智能的发展存在非常紧密的联系。

朱家雄、林琳在其所著的《学前儿童美术教育》一书中将学前儿童的手工制作的发展划分为以下三个阶段。

（一）玩耍阶段（2～4岁）

这一阶段初期，孩子的行为并没有明确的目的或意识，只是以纯粹的玩耍为中心。他们用小手紧握黏土，拍打黏土，也会把手边的纸抓起来挥舞、撕破。儿童在玩耍的过程中享受黏土造型的变化，在把纸张撕破、弄碎时得到一种快感。此阶段后期，儿童逐渐学会用手掌把黏土压平、伸展，用指尖挖，用手指把纸撕成碎片，或是用剪刀随意地剪出纸条或纸片，并给偶然形成的造型命名。

（二）直觉表现阶段（4～5岁）

这一时期，幼儿的表现欲非常强，喜欢使用剪刀等工具来创作。他们已有一定的制作意图，能利用黏土的可塑性去展开各种尝试，能用纸张折出简单的物体，也能够运用剪刀工具剪出简单的图形，进而全神贯注地实现自己的意愿。在泥塑活动中，幼儿能运用团、搓、压、捏等技能塑造出物体的基本部分和主要特征，会使用一些简单的辅助材料。但是，在他们的作品中会出现一些非理性的、夸张的表现，比如为了让自己制作的车子能站立，便把四个轮子做得很大。在纸工活动中，幼儿能用图形、自然物等进行粘贴，并能用单张纸进行简单的折叠，同时还会运用目测剪（撕）出直线、弧线等。但是他们制作的作品往往较为粗糙，如折叠不平整，撕剪出的物体轮廓边缘不光滑等。在废旧材料制作中，能利用现成的废旧材料经过简单的加工制作出作品来，但由于幼儿还不能熟练运用各种手工制作技能，因此制作出来的东西较为幼稚、粗糙。

（三）灵活表现阶段（5～7岁）

这一阶段，幼儿随着手腕动作和手眼协调能力的不断发展，已不满足于仅用一两种技能制作简单的物体形象，希望能够用各种工具和材料制作出他们喜欢的、较复杂的物体形象，并将这些物体形象组合成具有一定情节的场面。在泥塑活动中，幼儿已能灵活运用各种泥塑技能，除掌握团、搓、压、捏等技能外，还逐步掌握了拉、雕塑等较为复杂的技能。这时，他们已经能制作出具有一定特征和细节的物体，而且还能变化人物或动物的上下肢，从而塑造出动作、姿态各异的形象，并组成一定的情节，如"我在动物园""神奇的恐龙""小熊一家"等。有时，幼儿间还能分工合作，把制作的物体组织成有趣的故事或生活场景。

在纸工活动中，幼儿还能折叠出各种造型的窗花。手与纸的配合不断得到协调，能自如地运用剪刀，且剪出的图形边线较为光滑、整齐。幼儿不仅能运用单张纸进行简单的造型活动，还能用两张甚至两张以上的纸折叠成立体的、简单的组合物体造型。在综合运用各种材料的制作活动中，幼儿能通过折、剪、粘贴、连接、弯曲和组装等技能对自然材料和废旧材料进行制作，制作的物品较之直觉表现阶段更为精细。

二、学前儿童手工教育活动的目标设计

学前儿童手工活动教育的目标是学前儿童美术教育总目标在手工领域的进一步展开与具体要求的体现。学前儿童手工分泥工和纸工两部分,其活动目标有手工总目标和泥工、纸工的分目标。手工制作是一种由内而外的过程,它强调用塑造和制作形体来表现,在手工活动教育活动目标比较侧重于培养儿童对美的表现力与创造力。

(一)学前儿童各个年龄阶段的手工活动教育总目标

1. 3~4岁(小班)儿童手工教育目标

(1)指导儿童参加手工活动,体验手工活动的快乐,培养他们对手工活动的兴趣并愿意尝试各种手工工具和材料,培养儿童安全、卫生、整洁的手工活动的习惯。

(2)引导儿童学习用糨糊、胶水等粘贴沙子、种子等点状材料。

(3)引导儿童学习撕、拼贴、折(对边折、对角折)等方法操作面状材料。

(4)引导儿童体验泥的可塑性,学习用搓、团圆、压扁、粘接的方法塑造简单的立体物象。

2. 4~5岁(中班)儿童手工教育目标

(1)引导儿童正确地使用多种手工工具和材料,使他们喜爱各种手工活动。

(2)引导儿童学习使用比小班丰富、复杂的点状材料(如木屑、纸屑、泡沫屑)拼贴简单的物象,表现简单的情节。

(3)指导儿童学习用纸折出(按中心线折、双正方折、双三角折)、剪贴出简单的物象。

(4)引导儿童在小班的基础上学习用捏的方法塑造简单的立体物象。

(5)引导儿童初步学习用其他点状、线状、面状和块状的自然物和废旧的材料制作玩具。

3. 5~6岁(大班)儿童手工教育目标

(1)引导儿童较熟练地使用和选择手工工具和材料,创造性地表现自己的意愿。

(2)引导儿童学习用多种点状材料拼贴物象,表现简单的情节。

(3)引导儿童学习用多种技法将纸折出物体的各个部分,组合成整体物象。

(4)引导儿童学习用目测的方法将纸等面状材料分块剪、折叠剪来拼贴平面的物象或制作立体的物象。

(5)引导儿童学习用抻拉的方法并配合其他泥工技法塑造结构较复杂的物象,表现主要特征和简单细节。

(6)引导儿童综合运用各种工具、材料和技法制作教具、玩具、礼品、演出服饰、道具等布置环境,并注意装饰美。

(二)学前儿童各个年龄阶段的泥工活动教育目标

1. 3~4岁(小班)儿童泥工教育目标

(1)认识黏土、橡皮泥、面团、泥工板、纸张、剪刀等造型活动工具和材料。

（2）掌握泥工活动中搓、团圆、压扁、捏等造型活动的基本技能。

（3）了解不同泥工、纸工材料的性质，能用1~2种技法塑造简单的物体形象。

（4）乐意参加泥塑活动，通过玩泥等活动体验立体造型活动中的乐趣，并对泥工等活动感兴趣。

2. 4~5岁（中班）儿童泥工教育目标

（1）进一步熟悉泥塑活动中的工具和材料，喜欢探索和运用各种工具和材料，并能够创造性地选择、制作和使用工具和材料。

（2）会用橡皮泥、油泥、黏土等材料塑造物体的主要特征，会使用辅助材料表现简单情节，并能按意愿大胆塑造。

（3）能够主动注意泥塑活动中的空间因素。

（4）在同伴和教师讲述时能够认真观察、倾听。

（5）初步理解泥塑活动中所需的合作要求，并知道如何与他人交流。

3. 5~6岁（大班）儿童泥工教育目标

（1）能熟练地选择和使用泥塑活动的工具和材料。

（2）能够主动注意并使用泥塑活动中的空间规律进行造型活动。

（3）在同伴和教师讲述时能够认真观察、倾听，学会向他人学习并尝试进行反思与自我调整。

（4）理解立体造型活动中所需的合作要求，并知道如何与他人交往，体验并努力追求在与他人合作中获得快乐。

（三）学前儿童各个年龄阶段的撕纸活动教育目标

1. 3~4岁（小班）儿童撕纸教育目标

（1）认识纸张、剪刀等撕纸活动的工具和材料。

（2）掌握撕纸活动中撕、贴等造型活动的基本技能。

（3）了解不同撕纸活动材料的性质，能用1~2种技法塑造简单的物体形象。

（4）乐意参加撕纸活动，通过撕纸等活动体验立体造型活动中的乐趣，并对玩纸等活动感兴趣。

（5）学习用糨糊、胶水等粘贴作品。

2. 4~5岁（中班）儿童撕纸教育目标

（1）进一步熟悉撕纸活动中的工具和材料，喜欢探索和运用各种工具和材料。

（2）能在纸上先画好事物的轮廓，然后再按轮廓线直接整体地撕物体图案。

（3）能目测撕出各种几何图形，然后进行组合拼贴。

（4）在同伴和教师讲述撕纸作品时能够认真观察、倾听。

3. 5~6岁（大班）儿童撕纸教育目标

（1）能熟练地选择和使用各类撕纸活动的工具和材料。

（2）能按轮廓线撕出较为复杂的物体图案。

（3）用折叠的方法撕出对称的或有规律的图案，如四角花、三角花等。

（4）创造性地撕拼图案并编讲故事。

（四）学前儿童各个年龄阶段的折纸活动教育目标

1. 3~4岁（小班）儿童折纸教育目标

（1）能在老师的引导下用纸进行简单的折叠，如边对边折、角对角折等。

（2）自由折，偶尔会对折纸作品进行联想和命名。

2. 4~5岁（中班）儿童折纸教育目标

（1）在小班基础上学习用纸折出双正方形折、双三角形折以及简单的物象。

（2）识记角、边、中心线、中心点、对角线等基本符号和名称。

（3）尝试按示意图进行对边折或对角折，在游戏中逐步学会看懂示意图。

（4）对所折形象展开想象，并能与其他美工技能相结合，如在折纸的基础上尝试添画。

3. 5~6岁（大班）儿童折纸教育目标

（1）在熟练掌握折单双菱形的基础上，学习折叠各种物体。

（2）尝试着折叠较为复杂的物象，能用多种技法将纸折成物体的各个部分，组合成整体物象。

（3）能够认识各种折叠符号、简单的图解，根据折叠符号和图解进行折叠。

（4）能将多个折纸作品组合成一张情景画面。

（5）能根据自己的意愿大胆地进行简单创作，尝试折出一些没有折过的形象，并在探索过程中逐步养成独立解决问题的能力。

（五）学前儿童各个年龄阶段的剪纸活动教育目标

1. 3~4岁（小班）儿童剪纸教育目标

（1）在成人的指导下，学习用剪刀剪物，尽量使纸张不被卡在剪刀里或从剪刀里滑出。

（2）能剪出直线、曲线等简单线条。

（3）对边折叠，剪出简单对称的事物，如近似圆、柳叶片。

2. 4~5岁（中班）儿童剪纸教育目标

（1）能用双手配合较为流畅地剪曲线、锯齿线。

（2）能沿轮廓剪出事物形状。

（3）能目测剪出各种几何图形。

（4）可以进行对称折剪、二方连续纹样折剪、四角形纹样折剪、三角形纹样折剪等折叠剪。

3. 5~6岁（大班）儿童剪纸教育目标

（1）手与纸的配合不断得到协调，能沿轮廓剪出更加复杂的事物形状。

（2）创造性地剪生活中的各类事物，如小树、小鱼等。

(3) 可以进行五角形纹样折剪、六角形纹样折剪、四方连续纹样折剪。

(4) 理解剪出的纹样和折叠之间的关系，探索创造多样的折叠剪纸纹样装饰生活。

三、学前儿童手工教育活动的内容设计

幼儿园手工活动是幼儿在教师引导下，利用各种材料进行的造型操作活动。幼儿园手工活动的内容，主要包括泥工、纸工和利用各种其他材料进行的综合性手工活动。因为手工活动的游戏性与操作性都很强，作品既好玩又好看，既可以装点环境又可以作为幼儿的玩具，所以深受幼儿喜爱，并且在手工活动中幼儿的动手能力，操作协调能力，耐心细致、有序的操作习惯都会得到锻炼与培养。在具体的手工活动中，教师要注意材料、内容的选择既要适合幼儿的兴趣与水平，又能体现出美的形式。在对工具材料的使用上，要使幼儿能通过反复的操作熟悉它们的性能，正确掌握使用方法。

（一）泥工活动

从活动性质上说，幼儿园的泥工活动可分为：单纯的玩泥游戏，即无主题的自由塑造和有主题的泥工学习与表达。从简单的形体，到有情节的多个物体组合，都是贴近儿童生活、令儿童喜爱的内容。泥工活动初期儿童需要通过反复多次的玩泥游戏，才能逐渐熟悉泥工材料的塑造特点，在游戏中教师可选取儿童熟知的事物，通过示范、讲解等方式渗透简单的泥工技巧，和幼儿一同塑造，当幼儿掌握了一些简单的塑造方法，他们就可以用泥塑的方式进行再现与创造了。

1. 泥工活动的工具材料

（1）泥工活动的材料。幼儿园常用的泥工材料有橡皮泥、多彩泥、自制面泥、陶泥等，此类材料因便于操作与保存而被广泛使用。也有些幼儿园根据自己的地方特色采用较为方便的泥工材料，如黄泥、黏土等，它们在塑造与操作的性能、技巧上都基本一致。

橡皮泥：是一种人工合成的专供儿童使用的油性泥工材料，颜色丰富，易于造型。但在气温较低时会变干硬，气温较高时又会变得太软，教师要在儿童使用前对其进行加工，具体的方法是将橡皮泥放进塑料袋里扎紧，再放入热水或冷水中，来改变其太硬或太软的状态。另外橡皮泥的油性较大，容易污染桌面和双手，所以在使用时还要注意在桌上垫上泥工板，做好保洁工作。

多彩泥：也是一种人工合成的专供儿童使用的泥工材料，颜色艳丽，色彩可以互相调和而生成新的颜色，特别适合儿童游戏操作。但因为它的水质特点，保存时需要喷水密封，不然会变得干硬而难于塑造。

自制面泥：我国民间的面泥捏塑工艺历史悠久，用面泥塑造的形象细腻、逼真。幼儿园教师可以自制面泥作为儿童泥工的材料。制作方法是：小麦面粉或糯米粉加水，加凡士林油和水粉颜色揉成软硬适中的面泥，为使颜色艳丽、柔韧性好，可以加适量的食盐，如果想反

复多次使用，再加入适量的防腐剂。

陶泥：一般是用于专业塑造的泥工材料，泥质细腻柔软，可塑性极强，是最具专业特点的泥工材料，除了捏塑还可以拉胚制作陶罐。有条件的幼儿园可以让幼儿体验陶泥操作的乐趣。陶泥作品需要阴干，干透后的陶泥，还可以进行彩绘。有价值的作品可永久保留。

（2）泥工活动的工具。如果没有专用的泥工教室，在幼儿泥工活动时可在桌面上铺一块塑胶板，以方便幼儿的塑造活动，不必为了保持桌面清洁而使操作受阻。泥工活动最基本的工具包括切割用的泥工刀、竹签或小木棍以及擦手的湿布。此外，还可为幼儿准备一些辅助材料，如牙签、线绳、纽扣、瓶盖、羽毛、小梳子等帮助幼儿完成连接、装饰、轧花等内容。

2. 泥工活动的基本技能

泥工活动的基本技能包括团圆、搓长、压扁、粘接、捏泥、抻拉、分泥等，可根据幼儿的年龄，由浅到深地设计有趣的泥工活动内容，在游戏的氛围中进行练习。

团圆：将泥放在两手的手心中间，双手用力均匀转动，将手中的泥团成圆球（图4-1）。如"制作项链"，可以和幼儿一起团制许多彩色的小圆球，团好后用小牙签串一个洞，待泥珠晾干后再用线把它们串起来，做一串美丽的项链。

搓长：将泥放在手心中，两手前后搓动，将泥搓成长条或圆柱体（图4-2）。如"铺铁轨"，教师为幼儿准备大小均匀的泥团，请幼儿做小工人，生产一条条的枕木，教师来检查枕木的规格是否合格，并帮助幼儿完成"生产"，利用辅助材料（长塑料软管）和幼儿完成铁轨的搭建，还可进一步开展火车的制作与游戏活动。

压扁：用手掌或工具（一般选用较平的积木或瓶盖）将搓成的长条或团成的圆球压成片状（图4-3）。如"糕饼店"，教师为幼儿准备一些糕饼的图片和辅助的工具，和幼儿一同进行有趣的团压制作。

粘接：将塑造物体的两部分连接的技巧，一般有两种方法：一种是直接连接，可将需要粘接的两端塑成一边凸出另一边凹进，将两边插接后压紧；另一种是棒接，即用牙签插接两端，压紧后完成的粘接（图4-4）。如"雪人"，它的头部就需要粘接完成。一般来讲，人物、拟人化的小动物的头部、篮子的提把、水杯的把手等都要使用粘接的技巧。

捏泥：用拇指、食指、中指的指尖互相配合，捏出细节部分的技巧（图4-5）。如"包水饺"，饺子的边儿就是用手指尖的动作配合捏制而成的。另外像小鸭子的嘴、小猫的耳朵等

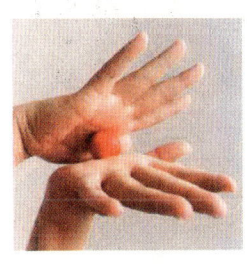
图4-1 团圆

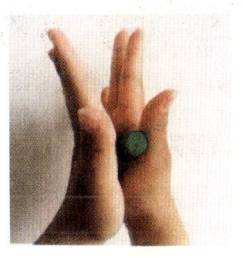
图4-2 搓长

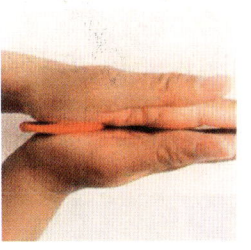
图4-3 压扁

图4-4 粘接

都是用捏的技巧来完成的。

抻拉：就是从一整块泥中，按物体的结构抻拉出各细节部分。如"大象的鼻子""天鹅的头颈部"。

分泥：用目测的方法将大块的泥，按物体的比例，分成若干小块来准备塑造的技巧（图4-6、图4-7、图4-8、图4-9）。例如：为了塑造一个人物造型，将一整块泥平均分成5块，其中的一块准备塑造身子，另两块合在一起再分成一大一小两块泥，大块的分成两块准备塑造双腿、小块的分成两块准备塑造双臂。

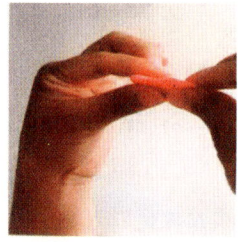
图4-5　捏泥

图4-6　划

图4-7　贴

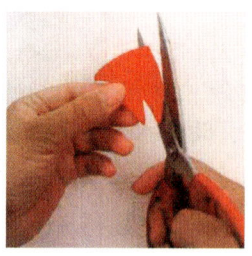
图4-8　剪

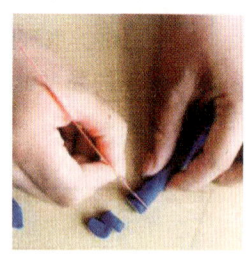
图4-9　切

附：泥工作品

1. 立体泥工作品（图4-10至图4-17）

图4-10

图4-11

图4-12

图4-13

图4-14

图4-15

图4-16

图4-17

2. 平面泥工作品（图4-18至图4-25）

图4-18

图4-19

图4-20

图4-21

图4-22

图4-23

图4-24

图4-25

（二）纸工活动

幼儿园纸工活动是以不同性质的纸为材料进行的游戏造型活动，涉及撕、剪、折、粘、卷、拼、贴等多项技巧。经常开展的纸工内容有：折纸、剪纸、撕纸、粘贴、染纸，本章节将在操作技巧上给予简要说明。除此之外，还有许多纸工活动，如编纸、卷纸、纸雕等内容，可根据实际需要灵活开展。

1. 纸工活动的工具材料

幼儿手工活动的用纸范围很广，如皱纹纸、宣纸、彩色卡纸、复印纸、瓦楞纸、包装纸，专供幼儿折纸用的手工纸、废旧画报、挂历、报纸等，在使用中要根据不同的内容来选取适合的纸材。比如，剪纸需要较薄的纸，染纸要用吸水性强的纸，折纸则需要既薄又有韧性的纸。

纸工活动较常用的工具有剪刀、胶水（胶棒、双面胶）、颜料等。熟悉它们的使用技巧是开展好纸工活动的基础。

2. 纸工活动的基本技能

（1）折纸。折纸是一种传统的幼儿手工游戏，孩子们喜欢它，从中获得想象力、创造力等多方面心智的成长，还有助于树立几何及数理的观念，养成耐心、细致、按顺序工作的好习惯。折纸一般选用正方形的纸，也有的内容是长方形或三角的形的纸来完成的，有单张纸折叠，也有多张纸的组合折叠。作为教师首先要学会分析折纸例图，学会看折纸的图示符号，还要了解折纸的基础型折法，知道它们的名称，能以简练、准确的语言、动作带领幼儿折纸。在折好基础型的基础上，可以更方便地进行进一步的折叠造型，经常使用的折纸基本型如图4-26、图4-27所示。

对边折：将纸相对的两边对齐折叠。

对角折：将纸相对的两角对齐折叠。

集中一角折：先将纸对角折出对角线，再依据对角线将相邻两边向中心折叠。

四角向中心折：将纸对角折两次后，找出中心点，再将四个角分别向中心点折。

双正方形：将纸先对边折，再根据中线一角向前，一角向后折成三角形，再从中间分

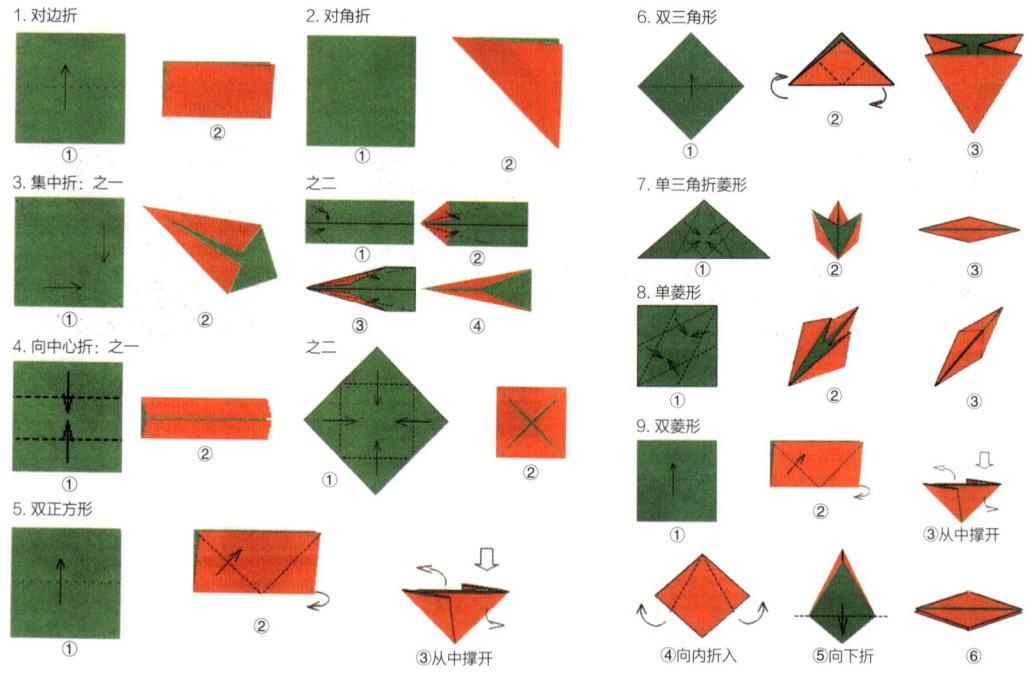

图4-26　　　　图4-27

开、压平。

双三角形：将纸先对角折，再根据中线一角向前、一角向后折成正方形，然后从中间分开、压平。

双菱形折：先将纸折成双正方形，再依据中线将开口端的四个边向内折叠，然后向下拉成菱形。

组合折：由数张纸经过相同或不相同的折叠后，形成几部分物体形象，再将它们衔接起来，构成更复杂的造型。宝塔、水桶的做法即组合折的具体运用。

教师在折纸活动中，根据幼儿的年龄水平，可以采取步步领折、语言指示折或请幼儿看图示折等方法。因此，根据所选教材，还要教幼儿学会看折纸的图示符号。

附：折纸作品（图4-28至图4-35）

图4-28　　　　图4-29　　　　图4-30　　　　图4-31

图4-32　　　　图4-33　　　　图4-34　　　　图4-35

（2）剪纸。剪纸活动的技巧主要包括使用剪刀的技巧和折剪中的折叠技巧。幼儿需要反复多次练习，才能熟练使用剪刀，教师可以安排各种简单、有趣的内容，帮助幼儿逐渐掌握剪刀张、合的控制，动作协调地进行剪纸。例如，把剪刀当成小鱼，"小鱼张开大嘴巴，吃掉纸上的小虚线"就能较为形象地帮助幼儿练习剪纸的方法。

目测剪：这是儿童用目测的方法，在没有任何痕迹的面状材料上剪出形象，学前儿童用目测方法剪出的形象大多是一些具有简洁轮廓线的物体。

沿轮廓线剪：这是儿童根据已有的轮廓线来剪出所需形象的方法。轮廓线可以是纸上已有的，也可以是教师或儿童事先在纸上画好的。

折叠剪：这是将纸经折叠后剪出所需形象的方法。

中、大班可以通过折叠剪纸的方式增加剪纸的乐趣，增强剪纸的丰富性。可以进行对称折剪、圆形纹样的折剪、四角形纹样的折剪、三角形纹样的折剪、五角形纹样的折剪、六角形纹样的折剪、二方连续纹样的折剪、四方连续纹样的折剪。装饰节日环境时，还可以学习简单的节日拉花、彩篮等的折剪。

附：剪纸作品

1. 二方连续作品（图 4-36 至图 4-40）

图 4-36

图 4-37

图 4-38

图 4-39

图 4-40

2. 团花作品（图 4-41 至图 4-44）

图 4-41

图 4-42

图 4-43

图 4-44

（3）撕纸。撕纸活动对幼儿来说是一种比较放松有趣的手工活动，撕纸的形式一般有自由撕、按轮廓撕、折叠撕等。撕纸的目的是最大限度地锻炼学前儿童的手指肌肉动作及其控制能力。用手撕出来的形象，其轮廓线蓬松、柔软、毛茸茸的，具有自然、浑厚、稚拙的独特美感，这是其他造型手段所无法比拟的。因而，撕纸活动的重点在于"撕"。

撕纸技巧集中在双手指尖的配合，控制纸张向两个方向用力撕动。技巧的纯熟，有赖于多题材、经常性地练习与体验。一般来说，撕贴的材料是较薄的软纸，其韧性不能太强。撕贴的形式有自由撕、沿轮廓撕和折叠撕几类。开始学习撕纸时，可进行自由撕。小班可让幼儿练习用报纸撕面条、妈妈的"头发"等，到了中、大班，可引导幼儿学习沿轮廓撕和折叠撕，可利用超市广告纸，撕出广告纸上的一些商品形象。

在撕纸活动中，教师首先要引导儿童学习撕纸的基本方法：用两手靠近分别捏住要撕开部分的两侧，大拇指在纸的上面，其余四指在纸的下面，撕时两手向相反方向用力，每次撕口不要太长，以便控制所撕形象。撕纸的贴法也可参考粘贴部分。

附：撕纸作品（图4-45至图4-50）

图4-45　　　　　图4-46　　　　　图4-47

图4-48　　　　　图4-49　　　　　图4-50

（4）染纸。染纸是利用纸吸水性强的纸，采用某种方式折叠后，用颜料点染或浸染，展开、干透，即形成富有装饰性的多彩纹样。染纸的目的在于让儿童在学习染的技法的过程中，了解、感受色彩位置排列所造成的变化。染纸操作简便，纹样变化丰富，艺术性与可操作性高度统一。染纸一般选用毛边纸、生宣纸、高丽纸、餐巾纸等吸水性较强的纸。颜料则最好选用水彩笔注水颜料，或水彩颜料，较浓艳的颜料可以加水适量勾兑，另要准备盛颜料的容器、点染用的毛笔或棉签、擦手用的湿布、纸巾、衬纸等。染纸手工制作的主要环节依次为：折叠、染色、打开和粘贴。

折叠方式直接影响染后纹样的效果，不同的叠法可以染出放射、彩条、彩格、对称等许多纹样。幼儿可从简单的方式开始尝试，逐渐掌握规律，进行有目的的折染。染色时要用指尖捏住纸端，观察颜色的渗透，还可以进行色彩配比的试验，例如红、黄、蓝三色两两交叉浸染后，就会产生橙、绿、紫的色彩变化。还要控制好浸染色彩的湿度，如水分太大，可在容器上刮一刮，或用纸巾轻压，吸掉多余水分。由于水分大、纸又薄，打开时需要十分小心，教师要预先提醒，并帮助有困难的幼儿。晾干后的染纸作品，既可以直接粘在衬纸上，也可以做其他装饰用途。

染纸的一般步骤：

一折：平行折、半字折、米字折、田字折、井字折、折扇折等。

二染：浸染法、点染法。

三展：小心展开，注意不能将纸张撕破。

附：染纸作品（图4-51至图4-57）

图4-51　　　　图4-52　　　　图4-53　　　　图4-54

图4-55

图4-56

图4-57

（三）其他材料的手工活动

幼儿园的手工活动除上述的泥工、纸工活动，还包括许多利用其他材料进行的手工活动，经常是为了完成某一主题，需要同时使用多种材料和技法进行综合表现。涉及的材料多种多样，不管是自然材料还是生活废旧物品，只要符合卫生和安全标准，适合幼儿操作，都可以纳入幼儿的手工活动的材料范围。市场上的手工活动教材，内容丰富、技巧多样，教师可酌情选用，帮助幼儿提高创意与制作的能力，丰富他们表达、表现的手段，提升美感经验，如麦秸秆编结、拼图玩具制作、毛线十字绣、面具制作、卵石彩绘、软陶制作、各种材料的画框制作、木偶制作、纸盘装饰、纸盒玩具、体验造纸、纸杯风车、风筝、玻璃瓶风铃等。

附：其他材料手工作品

1. 铅笔刨花粘贴画（图4-58、图4-59）

图4-58

图4-59

2. 蛋壳粘贴画（图4-60至图4-62）

图4-60

图4-61

图4-62

3. 纸条粘贴画（图4-63至图4-65）

图4-63　　　图4-64

图4-65

4. 皱纹纸绳平面粘贴画（图4-66至图4-70）

图4-66　　图4-67　　图4-68

图4-69　　图4-70

5. 皱纹纸绳立体造型（图4-71至图4-74）

图4-71　　图4-72　　图4-73　　图4-74

6. 纸贴画（图4-75至图4-77）

图4-75　　图4-76　　图4-77

7. 布贴画（图4-78至图4-80）

图4-78

图4-79

图4-80

8. 其他各类材料制作作品（图4-81至图4-86）

图4-81

图4-82

图4-83

图4-84

图4-85

图4-86

四、学前儿童手工教育活动的过程设计

手工活动过程，一般包含意图、构思与设计、制作与装饰三个阶段。它们既各有特点又相互联系。其阶段的数量、先后的顺序又因手工制作者的年龄以及具体的操作而表现出差异。

（一）手工活动过程的三个阶段

1. 意图阶段

意图就是动机，即制作一件手工作品的目的是什么？学前儿童手工制作的意图，与成人的意图有着显著的区别。

学前儿童的手工制作的意图分为自发型和诱导型。学前儿童早期的手工制作的意图多为自发型，他们的手工制作就是玩耍。例如：儿童拿到一张纸，把它撕成纸条，撕成碎片，原先并没有想到要用纸做个什么东西，他们只是出于好奇而撕纸，撕纸的行为使纸本身改变了形状，从中还可以听到撕纸发出的声音。纸的形、声的变化，使儿童产生了莫大的兴趣。这就是学前儿童最初的手工制作的动机。至于接下来在游戏中把纸条当作"面条"，把纸屑当成"雪"，那是他们联想命名的结果，并非起初的制作意图。因而可以说，这个阶段的儿童只是对手工制作的过程本身感兴趣，并没有预先的目标。

随着教育的深入，学前儿童在手工制作中加深了对手工工具和材料的了解，学习了手工制作的各种技法，他们的手工制作逐步地由模仿走向独创，其手工制作的意图也逐渐明朗，从无目的转向有目的。儿童在从事手工活动前，能事先想好做什么，然后再动手制作，表现出一定的意图。

2. 构思与设计阶段

构思就是立意、创意。它是指在头脑中通过想象和思考，对手工作品的造型、结构、色彩、装饰、成品效果、性能等各构成因素及其相互关系，以及与手工作品本身相关的各种外部制约条件进行全面的计划与思考的过程。

构思的第一步就是要考虑手工作品的用途，是实用的、装饰用的，还是作为玩具来玩耍的。构思的第二步就是对所要创作的新形象进行内在加工。这一内在加工分为三个环节：一是选择形象、捕捉形象，即制作者在头脑中搜寻、选择已有表象，把它们作为创造新形象的基础。二是对这些已选择好的表象进行造型、构成、色彩诸方面的加工、改造与重组，在脑中呈现出初步完整的新形象。在这一过程中，也可能同时出现其他设计方案。三是通过比较，筛选出最佳方案。至此，就有了构思形象转化为可视形象的基础。由于材料是构思、设计得以物化的基础，不同的物质材料具有不同的工艺性能和审美特征，分别适用于不同的造型要求。因而构思的第三步就是考虑选用什么材料以及如何使用这些材料。

"因意选材"与"因材施艺"是与材料相关的艺术构思的两大原则。"因意选材"既反映出材料的选择与使用受制于意图与构思，也反映出意图与构思的准确而充分的表达必须以相应的材料作为依托，二者是互为依存的关系。例如：要进行染纸操作，其材料则必须选用吸水性强的纸张（如生宣纸类）和水性染料等。"因材施艺"属于逆向思维方式，即通过对一个抽象的形体、痕迹联想到某一具体事物，并创造出形象来。例如：在蔬果制作过程中，将一只呈弧形状的黄瓜，通过观察、思考，加上一些辅助材料，制作成一艘小船。

3. 制作与装饰阶段

制作是借助人的加工技巧对材料进行加工，改变材料的形态，从而实现设计方案的施工过程。制作的方法大致有三种：一是利用原材料直接加工成型；二是把原材料裁切成零部件，再对零部件进行加工，然后组装成型为成品；三是通过中介环节（如制作模具）来间接成型。

学前儿童的制作中有构思、有设计，制作与构思、设计融为一体。随着年龄的增大，学前儿童逐渐地能先构思、再制作，但制作过程中仍有明显的构思活动。装饰是手工制作的最后一个阶段，它是指对手工制品所进行的恰如其分的涂绘、修饰。装饰的目的或出于锦上添花，增强审美性；或出于对作品保护的实用功能。

（二）手工教育活动的过程设计

根据学前儿童手工活动过程的三个阶段，可将学前儿童手工教育过程指导也相应地分为以下几个阶段。在每一个阶段，教师都应该根据该阶段学前儿童的手工制作的特点来进行有的放矢的指导。

1. 意图阶段的过程设计

（1）给儿童提供与材料充分接触的机会。学前儿童的手工教学活动中，要考虑提供材料的适宜性、操作性。材料投放后，让儿童用多种感官接触，看一看、摸一摸、捏一捏、压一压，充分感知材料的特性，了解和熟悉材料属性，并能根据其属性开展创造性制作活动。

（2）在游戏与欣赏手工作品的过程中明确制作的意图。对学前儿童来说，手工活动就是游戏活动，他们在这种玩耍手工材料的过程中得到满足。儿童对手工制作的明确意图是在教师的引导下逐渐产生的，因而在手工活动中，以游戏的方式，引领儿童在游戏情景中开展手工活动。启发他们联想"你在做什么东西""你想做个什么东西"等。在引导儿童进行手工作品创造之前，可欣赏一些手工作品，教师可以提问"你想不想也来做一个""你打算做什么"以此激发儿童的创作兴趣，使他们产生明确的手工制作的意图。

（3）帮助他们实现自己的意图，使之体验手工制作的乐趣。在学前儿童的手工活动中，有时虽然有一定的创作意图，但由于其手部肌肉发育不成熟，手的动作不灵活，手眼不协调等原因，这些意图却不能完全实现，从而给他们带来一定的失败感，并且可能使儿童对进一步的手工活动失去信心，因而，教师应在技术上给予儿童一定的支持，给予一定的示范引领，激发他们对手工活动的兴趣。当然，这种技术上的支持不是手把手地包办代替，而是通过启发的方式来进行。

2. 构思阶段的过程设计

在幼儿明确了创作的意图以后，他们的手工制作也就进入构思阶段了。在这一阶段中，教师的指导可从以下几个方面入手。

（1）帮助儿童积累多种表象。构思是以表象为基础的，因而教师要注意帮助学前儿童积累丰富的表象。手工制作中所需的表象的积累应特别注意表象的空间存在形式，教师可以用多种方式激发儿童对表象物体的记忆。例如：在泥塑活动中，让幼儿学习塑造一只小兔，教师可出示一只玩具小兔对其形象观察，可启发儿童思考：它的身体是什么形状？头是什么形状？耳朵是什么样的？向上竖起还是向下垂？几条腿？尾巴是长的还是短的？是大的还是小的？教师在分析时，还可利用儿歌、谜语等来帮助儿童对表象形体的记忆。例如：教师在分析大象的形象时，可念儿歌：大象、大象鼻子长，身子长得肥又胖，腿像四根粗柱子，耳像芭蕉扇子样，长长的牙齿向上翘，细细的尾巴两边晃。

（2）提供多种材料，引导幼儿进行联想。在构思过程中，"因意选材"和"因材施艺"是两大基本原则，因而，教师自己应熟悉各种材料的特性。例如：纸材便于多种技术加工，但易变形，适合以合理的结构显示其柔软、轻盈的视觉效果；泥的可塑性强而湿度大，造型就不宜过分纤细，要发挥它粗朴、淳厚的艺术特点；木材、竹材色泽、纹理沉着含蓄，宜发挥它们的纯净、高雅的美感，等等。在此基础上，把最适合学前儿童的、对于本次活动来说最具有表现力的材料提供给他们，让儿童把材料与自己的经验联系起来，根据自己的意图选择材料；同时，也根据材料本身的特性，充分发挥自己的想象力，在头脑中对材料进行充分的想象，构思出多种制作方案。例如：请幼儿思考，若要制作一条金鱼，可以用哪些材料来做。又如：出示一些毛线、纸盒、蛋糕盆等，请幼儿想象，它们可以制作出些什么形象。

（3）引导儿童多欣赏佳作，学习其造型、色彩、构成等艺术手法。学前儿童对于造型、色彩、构成等艺术手法的学习，可以通过欣赏的形式来获得。其方式有三种：一是多欣赏"因意选材"类手工作品，如同一形象的手工作品用不同材料制作而成；二是多欣赏"因材施艺"类手工作品，如同一种材料制作出的不同的形象的手工作品；三是多种材料制作出的多种形象的手工作品。通过欣赏，儿童开阔了眼界，学习这些手工佳作的制作者是怎样运用造型、构成、色彩这些艺术语言来进行创作的，同时他们也从中获得了创作、构思的线索。

3. 制作与装饰阶段的设计

（1）学习各种工具和材料的基本使用方法。对手工工具和材料使用方法的掌握是手工制作的关键所在，否则，构思再好，也难以变为现实。

（2）提供练习的机会，锻炼儿童的手的灵活性。技能技巧的形成需要有一定的练习。这种练习包括分步练习与整体练习。可以先进行分步练习，再进行整体练习。

（3）指导儿童将仿制与独创相结合。引导儿童把仿制与独创结合起来。仿制是指完全按照原作制作。它可以帮助儿童清楚地、精确地掌握手工制作所用的工具与材料的基本使用方法和手工制作的基本技法，但过多的模仿会扼杀儿童的创造力。独创是指与原作完全不同，是全新的形象。它是儿童创造力的表现，对学前儿童来说，有一定的难度。教师在指导中要鼓励儿童在掌握基本技法的基础上努力创新，制作出与众不同的形象。将临摹、仿制与独创相结合，会使儿童的创造力逐渐地得到发展。

（4）引导儿童将手工制作与绘画相结合。将手工与绘画结合起来，可以起到相互促进的作用。首先，在手工制作中添加绘画是培养学前儿童对手工制作的兴趣、发展其手工制作与装饰能力的有力手段。例如：当儿童用纸盒制作立体作品结束时，教师可引导儿童用彩色笔在作品上画上美丽的花纹，为作品修饰增色。其次，手工制作能帮助儿童更加深入地理解形象的结构特征、空间关系，使儿童在平面的绘画中更富有表现力，这一点也已被实验所证明。最后，还可以直接将手工作品与绘画活动相结合。例如：当儿童折纸完毕后，教师引导儿童将其贴在底纸上，再添画上其他与之相关的形象，组成一幅有浮雕感的画面，增强作品的表现力。

（5）正确评价学前儿童的手工作品。由于学前儿童的手部肌肉发育不成熟，因而他们的手工作品不可能像成人的作品那样技术精湛、装饰精美。教师在评价他们的手工作品时，要看到即使其制作还不十分完美，但只要构思新颖、有创造性，材料运用恰当，情节与技巧达到意趣天成、率真自然，就应该算作是佳作。那种以制作技能技巧水平的高低为标准来衡量学前儿童的手工作品水平的做法是不妥的。

第二节 学前儿童手工教育活动的指导

一、学前儿童手工教育活动的指导的总要求

为了达到手工教育活动目标，在组织开展手工活动中，要按照以下要求加强手工教育活动的指导。

（一）收集多种手工材料与提供必要的手工工具

手工制作需要丰富的材料和常用的工具，一般是根据制作的需要来选择适当的工具。材料不同，使用的工具也不相同。按材料的形成方式，可分为自然材料（如石、木等）和加工材料（如塑料、纸张、铁丝等）；按材料质地，可分为软质材料（如海绵、泥、纸张等）和硬质材料（如竹、石头等）；按材料属性，可分为纸、布、泥、竹、塑料、石等。其他材料也可开展手工制作，自然物（如叶、茎、花、根、果实等），动物材料（如各种贝壳、羽毛等），无害无毒的废旧材料（如各种纸盒、纸筒、纸袋、瓶盖、瓶罐等）。学前儿童手工制作所需的工具比较简单，多为剪刀、胶水等，其中剪刀应是圆头的安全剪刀。

（二）学习必要的手工活动的技能

技能技巧的形成需要有一定的练习，这种练习包括分步练习与整体练习，可以先进行分步练习，再进行整体练习。分步练习可以帮助儿童确切地掌握每一种动作方式的要领；整体练习则可以帮助儿童掌握系列动作之间的联系与协调。例如：在剪纸活动中，儿童需要分别练习剪短直线、剪长直线、剪曲线、剪各种形状，还要分别练习目测剪、沿轮廓剪和折叠剪。在此基础上，他们才能随心所欲地运用自己所掌握的技能技巧来实现自己的构思。与此

同时，教师还应注意儿童的练习时间的合理分配。按照动作形成的规律，练习时间应遵循先密后疏的原则，即开始进行分步练习的时候，练习时间可以短一些，但练习的次数可以多一些，练习间隔的时间可以短一些；逐渐地，当儿童已经掌握了基本步骤后，进行整体练习的时间可以相对长一些，练习次数可以稍少一些，练习间隔的时间也可以稍长一些。但教师应注意这些练习时间与练习次数的相对性。例如：整体练习时间的长短应以不使儿童感到疲乏为度；练习间隔时间的长短应以儿童不忘记动作要领为准。为此，教师应注意练习要以游戏的形式来进行，以增加儿童对技能练习的兴趣。例如，通过"开商店"的形式，让儿童练习制作各种"商品"。

（三）选择合适的手工题材

对手工工具和材料使用方法的掌握是手工制作的关键所在，否则构思再好，也难以变为现实。因此，教师首先要注意根据学前儿童身心发展的年龄特征有选择地引导幼儿学习各种工具和材料的基本使用方法，确定手工制作的题材。例如，小班幼儿开展泥工活动时，学习搓圆、压扁的技能，开展制作元宵、饼干等简单的泥工活动，中、大班幼儿的动手能力提高了，抻拉、粘接、镶嵌等技能掌握了，就可以开展塑造动物、建筑物等形象的泥工活动。另外，教师在选择具体的操作材料时，还要注意季节性。例如：树叶贴画应在夏秋季节制作，泥塑活动则不宜在天寒地冻之时进行，而做贺卡可放在节日之前进行。其次，教师应注意让幼儿在学习过程中，弄清其原理和步骤，以帮助儿童形成技能，并将技能迁移到其他手工制作活动中去。为此，教师可让儿童自己先进行思考，发现问题所在，然后再用确切的语言讲解制作技法的原理和步骤（着重讲解重点与难点），让儿童通过自己的思考在理解的基础上掌握技能技巧。

（四）提供开展手工活动的机会

学前儿童的创作意图大多是在与材料接触的过程中逐渐产生的，因而教师要为他们提供与材料充分接触的机会，让儿童在撕、揉、卷、折叠、剪、贴等活动中了解纸的软硬程度以及它的可折叠、可分解等特性，在拍打、压、滚、团、搓、捏等活动中，了解泥的可塑性。让儿童在与材料相互作用的过程中对手工制作产生兴趣，愿意去操作。幼儿园除了开展手工活动课程，还要在班级空间创设手工活动区角，让幼儿在游戏时间自主选择，开展自己感兴趣的手工活动。

（五）积累表象，激发创造愿望

在手工制作中所需的表象的积累应特别注意表象的空间存在形式。教师可以让儿童用眼睛看一看，用手摸一摸（如果可能的话）的方式来加强对表象形体的记忆。例如，对一只动物的形象的分析，教师可启发儿童思考：它的整体形态是怎样的？头呈什么形？身体呈什么形？腿是粗的还是细的？耳朵是圆形、扇形还是三角形的？向上竖起还是向下垂？尾巴是长的还是短的？是大的还是小的？是上卷的还是垂下的？教师还需分析各部分之间的结构关系。为此，教师可将它与人进行比较，在比较中把握它们的形体特征。教师在分析时，还可利用儿歌、谜语等来帮助儿童对表象形体的记忆。例如，教师在分析大象的形象时，可念儿歌："大象、大象鼻子长，身子长得肥又胖，腿像四根粗柱子，耳像芭蕉扇子样，长长的牙齿向上翘，细细的尾巴两边晃。"

分步练习可以帮助儿童确切地掌握每一种动作方式的要领，整体练习则可以帮助儿童掌握系列动作之间的联系与协调。为此，教师应注意练习要以游戏的形式来进行，以增加儿童对技能练习的兴趣。例如：小班孩子在练习撕纸活动时，可以在护墙上利用KT板做些妈妈的"脸"，将幼儿撕下的纸做成妈妈的"头发"，增强手工操作的兴趣。

二、泥工活动的指导

（一）给幼儿更多自由创作的空间

以往在泥塑活动中教师多采取讲解示范法，即教师完整演示泥塑作品的制作过程，幼儿按照教师的制作步骤模仿完成。这样塑造出的作品可能会比较"像"，比较接近"标准"。但是泥塑活动的重要目标应是鼓励幼儿根据自己内心的经验和对周围事物的感知、认识，运用他们所利用的材料进行最恰当的表现。因此应该让幼儿通过自己的观察体验创造性地制作出形态各异的作品，而不是最接近范例的作品。这就要求制作前进行有序的、充分的观察和欣赏，为幼儿的制作积累相关经验。同时教师要找准制作活动中影响幼儿塑造的关键问题，预想出解决问题的方法。此外，活动过程中还需注意观察幼儿表现，针对幼儿的具体情况予以指导。

在活动中还需要把握好技能培养与幼儿创新能力培养的关系。幼儿泥塑的魅力在于创作主体尚未受到任何理性的束缚，他们只是在泥塑的活动中，利用泥塑材料表达自己的认识、情感，大胆创新。然而由于受技能的限制，幼儿很难用泥塑形式表现自己的艺术感受和真实情感。因此，在教学中，在幼儿需要时，适时地帮助幼儿掌握技能，并鼓励幼儿用学到的技法去表现泥塑作品的美，但并不是为掌握技能而教技能。例如：在泥塑活动中，教师可让儿童先思考如何才能将泥团搓长，并让儿童自己尝试"搓"的动作，然后由教师示范"搓"这一动作，引导儿童找出自己与老师在操作中的差别，发现问题所在。在此基础上，教师再对"搓"进行示范，并注意示范的速度，让儿童观察自己的示范动作，进一步讲解"搓"的动作要领是将泥放在手心中，双手配合着前后移动，最后让儿童通过练习掌握"搓"这一技能。

（二）充分挖掘幼儿创作的题材，并做到内容的循序渐进

可以利用平时幼儿语言课上学过的故事、大自然中的动植物、日常生活中发生的有趣的事情作为幼儿创作的题材，甚至还可以将幼儿区角游戏活动所需的材料作为创作内容，例如，幼儿用橡皮泥自制"药丸"投放到"医院"游戏中。同时，还需要考虑幼儿的年龄特点、

不同的认知水平，遵循渐进性的原则，为不同年龄班幼儿选择幼儿身边的、熟悉的、适宜用泥塑表现的事物作为塑造主题内容。例如，小班选择的内容可以食品类为主：圆球状系列（糖球、苹果、橘子等），长条状系列（面条、麻花等），扁平状系列（饼干、汉堡等）。让幼儿在对泥塑活动感兴趣的基础上，逐步提高泥塑技能。中班选择内容以蔬菜及较为复杂的动物形象为主，如辣椒、豆角、小兔、鱼、小乌龟等。大班的内容较为丰富，除小动物外，还涉及人物、建筑、景物等。大班幼儿还可以进行合作性主题泥塑活动，如热闹的大街、我们的农场等内容。鼓励幼儿间合作，互相商量，分配任务，将自己的作品和别人的作品有机组合，共同完成一件大的作品，从而体验到成功和合作的快乐。还可以引导儿童根据自己的或一个小组的泥工作品来编故事，发展儿童的想象力。

（三）提供丰富多样的辅助材料

为了满足幼儿创作的需要，从幼儿的特点出发，为泥塑活动准备各种辅助材料，如小棍、豆子、毛线、纽扣、瓶盖等。在制作活动中，提供的材料越丰富，操作性越强，作品的表现力越好，幼儿创造的可能性也就越大。因此，在泥工活动中尽量给幼儿提供多样的辅助材料，并引导幼儿学习使用泥工的辅助材料进行创造性塑造。例如，豆类可以做动物的眼睛，羽毛可以做尾巴，火柴棒可以做蜗牛的触角等。通过辅助材料的使用进一步增加了幼儿的兴趣和创造力。

三、纸工活动的指导

幼儿园纸工活动是以不同性质的纸为材料，结合撕、剪、折、粘、卷、编等多种简单的技巧，做出事物形象的活动。纸工因它带有操作性、趣味性、游戏性等特点而深受幼儿的喜爱。

幼儿纸工活动的用纸范围很广，由于不同的操作方式和操作材料，呈现出各自不同的特点。针对幼儿园经常开展的撕纸活动、折纸活动、剪纸活动和染纸活动的指导分别做如下介绍。

（一）剪纸活动的指导

（1）在剪纸顺序上，目测剪和沿轮廓剪要注意先从大的轮廓开始，再剪小的细节，最后逐渐修剪成形。而折叠剪则要按照从里向外、从小到大、从细到粗、从局部到整体的顺序来剪，最后再整修。

（2）无论是目测剪、沿轮廓剪还是折叠剪，教师都应提醒儿童，剪时应左手配合着右手的动作转动纸片，防止边剪边拉使形象周围不整齐。

（3）剪贴时，剪下的碎纸屑要放在指定的容器里，要保持桌面、画面、地面和衣服的整洁，养成良好的卫生习惯。

（二）撕纸活动的指导

（1）每次提供给儿童的纸不宜太大，以免儿童由于手的控制能力差而越撕越小，结果是一张大纸被撕成了一个很小的形象，造成浪费。

（2）引导幼儿对撕纸作品进行想象。撕纸活动不是任由幼儿随心所欲地胡乱撕，但也不可能要求幼儿做到很准确地撕出一个完美的形象。如果与所构思的形象有较大的出入，教师则可以让儿童仔细观察手中的纸形，想象它像什么，撕好后，再装饰、添画成为一幅有意义的画面。在撕纸活动中应该鼓励幼儿发挥想象力撕出满意的作品，纸张在手指间不停转动的过程实际是幼儿不断展开丰富想象的过程。

（3）引导幼儿对撕坏的形象进行修改。由于学前儿童手部肌肉尚未发育成熟，他们在撕纸的过程中可能会出现撕坏或撕断作品。如果在撕的过程中遇到与所构思的形象有较大的出入，或者作品被撕坏，教师则可以让幼儿仔细观察手中的纸形，想象它还能像什么，引导幼儿继续将其撕完，这类似于绘画活动中的借迹重构。

（三）折纸活动的指导

1. 学习折纸的顺序

在折纸活动中，教师首先要引导幼儿学习折纸的基本术语，如边、角、中心线、中心点、对边折、对角折等名称，以便幼儿在操作过程中能理解教师的语言。其次要掌握折纸的基本规则，即对齐、抹平，要让幼儿明白如果不对齐、不抹平，那么折出来的物体形象就容易歪歪扭扭，松松垮垮，既不美观，又容易散开。在此基础上，学习折纸的基本技法。另外，根据幼儿的年龄水平，教师可以采用步步领折、语言提示折、幼儿自己看图折等方法。

2. 示范讲解折纸的步骤

手工活动，特别是折纸活动需要有序进行操作，教师的讲解示范十分重要。教师示范的速度要根据幼儿的反应来控制，对较难的环节要用幼儿能够理解的语言反复讲解，简练规范的讲解对幼儿的折纸学习有很大的帮助，特别要体会语言讲解和演示操作的恰当结合。操作环节要让每个幼儿都能看得清楚明白，教师示范的纸张要尽量大些（是幼儿用纸的3~4倍），并且正反两面不同颜色（如蜡光纸）。

3. 引导幼儿学习看折纸步骤图折纸

由于折纸的特点是容易忘记，因而，教师还需引导幼儿学习看折纸步骤图折纸。教师可事先按照折纸顺序画好步骤图，教幼儿认识和熟悉折纸符号，培养幼儿的识图能力，然后边讲解图边演示，让幼儿理解如何按照步骤图上的符号折纸。当幼儿理解折纸符号以后，可以引导幼儿仔细观察折纸步骤图，自主探索折纸作品的变化过程，独立折出完整的作品。

4. 引导幼儿创造性折纸，并对所折形象展开想象

每一种折纸，都是一定物体的造型。幼儿在学会了折纸的基本折法和有代表性的物体后，教师要激发幼儿尝试创新，鼓励幼儿将学会折的物体变成老师从未教过的物体，充分发

挥幼儿的主观能动性。有的幼儿将"房子"变成了"帆船";将"帆船"变成了"钱包";将"钱包"又变成了"帽子",等等。还可以和幼儿讨论:"什么东西我们也可以用折纸的方式来表现呢?我们应该怎么折?"孩子们很快就想到了折小树、折小花、折小猪等。在折纸活动中,教师还可以引导幼儿对所折形象展开想象,如进行折纸添画等。

(四)染纸活动的指导

(1)在准备工具时要注意多备几支毛笔,要专笔专用,以保证颜色的纯正。提供的染色颜料不宜太稠厚,以便于染色过程中易于吸色。

(2)根据染纸材料形状,提醒折纸的方法,如围巾、手帕、窗花等,不同的形状采用不同的折叠方法。

(3)要注意色彩的搭配。在色调上应以一种色为主,且这种色的面积要大,然后再配上少量小面积的对比色;在明度上要有深浅变化,如主色调是深色的,则其余颜色应为浅色;在色块的排列位置上要有疏密变化,以形成节奏感,且要注意色块的形状,因为它决定着纹样的形状;在染色的顺序上要先染浅色,后染深色。

(4)染色时间不宜太长,否则会将纸张泡烂。提醒幼儿在染色过程中注意观察吸色情况。如果染色出现问题,要引导儿童灵活地"借迹重构"。

四、综合手工活动的指导

幼儿园的手工活动除了泥工、纸工活动外,还包括利用其他材料进行的造型活动,如麦秸秆编织、面具制作、各类材料拼贴、纸盒玩具、纸杯娃娃、风筝制作、表演道具制作等。在制作活动中涉及的材料多种多样,如自然材料、生活废旧物品等,只要是符合卫生和安全标准,适合幼儿操作的,都可以纳入幼儿立体手工造型活动中来。为了方便起见,可以按材料的物质空间形态分为点状材料、线状材料、面状材料和块状材料四种。

点状材料:沙子、小石子、小珠子、纽扣、饮料瓶盖、谷物、果壳、种子、木屑、贝壳、牙膏盖等。

线状材料:绳、毛线、火柴棒、吸管、麦秸、树枝、柳条、高粱秆、细铁丝、毛根等。

面状材料:布、硬纸板、树叶、花瓣、羽毛、塑料薄膜、铁片等。

块状材料:石块、木块、水果、蔬菜、蛋壳、瓶子、纸盒、核桃、乒乓球、纸杯等。

(一)粘贴活动指导

粘贴活动是指用现成的点状、线状、面状材料粘出或贴出具有浮雕感的或平面的画面的活动。其目的主要是让儿童在学习粘与贴的手工技法的过程中,知道并能运用点状、线状和面状材料等制作成浮雕状或平面的各种画面。

图形粘贴:把从图书、杂志等上面剪下的实物图形,经过重新组织,拼贴成画。

几何图形粘贴：用色纸剪成大小、形状不同的几何图形，拼贴出新的图像。

自然物粘贴：把各种植物的叶子或其他废弃物，如蛋壳、瓜子壳等，粘贴在衬纸上，形成新的图像，或拼贴成画。

在幼儿园开展的粘贴活动中，最常见的是种子粘贴和树叶粘贴，下面将结合典型的具体制作活动来说明。

1. 种子粘贴

各式各样的种子对幼儿有着极大的吸引力，可以制作成一幅幅精美的图画。主要材料有：各种大小不一、颜色不一的种子，胶水，牙签，卡纸。制作步骤如下：

（1）在纸上画好简单的图案。

（2）在图案上刷上白胶，掌握好胶的量，不宜太多或太少，太多了会冒到种子上面，太少了种子粘不住。

（3）选择色彩、大小合适的种子，粘在卡纸上的图案处。对于颗粒较大的种子，可以进行排列粘贴，较小的种子可用散撒方法进行粘贴。

（4）粘贴后用一张较大的纸盖在上面轻轻地压一压。

（5）等待自然晾干，不要放在太阳下暴晒。

附：种子贴画作品（图 4-87 至图 4-91）

图 4-87

图 4-88

图 4-89

图 4-90

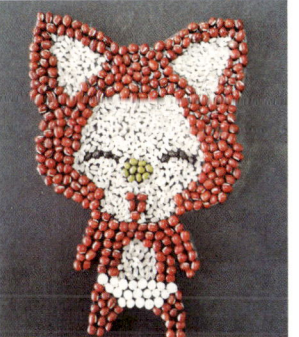

图 4-91

2. 树叶粘贴

贴树叶是典型的用面状材料制作平面手工作品的制作活动。贴树叶的工具和材料主要有剪刀、双面胶（如果用胶水和糨糊贴，则晾干后容易脱落）、各种形状和颜色的压平的树叶、各色底纸。在活动开始之前，教师要发动儿童和家长一起收集各种形状和颜色的树叶，并欣赏树叶变化多端的形状、天然的叶脉肌理及其丰富的色彩。制作步骤如下。

（1）引导幼儿根据"因意选材"或"因材施艺"的原则选择树叶。如果是"因意选材"，则先要构思自己所要制作的大致内容，设计画面的布局，然后根据这一设计，选择适当的形状和颜色的树叶来拼贴；如果是"因材施艺"，则要引导幼儿将树叶作正反、上下看，仔细观察各种树叶的形状、色彩等，找出它们各自的特点，看一看，想一想：它们像什么？可以制作成什么形象？例如：椭圆形树叶像动物的身体，圆形树叶像猫、虎、熊猫、人的头或猫、熊猫等的耳朵，掌状的枫叶可做金鱼的尾巴，瘦长的枣核状树叶可做小船、蜻蜓的翅膀、兔子的耳朵等。

（2）选择好树叶后，引导幼儿用这些树叶在底纸上进行摆放、布置，并对所选树叶进行适当的修剪。

（3）贴树叶，即在每片树叶的反面贴上双面胶，然后放回原位，用一张干净的纸盖住，抹平压实。

在粘贴树叶活动中，应注意一次粘贴活动中，不宜有太多类型的材料，否则儿童易将注意力转移到材料的翻找上，从而影响完成作品的进程。对树叶类自然材料进行粘贴，要引导幼儿注意尽量利用自然物本身的形状、颜色及其他特性，少作修剪与改变，以保持自然物的自然之美。

附：树叶粘贴作品（图4-92至图4-98）

图4-92

图4-93

图4-94

图4-95

图4-96

图4-97

图4-98

（二）综合材料制作指导

幼儿园老师常常会利用废旧材料或者水果、蔬菜等自然物，引导幼儿联想，"因材施艺"地进行建构，制作出立体形象的玩具。学前儿童自制玩具是学前儿童手工操作能力的综合体现，在此过程中蕴含了对幼儿解决问题的能力以及创造性能力的培养。同时，也可以培养幼儿敏锐的观察力、捕捉事物造型的能力和有目的、有计划地进行工作的能力。

1. 厚纸（纸盒）制作

厚纸（纸盒）制作是指运用卡纸、挂历纸、纸盒等略微硬的纸质材料，通过折、剪、贴、组合等技法制作出三维形体的活动。

首先要认识和制作各类基本形体，如认识正方体、长方体、圆柱体的各类盒子，以及尝试用硬纸做出圆柱体、圆锥体等。在基本形体的制作和认识中，教师可为幼儿提供一些以这些基本形体为基础的工艺品，引导幼儿进行欣赏，认识什么样的形体是圆柱体、正方体、长方体、圆锥体等，然后让幼儿尝试着用挂历纸做圆柱体、圆锥体。

在学习基本形体的基础上，教师引导幼儿根据"因材施艺"的原则，用所学过的技法进行联想造型。可以对基本形体本身进行剪、挖、切等加工；也可以在基本形体上进行贴、粘接、镶嵌、接插、盘绕、组合加工。例如，在圆柱体造型活动中，在圆柱体上面贴上弯曲的纸条就成了小桶；在圆柱体的旁边贴上弯曲的纸条就成了茶杯；将圆柱体直立，在下部贴上门窗制作成有趣的动物之家；将圆柱体上方剪开成条，卷弯成树枝状，再用绿色纸剪成树叶贴在上面，就做成了一棵大树；用长短不同的圆柱体可以做成动物的身体，再贴上头和尾巴，就做成了各种动物。长方体和正方体可以制作出各种电器、家具、房子、交通工具和机器人等。涉及多个基本形体的组合时，连接是教师要引导幼儿重点掌握的技法，连接可以用胶水、乳胶进行粘贴，可以用针、线进行缝合，也可以用订书机、双面胶进行接合，或者用小棒或纸片插入连接，以及橡皮泥粘接，等等。

附：各类盒子制作作品（图4-99至图4-103）

图4-99

图4-100

图4-101

图 4-102

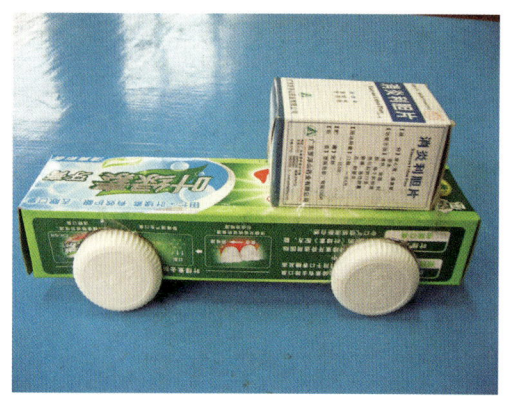

图 4-103

2. 蔬菜水果制作

蔬菜、水果品种繁多、形态各异，可以通过创造性的加工制作出各种各样的造型。但在进行蔬果造型时，尽量使用蔬菜的边角料或不宜食用的部位，尽可能不造成浪费。下面将蔬果造型的过程做简要介绍。

（1）将所选材料全部洗干净备用。清洗时注意不要破坏外形，更不要削和切。

（2）进行构思。这个过程的重点是引导幼儿进行想象，如启发幼儿观察蔬菜、水果的形状、颜色，思考可以用来制作什么形象。或者让幼儿确定制作方向，是人物还是动物或器物等，根据构思去选择合适的蔬菜、水果。

（3）研究材料。构思确定后，在具体造型过程中还需仔细观察材料的特点，充分利用蔬果的自然形状、颜色形状、肌理进行造型，如发现材料中有凹陷的地方，试试看可否做眼睛，凸起的地方可否做嘴巴或鼻子，较长且弯曲的材料可以做动物的脖子或尾巴，黄瓜头上有条纹的那一段就像青蛙的身体等。

（4）塑造形象。用切、割、挖等方法进行简单加工，用牙签进行组合固定，制作过程中注意先整体后局部，先轮廓后细节。

附：各类蔬菜水果制作作品（图 4-104 至图 4-111）

图 4-104

图 4-105

图 4-106

图 4-107

图 4-108

图 4-109

图 4-110

图 4-111

3. 环境布置的制作指导

环境布置是指幼儿利用身边的可利用的资源通过动手操作，将制作的成品用于装饰环境或作为环境中的一部分。

环境布置的内容涉及很多方面，材料也丰富多样。具体来说，适合学前儿童开展的环境布置内容大致有以下几类。

（1）装饰墙面。组织幼儿利用果壳、火柴棒、吸管、毛线头、碎布头、腈纶棉、树叶、纸张、包装盒等拼贴墙饰。

（2）制作吊饰。组织幼儿制作创意气球、报纸彩球、光盘画、纸筒立柱等作为吊饰装饰环境。

（3）制作区角活动材料。组织幼儿用纸板、纸盒制作娃娃家的"剪刀""梳子""液化气灶""洗衣机""冰箱"；用鸡蛋、石头进行彩绘制作"手工艺品"放在"小商店"销售；用纸盒、皮管、瓶盖等为医院制作"听诊器""急救箱"等。

（4）制作节日礼品。组织幼儿将制作的礼物袋、贺卡、项链、圣诞礼物等装饰环境。

【示例】

小班纸工活动：卷卷的头发

（本案例由江阴市文林富昌幼儿园包菊提供。）

设计意图

对于小班幼儿来讲，各方面都处在刚刚开始发展的阶段，且动手能力的发展则较为薄弱。看似简单的纸艺，对小班幼儿来说，确实有点难度。《新纲要》中也多次提到：激发兴趣需要贯穿于艺术活动的始终。因此采取行之有效的方法，使幼儿既对纸艺活动感兴趣，又不会发愁做不好，是活动中教师引导的关键。本次美工活动'卷卷的头发'中，以参加公主的舞会为线索，以装饰面具为载体，让孩子们动手制作卷发，激发了幼儿的活动兴趣。

活动目标

1. 探索将纸条卷起的方法，尝试用卷卷的纸条制作卷发面具。
2. 在游戏情境中体验美工活动带来的乐趣，喜欢参加美工活动。

活动准备

1. 各种颜色的纸条若干。
2. 幼儿人手一个面具。

活动重点和难点

活动重点：探索卷纸的方法，制作出卷卷的头发。

活动难点：将卷发贴成发型。

活动过程

1. 出示公主图片，激发幼儿制作卷发的欲望。

师：小朋友们，你们看，这是谁？你觉得她漂亮吗？哪里最漂亮？（卷卷的头发）今天，公主要举办一个新年舞会，你们想参加吗？

师：公主对想要参加舞会的人员有个要求，我们一起来听一听。（宝宝们，你们要有像我一样卷卷的头发才能参加舞会哦。）

师：你们有卷卷的头发吗？我们一起来做卷卷的头发，好不好？

2. 教师介绍操作材料，鼓励幼儿探索制作卷发的方法。

师：瞧！老师准备了一些纸条，谁来说说纸条是什么样子的？（纸条是长长的，直直的）那我们怎样才能把纸条变成卷卷的呢？

请幼儿动动小脑筋，自己动手把这些纸条变成卷卷的。（幼儿自由探索让纸条变卷的方法）教师巡回指导观察。

教师请个别幼儿展示自己制作卷发的方法。

师：老师发现有的小朋友做的卷发很漂亮，我编了个小儿歌，我们一起来学一学。（小手捏住小纸条，手指变成卷发棒，卷呀卷，卷呀卷，一根卷发做好了。）

师：小朋友们有没有发现纸条上有白白的颜色，那是双面胶。老师发现有的小朋友把双面胶撕掉了，也变出了一根卷卷的头发。

幼儿操作，教师总结（撕开双面胶，亲亲小尾巴，一根卷发做好了。）

3. 教师出示面具，激发幼儿在面具上制作卷发的兴趣。

师：听，公主有话对我们说。（宝宝们，我为大家准备了舞会面具，只要你们把做好的卷发贴在面具上，就可以来参加我的舞会啦！）

师：那我们的头发要怎么贴上去呢？瞧，老师已经在面具上贴好了双面胶，宝宝们把做好的卷发贴在双面胶上就行了。记住哦,卷发不能遮住眼睛,好吗?

4. 幼儿制作卷发,教师巡回指导。

师:现在请大家走到桌子旁,找一个面具,用你们喜欢的方法做卷发吧。

5. 师生戴上面具共同参加新年舞会。

师:新年舞会开始了,我们来跳舞吧!

活动延伸:在班级美工区,可投放制作卷发的各类材料,并增设各色面具,供幼儿游戏时间继续开展制作卷发活动。

导引

本次活动充分尊重幼儿的主体性,在探索制作卷发的过程中,教师没有示范操作,而是鼓励幼儿自己动手尝试制作卷发,使每个孩子的卷发都各有创意与特色,教师予以充分的肯定,让孩子获得成就感。教师能以灵活的活动形式为孩子构建一个有趣、丰富的学习环境。教学语言正确清晰、生动活泼,富有启发性和感染力。教学思路清晰、环节分明,张弛有度。幼儿操作过程中,教师能关注幼儿的表现与反应,尊重孩子的个体差异,实施因人而异的个别辅导,尽量做到多放手、少干预,形成了有效的师幼、幼幼互动。孩子们能主动、积极、专注而投入地参与探索、操作、表述等活动流程,课堂气氛活跃。

【示例】

大班手工活动:种子贴画

(本案例选自网络并作修改。)

设计意图

大班幼儿的想象力较丰富,造型美观、立体感强的种子能激发幼儿展开丰富的想象,启迪他们的智慧。为了结合幼儿的生活经验,让幼儿学习利用自然物制作工艺品,活动中先向幼儿展示不同种类的种子,启发幼儿进行大胆的想象,再观看种子组合成的图画,引起幼儿操作的兴趣,从中让幼儿自然、愉快地了解自然物的有用之处。让幼儿动手操作,利用种子进行粘贴画,在边做边玩儿的过程中进一步感受其中的乐趣。

活动目标

1. 能够大胆地想象构图,根据各种种子的外形特征进行粘贴,表现一定的物体形象。
2. 发现自然材料的美,体验成功的乐趣。
3. 能在活动中耐心、细心地完成作品。

活动准备

1. 经验准备。

幼儿已认识几种常见的种子。

2. 物质准备。

幼儿与家长共同收集不同种类的种子,如黄豆、芝麻、黑豆等。操作纸、双面胶、蛋糕盆、铅笔、种子贴画图片。

活动重点和难点

活动重点：根据种子的不同外形特征表现一定的物体形象。

活动难点：粘贴种子时的方法步骤。

活动过程

1．认识种子。

教师：小朋友们，秋天是一个丰收的季节，看，所有的东西都丰收了。老师今天给小朋友带来了许多种子宝宝，我们一个一个来认识一下，看看它们叫什么名字？长得什么样子？（可以引导幼儿从颜色、大小、形状等方面去观察。）

教师：你们说得真好，那么这些种子有什么用呢？（幼儿回答：可以用来贴画。）

教师：哇，你的想法真奇妙！对呀，今天老师就带来了一些神奇的种子画，我们一起来看看。（出示课件图片种子粘贴画。）

2．欣赏种子粘贴画。

教师：你们看到了什么？（幼儿回答：画。）

教师：是什么画？它们跟我们平常上课画的画一样吗？有什么不一样的地方？（平时的画是用油画棒在纸上画的，现在看到的是用种子在蛋糕盆上进行粘贴。）

教师：对啊，我们先来看第一张图，它是用哪些种子装饰了图案？（观察图片一，了解什么颜色的种子装饰了图案的哪里。再观察图片二、图片三，分别引导幼儿说出什么颜色的种子装饰图案的什么地方。）

教师小结：原来种子的本领这么大，不同的种子能装饰出来这么美丽的图案。

教师：我们今天就来玩玩种子，用种子变成美丽的图画吧！

示范制作：先用铅笔在蛋糕盆上画上自己喜欢的图案（要用种子来装扮，所以画的时候要画大一点）。画好后，可以按照先贴外面的轮廓，再贴里面的部位的顺序，用双面胶贴满，然后放上你要贴的种子，用小手轻轻一按，种子就贴上去了，外面用同样的方法把其他的部位也贴上各种各样的种子，这样外面的画就变得越来越漂亮了。（边讲边示范）

注意点：画图时要画大一点；粘贴种子时要排紧密些；粘贴时一个部位一个部位地粘贴，要有顺序。

3．幼儿制作，教师指导。

（1）引导幼儿先想好作品，再进行绘画。

（2）鼓励幼儿大胆想象、制作。

（3）让幼儿选择自己喜欢的种子进行粘贴。

4．作品展示。

选2~3幅画点评。

教师：今天你们完成得真棒，这么多的图案有你喜欢的吗？（个别幼儿举例：为什么喜欢它？）

5. 延伸活动。

请小朋友们一起把作品布置到主题墙上，共同感受种子贴画的美。

导引

活动开始以种子直接导入，激发幼儿兴趣，同时引导幼儿认识各种各样的种子，让其观察种子的基本特征，从而对种子有了基本的认识，从它们的作用中猜测种子还能用来贴画，为后面的操作进行铺垫。日常生活中常见的种子已经引起了幼儿的兴趣，再让幼儿自己去尝试、发现种子的奇妙，一下子抓住了幼儿的兴趣点，发挥了幼儿的主体作用。接着展示老师的作画方式，这是幼儿主动学习的起点，只要抓住了幼儿的兴趣点，教育就能成为幼儿主动学习的内部动机。活动中教师鼓励幼儿大胆作画，充分发挥自己的想象力和创造力。形式多样、内容丰富的活动，满足了孩子的多种需要，激发了幼儿的情感，在如此丰富的环境中，孩子能积极、主动、兴趣盎然地参与活动，促进了孩子全面的发展。

学习回顾

一、填空题

1. 根据学前儿童手工制作的特点和幼儿园教师指导的特点，幼儿园的手工活动可以分为_____、_____及_____。
2. 学前儿童手工能力发展的三个阶段为_____、_____和_____。

二、选择题（多选）

1. 手工教学的构思过程中，"___"和"___"是两大基本原则。
   A. 废物利用　　　B. 物尽其用　　　C. 因意选材　　　D. 因材施艺
2. 泥工作品分为___泥工作品和___泥工作品。
   A. 立体　　　B. 剪纸　　　C. 折纸　　　D. 平面

三、简答题

1. 学前儿童各年龄阶段手工教育活动目标分别是什么？
2. 学前儿童手工活动包含哪些内容？
3. 对于手工活动的技能技巧在整体练习的时间与次数上，教师应该如何把握？
4. 学前儿童手工教学需注意的问题有哪些？

实践运用

内容：尝试设计小、中、大班手工活动课程各一节。

要求：1. 活动目标明确。

　　　2. 活动过程清晰具体。

第五章 学前儿童美术教育与其他教育的整合

学习目标

① 理解美术教育与其他教育整合的基本理念。

② 了解美术教育与其他教育整合实践中几种常见课程。

③ 掌握美术教育与其他教育整合的策略和方法,并能够应用于教育活动设计。

学习导图

学前儿童美术教育与其他教育的整合
- 美术教育与其他教育整合的基本理念
  - 美术教育与其他教育整合的内涵
  - 美术教育与其他教育整合的策略
  - 美术教育与其他教育整合的课程
- 美术教育与音乐教育的整合
  - 美术教育与音乐教育整合的方式
  - 美术教育与音乐教育整合的实施
- 美术教育与其他领域的整合
  - 美术教育与其他领域教育整合的方式
  - 美术教育与其他领域教育整合的实施

问题导入

学前儿童美术教育与其他教育的整合
- 美术教育与其他教育整合的基本理念
  - 幼儿园课程整合的概念和内涵是什么
  - 美术教育与其他教育整合的主要策略有哪些
  - 何谓美术教育与其他教育整合的代表性课程
- 美术教育与音乐教育的整合
  - 美术与音乐教育整合的艺术综合教育内涵是什么
  - 美术教育与音乐教育如何进行整合
- 美术教育与其他领域的整合
  - 美术教育与其他领域教育整合的方式有哪些
  - 美术教育与其他领域教育如何进行整合

第一节　学前儿童美术教育与其他教育整合的基本理念

一、学前儿童美术教育与其他教育整合的内涵

幼儿教育是3~6岁的幼儿为对象的教育。幼儿的身心发展特点和学习特点决定了幼儿教育必须是整体性的教育。幼儿心理发展水平决定了幼儿对事物的理解往往是具象的，概括能力还很低，对幼儿进行的教育往往不能过于分化。幼儿又是通过生活及其他活动来学习的，这些活动尤其是生活活动的综合性涉及多方面的学习内容，具有促进幼儿多方面发展的价值。因此，对幼儿教育而言，尽可能地加强教育的整体性符合幼儿学习的特点和需要。

幼儿教育的系统性、整体性决定了美术教育作为教育的单个学科或领域，它与其他教育的整合是综合教育不可分割的一个部分。在内涵、原则和价值上与综合教育一致，在具体策略和方式上，有其领域特色的独特性。

（一）何谓课程整合

"课程整合"也称为"课程统整""课程综合化""课程一体化"等；用"课程整合"旨在取其整体、综合之意，是我国目前正在实验之中的基础教育课程改革方案的重点内容之一。教育部在基础教育课程改革的具体目标中指出：改变课程结构过于强调学科本位，科目过多和缺乏整合现状……以适应不同地区和学生发展的需要，体现课程结构的均衡性、综合性和选择性。

目前，关于课程整合的概念内涵在国内外的学界仍然存在着分歧。总的来说，课程整合有广义和狭义之分。从广义上讲，课程整合不仅是一种组织课程内容的方法，还是一种课程设计的理论以及其相关的学校教育理念。广义的课程整合包括四个层面，即经验的整合、知识的整合、社会的整合和课程的整合，其最终目的在于学校教育与民主、社会的统整。这是整合的、进步主义教育思想的一部分。狭义的课程整合是指一种特定的课程设计方法，国内外关于课程整合的认识多属于此，其中比较有代表性的看法是：整合课程是把有内在联系的不同学科、不同领域的内容或问题统整成一门新的学科，只要具有培养和发展学生综合能力、态度和情感的教育内容就是整合课程或综合课程。

（二）幼儿园课程整合

1. 幼儿园课程整合的概念

学前教育由于其教育对象的特殊性，相对于中小学教育而言，不用面对升学的压力，因而在课程整合方面更具优势。于是，幼教界也进行了大量课程整合的理论与实践探索。20世纪80年代初，赵寄石先生带领的南京师范大学前教育研究室和部分幼儿园合作开展的"幼儿园综合教育课程"的研究成为幼儿园第二次课程改革的标志性举措。之后，我国幼教界大力

倡导课程的综合化。

同课程整合的概念类似，幼儿园课程整合的内涵多样化，例如，整合课程是"以内在的价值整合观念，如人文、自然、社会学科的整合，儿童与文化的整合，认知、情感、需要、体验的整合，使教学系统中分化了的各要素及其各成分之间有机联系的课程形态"。根据本章论述的内容需要，这里将它定义为：幼儿园课程整合，就是把课程中有内在联系的不同学科、不同领域的内容或问题统整起来，使教学系统中分化了的各要素及其成分之间形成有机联系的幼儿园课程形态，美术教育也在其中。

2. 领域课程与课程整合

课程整合不是与课程分化相对立的课程设计方式，而是与课程分化相对应并相互包含的课程设计方式。所谓的整合，就是将不同的部分纳入到整体中。因此，整合首先以部分为基础，没有部分也就没有整合。课程整合不是一个固定的模式，而是一种多样化的课程设计方式。

正如陈鹤琴的"五指活动"，作为五大领域的各根手指本身就是从"生活"这个手掌中分化出来的一样。事实上，领域课程原本就是从整体中分化出来的，其的出现经历了一个由"合"到"分"的过程。当这种远离到了一定程度，即达到了一定点，就必然要向另一极转化——即"由分到合"的转化，也就是要逐渐缩小领域之间的距离，拉近领域与整体的距离。事实上，"有什么样的分化就必然伴随着什么样的整合"，因此，必须在这种"分"的基础上逐渐地整合，而不是完全弃而远之。

因此，建构理想而科学的幼儿园课程不是抛弃，而应该在继承传统领域课程的基础上，补充和完善其所遗漏的部分——关注幼儿自身和社会生活。既不能采取完全的"分"，也不能采取完全的"合"，要把握好一个"合"与"分"的度，将原来的课程分支拉近、合并或融合；无法进行融合的内容仍然需要分科，比如，在美术、音乐或数学领域中关于基础知识、技能技巧或方法的学习。总之，需要用一种生态的眼光看待领域课程，加强各领域之间的联系、加强教育与幼儿及社会和生活之间的联系。

幼儿园课程整合的策略包括两方面：一是要将整合与分科辩证地来看待，整合中有分化，分化中有整合；二是整合是多方面、多种组织形式的，要实现课程整合的整体最优化，如生活层面的、教学层面的与园所及周边环境的课程整合，还有学科中心、儿童中心、社会中心和不同组织方式的课程整合等。

（三）幼儿园课程整合的内容

1. 教育内容的整合

教育内容的整合是幼儿园整合课程的主要表现，也是最基本的整合。在预定整合课程方案时，应尽量深刻、细致地挖掘课程中的隐性因素，以幼儿生活经验为基础，按幼儿的需要进行课程的纵向和横向发展的构想，扩展课程内容。整合课程就是让幼儿更好地认识一件事物，可以从多种不同的角度对所学的内容进行整合与学习。整合并非领域课程的叠加，而应该是融合的教育。课程内容的整合是以目标的整合为前提的,主要有纵向整合和横向整合两种,即领域内的内容整合、领域间的内容整合和超领域的内容整合。

(1)领域内的整合。应充分挖掘和利用各领域的内在联系,对课程内容进行合理的、有效的整合。如同在艺术领域的美术教育和音乐教育的整合。

(2)领域间的整合。以恢复不同领域内容之间的一些固有联系,将某些内容还原成整体的、联系的状态,并尽可能发现和挖掘领域间新的、更多的联系线索。这种联系的发现和利用不是为了使领域消失,而是为了使不同领域相互联系,使幼儿园教育发挥更大的整体性功效。领域之间的整合有多种水平,有两个领域之间的整合,多个领域之间的整合;有领域之间的零星联系,多点联系和密集联系。在一个课程中,可能不同的领域间联系和整合的水平是不同的。

(3)超领域的整合,已经超越了领域,在这种课程中,已经看不到特定领域的存在。不同领域的内容都围绕一个核心,整合在一起。这种课程一般称为综合课程、整体课程或整体性课程,也有的课程方案从具体的组织形式上考虑,把这种课程称为主题课程、单元课程。从某种意义上讲,领域内和领域间的整合也是一种综合课程,只是其综合的范围比较小,而超领域的课程整合的范围比较大。

当然,不能为了整合而整合,要真正从能符合幼儿身心发展规律的角度进行整合教育,所谓的五大领域,不能单独地形成一种整合,要有机地对其进行整合。

2. 课程资源的整合

整合课程要充分发挥各种资源的利用率,从幼儿园、家庭、社区等地方寻找丰富的教育资源,不能仅仅局限于幼儿园一个角度。

3. 课程组织活动形式的整合

方法、形式及手段的整合可以在课程设计的过程中进行,也可以在经验活动展开的过程中进行,但较为重要的是在现实的教育活动中进行的整合。方法、形式及手段的整合是提高教育的成效为目的,避免方法、形式和手段的单一和刻板。幼儿是在自身与周围环境中的人、事、物相互作用过程中获得发展的。教师从主题选择、内容规划到活动设计,必须有机整合集体、小组、区域活动,引导幼儿在探索中发现并学习,在乐趣中得到发展。

实施整合课程,关键在于教师。教师对整合课程的认识,直接影响着整合课程的实施,教师必须正确认识整合课程的实质与特点。

二、学前儿童美术教育与其他教育整合的策略

(一)学前儿童美术教育与其他教育整合的主要方式

1. 以美术教育为主导的整合

美国的艾略特·W. 艾斯纳在《儿童的知觉与视觉的发展》中指出:"美术能为人类教育作的贡献恰恰是别的学科所不能作的。因而,任何一项将艺术首先作为为其他目的服务工具

的教育计划都会冲淡美术的意义。"

借鉴艾斯纳的审美教育理论,美术教育整合的常见方式之一就是以美术为主线,把其他领域的知识融于美术教育中,以科学的探究来丰富美术活动内容,以多样化的表达方式增添美术活动的趣味性。这类取向的课程,渗透式领域课程中出现的较多。

在这种"美术切入,兼及其他"的类型中,整合教育的目标强调两个方面。一是审美的价值。通过欣赏来培养学前儿童的审美感知力,通过绘画、手工来培养审美创造能力,通过绘画、手工和欣赏来培养审美情感的体验和表达能力。在情感方面,通过美术教育对幼儿进行审美情感教育,重视儿童审美经验的积累。二是儿童发展的价值。通过美术教育来发展儿童自己,促进儿童完整、健康人格的发展。美术活动中所整合的各种知识经验,所发展出来的直觉能力和空间想象能力对抽象、逻辑思维起互补作用,有助于一般智慧的发展。在教育情境中将儿童带入一个丰富多彩的美的世界,使他们从感受领悟中体验、创造中获取实现自我的潜能、智慧、价值和乐趣,获得真、善、美高尚的人格素质的熏陶和锤炼。

2. 以美术作为理解、体验与表达方式的整合

《纲要》将幼儿教育的内容划分为五大领域,同时又明确指出:"教育活动内容的组织应充分考虑幼儿的学习特点和认识规律,各领域的内容要有机联系,相互渗透,注重综合性、趣味性、活动性,寓教育于生活、游戏之中。"同时,艺术领域还强调:"幼儿的创作过程和作品是他们表达自己的认识和情感的重要方式,应支持幼儿富有个性和创造性的表达。""提供自由表现的机会,鼓励幼儿用不同的艺术形式大胆地表达自己的情感、理解和想象,尊重每个幼儿的想法和创造,肯定和接纳他们独特的审美感受和表现方式,分享他们创造的快乐。"

在这里,"美术活动"被定位为幼儿表达、理解和想象的重要方式,这种表达是"自主表达""创造性表达""富有个性的表达"。据此,美术教育与五大领域的整合方式之一,就是将它作为幼儿理解、表达、交流、记录的特殊工具,在各领域的交叉于融合中起着中介作用,连接起幼儿的各种学习活动。

因此,第二类整合的出发点,就是将美术作为一种语言、工具和表达方式,视美术为教育整体中不可分割的一部分,从而达到促进情感、态度、能力、知识技能各方面发展的目的。在成人的世界中,美术是艺术的一个门类,成人追求的是以高超的表现技术、完美独特的表现形式构成作品。而在儿童的世界中,美术活动是一种成长需要的满足,是一种没有功利性的活动。在这种活动中,幼儿有自己的想法,它传递了幼儿的思想和情感。此时,美术技能便成为表达的支撑,而不是最终目的。美术作为工具便可应用于幼儿的各种学习活动、游戏活动、生活活动中。这些活动尤其是生活活动,往往是综合性的,涉及多方面的学习内容,达到促进幼儿多方面发展的目的。综合课程、主题、项目等课程往往采用这类形式进行整合。

(二)学前儿童美术教育与其他教育整合的主要策略

1. 儿童美术教育整合的参考性策略

(1)从熟悉的开始。课程整合不妨从美术领域自身开始,在美术教育内部部分地实现课

程整合的目的。

首先，注重领域教学目标上的整合。即：传授美术基本知识、基本技能与培养学生的积极的审美情感和正确的审美态度和价值观的整合，学习美术的概念、原理和观点与把握工具、方法和过程的整合。

其次，注重领域教学内容上的整合。即：美术教育内容与学生生活、当代社会生活的整合，文本教材与网络资源、生活资源的整合，美术的传统内容与当代的新发现、新观点、新问题的整合等。

最后，实现方法上的整合。即：尝试探究性学习、合作学习、体验学习等多种综合性的教学方式。

（2）从容易的开始。幼儿园层面上的课程整合可以从容易做的开始，不妨从课程整合程度较低的领域取向的课程整合开始。例如，从平行学科设计或相关课程开始，逐步过渡到整合程度较高的学科取向的课程整合，如多学科的设计和跨学科的设计或融合课程和广域课程等，最后进入超学科的整合设计。

对于美术教育的整合来说，显然同为艺术范畴的音乐教育是它的平行领域。因此可以从美术教育与音乐教育在艺术领域的整合开始，之后再过渡到与语言、科学、健康等其他领域的整合。在本章的最后一节，将按照这一策略论述美术教育与其他教育的整合。

（3）在协作中开始。教师在彼此之间的协作中才能了解其他学科并发现彼此的关联，在共同的主题设计的过程中才能逐步地超越自身的学科限制，在与大学学科专家或课程专家的合作中才能学会课程整合的专业性的技巧和策略。因此，实施课程整合计划，首先要营造一种协作的文化，建立一种协作的机制，教师则首先要学会协作的技巧。

在目前幼儿园美术教育整合的实践中，公认整合或综合对教师的要求高于领域教学，往往有"不能胜任"的说法。实际上，教育的实施者是一线教师，但教师不是唯一的、单打独斗的实施者。在美术教育整合的推进路途中，纵向上，儿童美术教育的研究者（如大学的专家）、课程专家、教育行政机构的管理者与教研员等，都是教师的合作者。横向上，幼儿园的园长、同行、家长、社区都应该成为教师的协作者。没有内外共同的探索和努力，教师个人的确是"很难胜任"，最好的方式是形成学习共同体，在实践中不断探索发现，促成更好的成效。

2. 儿童美术教育与其他教育整合时应注意的问题

（1）谨慎选择进行整合的美术教育活动。与其他领域整合的美术教育活动需要在充分考虑幼儿认知与学习特点的前提下，通过与不同领域知识和经验的有机整合，促使幼儿更加全面地感知、理解、体验和表达，进而获得美术和其他领域的相关经验。美术教育活动与其他领域教育活动整合，应是一种生态式的自然、恰当、有机的融合和渗透。

整合并非是无条件的，需要根据知识形式之间所共有的基本概念与规则，来形成新的课程组织形式，可能是同一形式中的许多领域之间开展主题设计，也可能是领域之间的交融所发展出的新的知识网络与知识形式。因为并非所有的教育内容都适用于互相联络和支援，很多时候，为了给幼儿一种整体化的经验，一些知识、技能之间的联络除了在一定的和少数的场合是自然的之外，很多时候流于形式和牵强附会，这种牵强的联络是任意的，而且也极大地损害了实践中的美术教学活动。

因此，并非所有的美术活动都能够与其他教育整合，也不需要这样。选择的时候，要考虑与其他领域知识、情感、能力目标的关联性及其对幼儿美术活动的价值。

（2）生活是儿童美术教育整合的出发点。整合的作用就是使不同的课程领域在保持领域自身系统性的同时，与其他领域产生横向关联。什么样的整合能够使不同领域的内容产生关联呢？越是生活化，越能把不同领域的课程内容联系起来。生活是课程内容产生有机联系的背景和根源，幼儿的发展特点决定了幼儿的学习本来就是整体的、生活化的，整合使领域课程进一步回归生活。

由于美术所反映的内容、情感、思想本身就来自生活并反映生活，就是生活经验的艺术升华。因此，为幼儿选择的美术作品和感知、理解、体验以及创造性表达美的活动时不应该也根本不可能脱离儿童的生活经验。生活是综合性的活动，是没有边界的，是整体的，在生活中学习就是综合的学习，就是整体的学习。生活是幼儿园美术教育的重要来源。成人要善于发现和保护幼儿的好奇心，充分利用自然和实际生活机会，引导幼儿通过观察、体验、创作等方法，不断积累经验，并运用于新的学习活动，形成受益终身的审美态度和能力。

（3）重视美术教育活动与其他领域内容间的内在逻辑联系。设计与其他领域整合的美术教育活动，要尊重美术活动与其他领域内容之间的内在逻辑规律及其关联，不能为了整合而整合，更忌"大拼盘""大杂烩"式的拼凑。

有两种设计思路可供参考：一是横向并列式，即美术活动与其他领域内容围绕既定的教育目标形成互补的关系，以共同支持幼儿对教育内容的全面感知、理解和表达。例如，《打字机协奏曲》是一首节奏鲜明而富于变化的音乐，时而急促跳跃，时而舒缓连贯，这和美术表现形式中的点、线变化有着一定的相似性。活动中，教师先请幼儿倾听音乐，让幼儿说说自己的第一感受。幼儿调动自己的已有经验对音乐的节奏、旋律、情绪、风格等谈谈各自的感受，如有的说音乐在跑步，有的说音乐在跳舞，有的说音乐在快快地跳。之后，教师请幼儿用笔画出自己对音乐的感受，幼儿在创作过程中一定程度上表现了音乐与美术之间的融通。二是纵向递进式，即美术活动与其他领域内容围绕既定的教育目标形成递进的关系，各领域内容之间彼此推动，以促进幼儿在活动中的发现、积累、丰富和完善相关经验。例如，在组织一个关于蒙德里安作品《百老汇的爵士乐》的欣赏活动时，教师重点思考了如何让幼儿调动已有生活经验与作品产生"共鸣"的问题。教师通过纵向递进式的内容安排，让幼儿在其他领域学习经验的支持下进入与大师"对话"的状态。例如，引导幼儿从对城市的认识，对城市各种声音的采集，对城市街道车水马龙的体验，到对城市夜景中的霓虹灯的观赏、步行街热闹的感受、特色小吃的品尝，进而到对爵士乐的欣赏和初步理解……通过这些不同领域活动经验的积累，幼儿对作品形成了自己的独特理解，于是，在美术欣赏活动中，解读作品意蕴的"对话"语言更加丰富，审美体验也得以深入。

三、美术教育与其他教育整合的课程

根据目前我国幼儿园的实践，介绍两种比较有代表性的课程：综合活动课程与渗透式领域课程。

1. 幼儿园综合活动课程

（1）什么是幼儿园综合活动课程。幼儿园综合活动课程是根据幼儿身心发展的需要，同时顺应各种教育要素之间的相互联系，相互作用，以尊重幼儿发展规律与发挥教师主导作用相结合，从综合性入手合理选择教育内容、教育手段和教育方法，科学地组织教育过程，使幼儿园的教育更有效地发挥整体功能，具体落实到以"主题"形式建构每一阶段的生活经验，使幼儿在园三年生活成为有利于促进其持续发展的连续的教育过程。

综合课程以主题活动为轴线，既充分考虑幼儿学习的启蒙性和趣味性，又为教师园地制宜地组织教学活动提供参考与支持；强调综合性、操作性；强调贴近幼儿的现实环境；强调同伴间的相互讨论与合作，鼓励幼儿采用多样化的表达方式，保证幼儿园教育更有效地发挥整体功能。

综合课程在组织设计思路方面坚持这样一种取向，即通过有机地组织和运用具有某种内在关联的两个及两个以上学科的知识观和方法论，去考察和探究一个主题或者中心领域，并在概念上或者组织上将其建立起关联或者整合起来，使之在过程中生成为有机的组织体系或有意义的整体。它的教学组织形式即"主题教学"。主题教学并非原先的几门传统学科的拼盘或混合，而是在一定程度上打破或超越了各学科的逻辑，采用一种有机整合的方式，使得幼儿园教育系统中分化了的各要素及其各成分之间形成有机的联系。教师一方面要通过多种途径来寻找不同知识之间的关联，使其成为具有关联的知识网；另一方面则要从文化与历史的教育出发，注重课程中社会文化的价值与个体价值的有机儿童认知、情感与价值观发展组合，注重学科知识、儿童认知、情感与价值观发展的相互制约与有机整合。

（2）综合活动课程中美术领域与其他领域的整合。美术教育与五大领域有机整合主要体现在以下几个方面。

①幼儿一日生活均是课程，立足于幼儿园活动的主要环节，如集体教学活动、区域游戏、生活活动等，形成美术教育实施途径的整合。

②根据幼儿美术学习从感知体验到艺术表达创造的学习规律，将各领域之间的目标和内容相互整合、形成整体，使幼儿的美术活动内容与各领域学习中获得的认知经验形成有机联系，推动艺术表达与创造。

③将美术在各领域的交叉融合过程中的中介作用和作为艺术的表达形式进行整合，发挥美术的双重作用，促使幼儿全面发展。

④把美术作为一种工具，在各领域的学习中加以运用，表达、巩固、提升、拓展所获得的感知经验，引导幼儿深入地学习、探索。

⑤将教育目标与教育环境有机整合，创设丰富的物质条件，支持幼儿实现目标。

例如，在有关鸟的主题活动中，教师从幼儿的作品中发现幼儿表现的鸟外形单一、特点不突出。于是，教师组织幼儿进一步收集鸟的资料，引导幼儿发现鸟的不同，运用分类、猜谜、拼图等手段帮助幼儿概括鸟的主要特征，引导幼儿进一步了解鸟的不同特点。进而，教师带领幼儿欣赏故事《树婆婆和鸟娃娃》，并组织了配故事插图的活动，引导幼儿进一步理解文学作品。此次活动中，幼儿不仅表现出了鸟的不同，并且呈现出了简单的情节。这一系列的活动不仅推动了幼儿美术能力的发展，同时也促进了幼儿在科学、语言领域中的学习。（本案例来自西安市未央区第一幼儿园，2012.10。）

资源链接 5-1

中班下主题二（我找到了春天）之活动一：找春天（综合）

（本案例来自《幼儿园综合活动课程（中班下）》，江苏省中小学教学研究室编著，江苏少年儿童出版社，2007.1第1版。）

活动目标

1. 感受春天的景象，知道春天到来时花、草、树木、小动物、河水等的变化。
2. 喜欢观察，有好奇心和探索春天变化的欲望。
3. 能用绘画反映自己找到的春天。

活动准备

在阅读区，放置有关春天的图片、书籍；在科学区，准备卷尺、放大镜以及相关实物标本等；设计春天的背景图。

活动过程

1. 感受阳光的温暖

在室外阳光下，请幼儿说说太阳和风给自己的感觉与冬天时有什么不同。提问：你们知道是什么季节来了吗？太阳照在身上有什么感觉？

2. 在园内寻找春天

观察花苞、芽、草和树叶的颜色；观察迎春花和蝴蝶花等；看一看园内的小动物（小兔、蝴蝶、小鸟等）。

3. 绘画·我找到的春天

幼儿用绘画的形式记录自己的观察，贴到"我眼里的春天"的背景图中，互相介绍、欣赏。

活动延伸

1. 幼儿搜集、教师提供有关春天的图书。
2. 提供记录表、放大镜、卷尺等，指导幼儿正确使用，引导幼儿观察自然角的植物变化。
3. 继续充实幼儿的发现，丰富"我眼里的春天"的背景图。

案例分析

作为典型的综合课程活动，这是中班下为时三周的四季主题"春天"中的第一个教学活动。在这个主题的教育目标中，与美术教育相关的包括：感受春天的美丽（感受美）；会用美术、音乐等多种形式表现出对春天的认识和情感（表现美）；会用折、画、印染等方式参与活动室春天的环境布置（创造美）。在主题的活动安排中，美术教育活动可分成两类。有比较纯粹的美术活动：春天的花草（美工）、快乐的春游（绘画）、美丽的风筝（美工），以及两个蕴含美育的综合活动：找春天、美丽的春天。此外，美工区域负责的内容包括：①提供牛皮纸和绿色、粉红色的皱纹纸做柳树、柳叶和桃花等，装扮春天的教室。②收集各种风筝，并提供宣纸、各色颜料等，鼓励幼儿用对称印染的方法制作风筝。

无论是从这一主题的目标及内容的编排，还是案例所呈现的单个集体教学活动，都很好地体现了综合活动课程的特点：整体性、联系性和综合性。以主题"春天"为载体，将各领域的目标和学习内容有机整合，形成领域间学习内容的内在联系，以在主题活动中获得丰富的感知经验，推动幼儿充满个性化地表达。同时，也将美术作为幼儿阶段特殊的表达符号，运用这一特殊的工具，表达、交流幼儿在各领域学习活动中获得的经验与感受，发挥美术的纽带作用，将幼儿的学习引向深入。

2. 渗透式领域课程

（1）什么是渗透式领域课程。渗透式领域课程以领域为实，以话题为虚的路线构建。相互渗透就是不同的课程领域之间产生有机联系，就是实现课程的整合。整合不仅仅是综合性主题课程的任务，而是所有幼儿园课程的共同任务。充分的、合理的、相互渗透的领域课程，就是拥有横向联系的领域课程。渗透式领域课程确定以"主体性智慧发展"作为课程追求的价值中心，围绕主体智慧，着力处理三种关系：人与自我、人与他人、人与自然。

渗透式领域课程提出两种可能的渗透途径。

第一种渗透途径有三个层次：第一层次的领域间相互渗透主要是指"内容"方面的相互渗透，这种相互渗透是在话题的背景中实现的。例如，话题"春天和夏天"（中班下），科学、健康、语言、社会、艺术都很容易直接支持这个以自然现象、贴近以及关爱自然为主要内容的话题。第二层次的领域间相互渗透是指"符号体系"方面的相互渗透。比如：结构、对称、节奏、韵律、色彩、秩序、美等概念，可以在所有领域之间找到相互渗透的可能性。又如："色彩形状间隔造型（穿串珠）"既可以是美术的，又可以是数学的。第三层次的领域间相互渗透主要是指具体"活动目标"方面的相互渗透。它实际上是在更具体的层面上体现或实现了前两个层次的渗透目标——突显人的主体性发展，落实课程的核心目标，同时也落实了领域或学科的系统发展目标。

第二种渗透途径也有三个层次：第一层次是话题内的领域渗透。熟知领域和精心选择话题，使不同领域在保持领域系统性基础上的横向关联、渗透产生了。领域间的渗透体现了不同领域经验的一种必然的、固有的联系，渗透使这些联系恢复和还原。当然，不同的话题可能与不同领域的关联程度是不同的，在同一个话题中，有些领域的渗透程度高些，有些领域的渗透程度低些。但是，一个真正反映儿童生活的话题必然能让所有领域产生关联。第二层次是一日生活间的渗透。幼儿园课程的渗透不只是话题内的渗透，还包括一日生活中生活、专门的学习活动及游戏等环节之间活动和经验的渗透。幼儿园一日生活的各个环节都是课程实施的重要途径，一日生活中的有益经验就是幼儿园课程。关注一日生活不同环节之间经验的渗透，有利于幼儿的学习和发展。第三层次是活动中的渗透。活动中的渗透是课程渗透的关键。任何活动都可以实现领域间的渗透，没有不涉及其他领域只能进行某个领域学习的活动。对活动中具体、感性的经验经常无法也没有必要作领域区分，不同领域的经验有机联系在一起，幼儿获得的经验是整体的。活动内的渗透必须是有机的、随意的，而为渗透而进行的渗透则可能是漫无边际的，也可能是拼凑的。总之，领域渗透课程的成效取决于课程设计者和实施者的渗透意识。有渗透的意识、渗透的习惯、渗透的能力，是幼儿园渗透式领域课程实施者的重要素养之一。

（2）渗透式领域课程中美术领域与其他领域的相互渗透。

①关注儿童的艺术能力和艺术情趣的发展，并以此为核心，统整其他领域。当幼儿在欣赏一幅艺术家的绘画作品时，可以运用在科学领域与社会领域所获得的知识来帮助其理解绘画作品的内涵和意义。教师也可以运用具有相似情感表现的音乐作品欣赏、语言讲述、身体运动等方式，来帮助幼儿进一步加深对于绘画作品形式要素的理解。例如，欣赏民间年画《老鼠娶亲》时，可以播放具有喜庆色彩的唢呐曲，同时引导幼儿模拟《老鼠娶亲》玩角色游戏。当幼儿进行艺术创作时，可以利用科学领域、语言领域以及社会领域的经验帮助他们构思绘画作品的内容，创编音乐作品的歌词，通过自然界中各种景物的形状和色彩、各种声音以及各种日常生活用品的造型与装饰图案的感知经验，帮助幼儿学习各种艺术元素的创造性运用，以便真正发展其艺术创造能力与审美能力，提高其艺术创造意识和审美趣味。

②将艺术作为手段为幼儿在其他领域的发展服务。当幼儿在进行科学探索时，允许他们进行艺术化的想象，并启发他们用美术创作的方式描述出来（例如让幼儿画天气变化）。当幼儿进行体育锻炼时，为他们选择合适的音乐作品，以培养他们有节奏运动的能力。在健康活动中，色彩鲜艳、造型生动的蔬菜等形象有助于幼儿对此产生亲近感。在语言讲述时，运用图画的方式，可以更直观地帮助幼儿理解文学作品的意义和情感表现。而欣赏各种艺术作品对于幼儿获得有关社会生活的知识就更是作用巨大。

🔗 资源链接 5-2

绘本活动：我妈妈（中班）

活动目标

1. 仔细观察图片，理解画面所表达的内容。
2. 结合已有生活经验讲述对绘本故事的理解。
3. 感受"妈妈爱我，我也爱妈妈"的亲情。

活动一：谈话活动（晨间谈话或其他间隙活动的时间）

请幼儿带来一张妈妈的照片（可以是妈妈单独的照片，但最好是父母和孩子在一起的照片），谈谈自己的妈妈。谈话形式灵活不限，可以是个别幼儿向全班讲，也可以是小组间讲述，也可以是两三个好朋友在一起聊聊，教师根据需要可加入谈话。

活动二：集体教学活动

在教师引导下阅读绘本，观察画面理解其含义。教学中，可以用音乐（如歌曲《我的好妈妈》）帮助幼儿理解主题；可以通过表演的形式表现妈妈的本领；可以让幼儿结合自己的妈妈讲述对绘本的理解。

活动三：区域活动（美工）

在美工区，幼儿自由选择美术工具、材料和形式。可以用绘画、添画的形式画出妈妈的形象；可以用粘贴或剪贴的形式表现妈妈的本领；可以用装饰的方法美化妈妈的照片；或者手工制作照片的相框等。

案例分析

绘本是以图码为主、语码为辅（甚至完全没有语码），展现儿童视域中的审美世界图景，并能与学前儿童这个接受主体产生积极的、有意义的互动效应的一种读物。它作为一种以图画为主要表现内容和形式的读物，构图巧妙、造型生动、色彩优美，对于幼儿具有很大的吸引力，其中富含节奏韵律感，幽默诙谐，拟人夸张的语言也符合幼儿语言的年龄特点。而绘本中与生活经验密切相关的故事情节能够引起儿童的情感共鸣。

从美术教育与其他教育整合的角度来看，绘本的价值得天独厚，因此成为整合常见的载体之一。当教师以绘本为主题开展活动时，以下3个方面的教育价值往往互相关联，浑然一体，非常好地体现了整合的意义。

（1）绘本的艺术性。每一本经典的绘本都是由精彩的图画构成的，在一幅幅线条流畅、色彩斑斓的插图中让幼儿能真切地感受到绘画作品所要传达的美感。有些绘本还采用剪纸、水彩、油画等各种形式绘画，已经成为一种综合艺术品，有很高的审美价值。

（2）绘本的文学性。图片是一种直观的书面语言信息，具有图解文字的功效，更容易被幼儿接受和理解，借助于图片经验采用文字配对的方式建立相应的联系，能达到理解和阅读的效果，读图的过程同时也是幼儿发现探索的过程。

（3）绘本的认知价值。图画书的内容包罗万象，举凡天文、地理、历史、人文、社会、自然、科学等种种常识皆有所描述，对阅历不多、经验有限的孩子而言，它犹如百科全书一般，提供各种观察性、思考性与感受性的认知学习经验。

正因为绘本提供给幼儿的发展空间非常广阔，所以教师有较大的选择与延伸的自由。上述绘本活动"我的好妈妈"，以"妈妈"为话题，主要渗透了美术、语言、社会三个领域的经验。更有意思的是，当笔者欣赏幼儿在区域活动完成美术作品时，能够清楚地看到幼儿受绘本启发的有趣细节：在妈妈的衣服上、头发上、饰品上、家具上、作品背景上出现了一颗、两颗、一串，大大小小不同造型的爱心图案，还有用爱心整体圈起的图画。这就是幼儿以美术语言进行的情感表达。

🔗 资源链接 5-3

以审美教育为中心的生态式教育

（节选自屠美如《以审美教育为中心的生态式教育》，《幼儿教育》，2002年第4期。）

融合式课程是南京师范大学美育中心主持的实验研究课题——生态式教育研究的成果。该课题在后现代教育思想指导下，将哲学、文化学、美学、生态学等理论运用到儿童教育中，模仿自然的生态系统，将原有的单科教学重新组合，使之建立一种互生、互补、交叉融合、持续发展的生态关系，并以审美教育为突破口，用爱、美、生命的人文主义精神，对儿童进行整体性、融合性、开放性的生态式教育。这是对传统封闭式、分科式教育的挑战。它对当前贯彻《纲要》精神，进行幼儿教育的改革具有一定的参考价值。

现代美育提倡融合式教学，主张在各种知识之间、知识与主体之间建立起一种生态系统，使之成为紧密联系的一个有机整体；主张在教学中把知识、道德、审美融合起来，在相互碰撞、对话和交融中生成智慧，从而培养出头脑灵活、充满自信、具有创造性的智慧型人才。也就是说，这样的人应当是一个全面发展的，既有丰富敏锐的感受和直觉能力，又有抽象思维和理性思考能力的、个性完美的人。

为了将幼儿园语言、数学、科学、音乐、美术、体育六门独立的课程构成相互交叉融合的整体性课程，笔者参考了康德对认识、伦理、审美等三个不同领域的区分及哈贝马斯对三个领域的解释。他们认为，认识与外部世界的客观物体有关，伦理是社会领域中的各种规范，而审美则与内在的自我世界相联系，每个领域都有其独特的含义和理论。据此，笔者将六门课程归并为三大领域：社会、科学、艺术，同时以审美教育为中心，统整语言、数学、科学、音乐、美术、体育等分科体系，实现各科之间的融合。

融合式课程在目标上有三大特征：①在社会领域中，突出"爱心"。②在科学领域中，突出"生命"的搏动。③在艺术领域中，突出"美"的体验。不纯粹进行艺术技法教育，而是通过艺术欣赏和创作的相互融合和渗透，来达到提高儿童的审美感觉和艺术创造能力的目的。

在教学组织形式方面，笔者提出以主题为核心，在一个单元时间内（一周或几周），围绕主题设计各科教学，这样既保持了各科的特点，又使各科之间相互支持、相互补充、交叉融合，共同构成一个较为完整的体系。

在教学过程中，须将审美内涵贯彻始终。审美教育采用两种方法：一是智性的、灵性的、悟性的，也就是智慧的启迪；二是情性的、德行的，也就是情感的陶冶。这里着重抓以下三个方面。

（1）发现与探索。融合式课程的主题，教师可以根据教育目标、教育大纲和儿童已有知识水平来设计。教师根据主题创设环境，提出一些令儿童激动的问题，使儿童产生探索的愿望，主动地发现、主动地寻找解决问题的办法。融合式课程的主题也可以直接由儿童提出，教师给予支持并逐步加以完善。但无论采用何种形式，都必须让儿童积极地投入，自我发现、自我探索，运用自己的智慧解决问题。

（2）通过游戏来沟通。在游戏中，各种学科知识之间没有具体界限，师生之间也可以不存在界限。融合式课程的主题可以从社会领域、科学领域切入，也可以从艺术领域切入。在活动过程中，教师要随时根据儿童产生的新问题，不断调整策略，用艺术的方式组织儿童活动，使儿童沉浸在兴奋、欢乐之中，感到自己不是在上课，而是在主动地做游戏。

（3）亲身感受和体验。亲身体验能使儿童形成一种敏锐的选择能力。儿童在参加各种活动的过程中，可以找到"说"和"做"的最佳结合点，这种"做"是带有审美色彩的做。通过审美活动，可以刺激儿童的头脑，使他们创造性地活动，获得新的知识，产生新的思想。

在教学原则方面，笔者提出了以下几点。

（1）对事物塑作性把握的原则。也就是不切断事物的有机性联系，从事物与事物之间的联系中，求得事物运动、变化、发展的规律，洞悉事物的本质。

（2）创造和创新原则。以审美教育为中心的融合式课程，要求教师必须以不断探索的精神，将各方面的知识渗透到文化和社会生活各个领域中去，使之与儿童的生活经验融为一体。儿童不是被动地接受，而是主动地创造，并在与自然、社会共生与互生的对话中生成新事物，产生新经验。艺术和审美代表着活力和生命，自然也是有生命的，两者的相互交叉、渗透，不仅丰富了儿童的审美情趣，提高了儿童的审美能力，也增强了儿童对科学的兴趣，激发了他们科学创造的潜能。……智慧的头脑，加上一双会发现美的眼睛和一双会创造美的手，可以造就具有理性与感性相结合的综合型智慧的人才。艺术和审美丰富着人的精神，它作为教育人的自我教育的方式，与社会实践紧密联系，使人变得更加完善，使世界变得更加美好。

在教学方法的改革方面，要特别注意对话法的运用。……对话是一种平等、开放、自由、民主、快乐、和谐、富有情趣和美感、时时激发新思路和新思想的交谈。它的主要特征是：①师生双方积极参与，而不是被动接受对方意见。②师生处于平等的双向交流地位，彼此充满爱心、信任，倾心地交谈。③教育者不急于说出自己的看法，而是让自己和被教育者都处于一种无知状态，通过敞开心扉的交谈暴露自己的想法，有一种去经历一场有趣的冒险的感觉。④对话中，要打开封闭式思路，使儿童感到新鲜、惊奇、激动、振奋，产生努力探索的愿望，并发现新事物，产生新思想。⑤对话不是为了掌握一套死板的知识，而是想知道：事物是什么样子的？何以成为这个样子？对话是发现真理的重要途径。在融合式课程中，各科之间的界限打破了，师生之间的界限打破了，对话双方的视野在融合中超越了双方原来的境界。对话是一种撞击，它使沉睡中的潜力在碰撞中引发出来，从不平衡走向新的平衡。

第二节　学前儿童美术教育与音乐教育的整合

一、学前儿童美术教育与音乐教育整合的方式

在幼儿园的五大领域中，美术和音乐同属于艺术领域。音乐与美术是实施美育的两大学科，作为艺术的不同表达形式，前者通过线条和色彩诉诸人们的视觉感官，后者通过韵律和舞蹈诉诸人们的听觉和视觉。现实的艺术活动中，所谓音乐中的画面和绘画中的音乐感，往往是艺术家们经常谈论的问题。人们在欣赏、谈论艺术作品时，也常常会说，这首乐曲简直像一幅美丽的风景画，或者说，这幅画简直像音乐一样迷人，这是在长期艺术实践和艺术感受中形成的一种感性的艺术经验。

音乐与美术这两种艺术在材质与表现上有一定的差异，但两者在表现人的思想感情和让人的内心产生共鸣上是一致的。艺术家们一直在探索音乐与美术的联系与整合。俄罗斯画家康定斯基曾说过，"绘画是视觉的音乐"。由于音乐与美术在意义、色彩、旋律、节奏等方面存在诸多的内在联系，因此，画与音是可以互相融合的。在美术教学中，选择相应的实施策略，利用音乐手段辅助美术教学，反之也同样，艺术教育内部的融合，对培养幼儿的审美能力、创造性思维能力，实现教学的目标和任务有着积极的意义。

艺术融合的本质是美的融合，美术教育与音乐教育的整合不是把美术和音乐简单相加，而是融合美术与音乐在审美感情上的共鸣，支持幼儿的艺术学习。在艺术领域的整合中，已经出现了不少有价值的探索，以下介绍一下具有代表性的艺术综合教育。

（一）艺术综合教育中对幼儿审美的培育

审美过程是主体对客体的形象、色彩、音响、韵律、节奏、流动感、和谐、秩序等情感的表现性感知，感受到生命的运动，产生激情和想象，情绪情感能在映象中得到体现。

（1）积累非审美的认识经验、实用经验、社会交往经验和情绪经验，丰富现实性表象，为感知的定向（在对象中有熟悉的成分更能引起注意）、为理解和想象的进行、为情感的产生提供丰富的源泉。

（2）师生共同创设审美艺术化的环境。可以选择贴近生活的题材进行艺术创作，用创作成品布置环境，也可以把生活常规提升为艺术的表达方式。

（3）系统地开展以艺术品为媒介、以审美欣赏为核心的实现多元价值的艺术欣赏和艺术创造活动，将自外向内的艺术再加工和自内向外的艺术创作实践有机结合，改变过去重内容轻形式、重模仿轻创造、重制作轻欣赏的倾向，使审美心理的各个方面从对立走向统一互补。为此，在组织艺术欣赏时，有两个重点：①把渗透在其他事物中或艺术中的形式审美特征——对称、均衡、重复变化、对立统一等加以突出，使其与儿童的意识层面相互作用，从而提高儿童对形式审美特征的直觉敏感性和迁移应用的有意性。②把蕴含在艺术形象中的社

会情感模式加以突出，使主客体的情感交流从潜意识层面发展到意识层面，将作品的情感基调或人物的内部情感作为儿童识别、观赏、匹配、表现和重新建构的对象，并在观赏、表现、重建中，使儿童的主体情感获得更丰富的体验。

（二）艺术综合教育课程的编制

艺术教育的任务，必须从人的整体发展出发，从素质教育入手，从研究儿童的审美心理结构的构建入手（而不是从艺术的技术培养入手），使人的整体人格与自然、社会协调一致，与当代物质文明相对应、同步发展。综合性艺术智慧是存在的，美术、音乐、文学三种艺术形式存在着某些共同的审美要素，它们之间可以通过审美直觉、情感同构而相互迁移、渗透和沟通。儿童艺术心理的发展是在不间断的教学过程中逐渐完成的。用艺术综合教育的形式，加强艺术情感教学的力度，就有可能促进综合性智慧的发展和审美心理结构的建构。

艺术综合教育课程与传统的注入式学科教学课程不同，它是以开发与培育主体内在的、内发的价值为目标，以人为中心的课程，同时还吸收了以学问为中心的课程中的某些精髓。从教育目标的角度来看，艺术综合教育是要利用最富人性的学科，充分发掘儿童的感性潜能达到个性自我实现和全面发展；从教学方法的角度来说，主张在自由气氛中，在师生的相互信赖和尊重的条件下，摒弃教师的强制性教学，以儿童为主体，把儿童的兴趣、需要、经验摆在重要地位；从教材的组织结构来说，强调学科的综合性和课程的整体性。

二、学前儿童美术教育与音乐教育整合的实施

在学前儿童美术教育与音乐教育的整合实践中，艺术综合教育课程的实施基于艺术领域的特点，具备较好的指导价值。

（一）分析提取同构的要素

（1）不同艺术品之间内容情感表现的相似性，使主体产生情感的态度和体验的相似性。无论是音乐还是美术，只要作品的情感基调相同，主体在欣赏时都会产生相类似的情绪体验。音乐、美术和文学三种艺术形式都可以通过各自不同的情感符号表现人物的相同类别的情感或情绪。在绘画中，用线条或色彩以及不同造型表现。音乐的形象和情感都是不确定的，在强烈的情感体验中常常会勾起与自己相类似的情感记忆的浮现，而产生可视性形象。

（2）艺术构成要素唤起主体的情意象征的沟通性。主要包括：①色彩的情意象征性。例如，绿色象征大自然的勃勃生机，象征和平，给人安全、温馨、宁静、纯真的感受；黑色象征死亡、危险，使人产生恐惧、压抑等体验。但是，色彩与心灵之间的同构关系不是一一对应固定不变的，色彩的象征及其偏好，受民族、个性、个人习惯和具体心境的影响。②线和形的情意表现与内心体验的沟通性。例如：用竖直线表现挺拔、坚毅、呆板、凝固；用水平线表现平静、沉稳；用精直线表现沉重、有力；用细直线表现轻快、灵活；用曲线表

现柔和、流动、委婉、轻盈、优雅、机敏、狡黠；用放射线表现开朗、伸展、高兴、生长的活动；用正方形表现稳定、刚直、呆板；用按黄金分割的长方形表现适当、舒服。③节奏。节奏的不同组合及其变化，既表现作品情绪的起伏，也能引起欣赏者的情绪变化，如缓慢的节奏可引起舒缓、平和、疲劳、沮丧的感觉，快速的节奏使人兴奋、活跃、紧张、焦急。④声音和旋律。声音有高低、强弱、长短、顿挫、连绵、纯杂之分。对不同声音的处理，能表现不同的情感。旋律与节奏是构成听觉艺术的重要元素，与主体心理结构中的不同情感模式直接对应。例如，听到进行曲使人振奋激昂，听到轻音乐舒畅柔和，欢快跳跃的音乐令人喜悦，低沉缓慢的音乐使人伤感、凄凉等。而这些情感都会与欣赏者的经验相联系，在脑中产生视觉表象，因此，旋律与节奏一样，构成对音乐形象的象征性。⑤力度与方向。任何一种元素在整合成艺术品时都表现了力的强弱运动变化及其走向，是上升的力还是下降（沉）的力，是递增的力还是递减的力，是对抗的力还是调和的力，是聚积的力还是扩散的力，是张扬的力还是萎缩的力。力的运动模式决定方向的变化，例如张扬的力，其方向必然是上行的、步步加强的或向外放射的。不同的力的模式及其走向都与特定的情感结构达到同构。

（3）形式美法则在艺术品中具有普遍适用性。此时选取幼儿能感受和适应的若干法则加以引用，包括：①对称与均衡；②重复与变化；③整齐一律和多样统一。

（二）制定分层次的同构活动的目标

本课程中的同构能力从最低水平到最高水平分成三个等级。低一层次的能力是高一层次能力发展的基础，高一层次的能力发展又整合着低一层次的能力。值得指出的是，这三个层次的目标，不是小、中、大班的对应性目标。儿童艺术能力反映在不同班级中差异很大，起点较低的班级可以完成低中级的目标，起点较高的班级可以完成中高级的目标。艺术能力的个别差异也很大，同一个班级中，不同儿童可能要分别完成不同的目标。但是能力发展与年龄阶段存在着密切关系，要为每个孩子营造宽松的氛围，让他们按照自己的速度得到最好的发展。

（三）确定同构活动的内容

（1）同形同构。坚持以直觉体验为基础的艺术作品之间的形式共同构成"同形同构"，包括色彩、线条、构图、音韵、旋律、节奏等要素，夸张、拟人、象征等手法构成的整体画面。这些结构虽然普遍存在于各种艺术形象之中，但其表现的鲜明程度是不同的。在美术作品的视觉审美特征和音乐中的听觉审美特征表现得十分鲜明。根据这一特点，形式同构应以显性形式带动隐性形式进行感知、体验、识别、创造，如"对称"这一结构特征，绘画中最直观，宜在绘画欣赏和绘画操作中进行内化，再去同化音乐、文学中的对称现象。

（2）异质同构。"同形同构"是客体审美形式结构的相似性的感受与识别，"异形同构"

是指各种形式结构能够引起主体的不同的情感体验之间的对应性、沟通性。情感是通过形式表达的，任何形式都蕴含着特定情感才成为艺术的，所以"异质同构"与"同形同构"是不可分的。在具体操作中，这两方面的同构往往交织在一起进行。

（四）建构同构活动的过程

（1）根据同构目标选择教材。选择教材是进行同构活动的重要方面。一般来说，不同的教材在实现同构目标方面各有侧重。形式同构一般都以美术、音乐为核心教材，而内容情感同构一般以文学、美术为核心教材。

（2）梳理核心教材中的同构要素。例如，《树妈妈和树叶娃娃》有两大同构要素：一是情感的对称性发展，以树叶妈妈为情感主线，构成了从欢乐幸福到伤心孤独再回到欢乐幸福的完整情感变化过程。二是这一情感的变化正好构成了整体结构上的三个段落，又可以进行ABA结构的匹配。在音乐美术的作品里，也有同构要素。

（3）根据同构目标选择不同切入口。可以从音乐欣赏切入，感受、理解和表现作品的旋律和节奏，继而发现文学和美术中的类似特征；也可以从美术欣赏切入，感受对称、均衡、重复变化、多样统一等整体画面结构，继而发现在文学和音乐中的类似特征；还可以从文学欣赏切入，感受作品中形象丰富的情感类型，再带着文学的情感经验和丰富的想象，欣赏美术和音乐，从而对美术、音乐中的社会情感产生联想、想象、感受、体验、移情和创造出新的形象。

确定同构目标和切入口之后，就要考虑怎样呈现作品的同构点，使其凸现出来。同构活动的过程大致都有三个层次：①感受层次。感受和体验同构点特征全貌，可以通过许多方法，如讲述、音乐、绘画和动作参与等凸现作品的审美的特征，引起儿童的感受。②选择、匹配、理解层次。在1~2种作品中取得经验后，用已知的观念或形象去匹配求知的相似性形象，使已知与未知相互作用。

（4）同构活动的经验准备和时机。同构活动中，对三种艺术形式共同审美要素的感受和沟通，必须在已知和未知材料中进行，必须让儿童以某一领域的审美经验去同化和顺应其他领域的审美信息，因此为儿童准备分领域的审美经验是很重要的。

教师适宜地掌握同构时机也十分必要。在艺术综合教育的课程体系中，分领域课程具有相对的独立性，同构课程是穿插在不同的连接点上进行的，不是什么活动都必须进行同构，也不是什么同构都必须把几个领域硬拉在一起。实际上，在同构活动之前，还有许多分领域的活动和低一层次的同构活动。教师必须从目标、材料和儿童的基础几个方面考虑确定时机，其宗旨是使各领域的审美要素在综合中有助于儿童的审美加工，而不是互相干扰。

最后，在艺术领域的教学中，美术也经常作为工具出现在艺术活动中，这里谈谈图谱的使用。图谱是音乐教学活动中经常运用的辅助教学工具，它是一种视觉符号，也是一种材料，它可以把音乐材料简单化、形象化。教师在音乐教学中有效地运用图谱能在欣赏活动中有助于提高幼儿的听赏能力，启发幼儿在理解图谱的基础上掌握旋律、节奏、结构等。在音乐欣赏过程中能帮助幼儿更好、更充分地感受音乐形象和音乐结构性质。

在图谱的设计中，遵循各阶段幼儿身心发展状况及音乐能力发展的不同水平的原则，小、中班的幼儿多用简单、生动、具体造型的图画，大班的孩子可逐渐增加符号、几何图形、呈现音乐乐器的造型等；其次，歌曲中图谱提示的内容不需要将音乐的每一个细节都呈现出来的原则，而是呈现音乐最显著的概念或架构，使幼儿对音乐有个整体的认识，引领幼儿在图谱的导引之下，通过"耳听目视"，将声音与符号、乐理相联结。例如，抒情的歌曲，需要用轻柔、舒展的声音来表达，就可以画上柳枝、流水、波浪的线条等；表达欢快、活泼的歌曲，要求唱得轻快、跳跃的，就可以用小鸟、小雨滴或小白兔、小松鼠等轻巧跳跃的形象来表达；要求唱强音的地方把图形画大些或色彩浓些，弱音的地方则画小些或色彩淡些。还可以用简洁明了的图画、符号、文字的方式表现图谱，如：用↗表示旋律线的向上走向，↘表示旋律线的向下走向，△表示快，▼表示慢，○表示弱，●表示强，★表示情绪高昂，等等。

有效的图谱应当是科学和具体形象的，设计必须符合音乐材料的结构、内容和情绪，有一定的意义。比如：中班幼儿打击乐活动《土耳其进行曲》，许卓娅教授的《打击乐教学活动》中对这首曲子的图谱设计得很合理，图谱将小熊改成了士兵，在第一段音乐结束时，放一个扛着枪神气走路的士兵，幼儿很快就能理解乐曲还没有结束，还要继续下去，在音乐完全结束时放一个敬礼的士兵，表明士兵停下来不走了，那么幼儿也能很快从前面推理出来乐曲的结束。再如，在欣赏乐《狮王进行曲》中，狮王走路的音乐用狮王的脚印来表示，狮王大吼的音乐用弧形锯齿，幼儿在音乐背景的烘托中，再加上图谱的帮助下就很容易联想到音乐表现的情景了。在打击乐中，图谱的设计既要考虑图谱和音乐的匹配，又要考虑图谱和乐器的搭配等。例如：在打击乐《土耳其进行曲》中，表示小铃的用"，"表示，而且还用疏密大小来表示音乐的快慢和强弱，表示串铃的用"＿"表示，并且用长短来表示乐句的长短，表示木鱼的用"•"表示，这些不同的抽象符号也区分了音乐性质的不同。

🔗 资源链接 5-4

美术活动：快乐的舞蹈（小班）

（本活动教案来自《幼儿园渗透式领域课程（小班下）》，有少许改动；教学活动图片来自南京市锁金村第一幼儿园论坛，详见http://www.xici.net/d200698010.htm.）

活动目标

1. 运用身体同构的方式学习画、波浪线以及螺旋波浪线等几种曲线，以表现小动物的动态。

2. 迁移生活中的观察经验以及对电脑课件的感知，体会用身体、手指、画笔"跳舞"的乐趣。

活动准备

1. 日常生活中幼儿观察过螃蟹、金鱼、蜜蜂等小动物的活动,特别是他们在爬、游、飞的动态。

2. 制作课件(螃蟹、金鱼、蜜蜂等的动态及其留下的痕迹)并配上儿歌。

3. 幼儿人手一盒蜡笔和画纸(已画好螃蟹、金鱼和蜜蜂)。

4. 幼儿用书:《快乐的舞蹈》。

活动过程

1. 欣赏动画,引起幼儿兴趣。

(幼儿边欣赏课件边听教师念儿歌。)

教师:小金鱼,尾巴大,摇摇尾巴游呀游。小蜜蜂,来跳舞,圆圈舞呀真漂亮。小螃蟹,力气大,东爬西爬找朋友。

教师:有哪些小动物来和我们做朋友呢?他们是怎么来的?

(尝试用动作表现动物形象。)

教师:谁会用自己的身体来做一做他们跳舞的样子?

幼儿用身体动作自由表现,教师用语言加以描述。(小金鱼是一弯一弯跳舞的,小蜜蜂是一个圆圈一个圆圈跳舞的,小螃蟹是一折一折跳舞的。)

2. 引导幼儿用手描绘小动物们不同的行动轨迹。

教师:想不想和小动物们一起来跳舞啊?我们用小手在空中画一画他们是怎么跳舞的。(重复上述语言描述)。

3. 幼儿绘画,教师指导。

(教师出示画有小动物的画纸,引导幼儿画出各种曲线。)

教师:今天每位小朋友都邀请到了三个小动物来和我们做游戏,我们边念儿歌边来画一画他们是怎么跳舞的吧。

幼儿绘画(图5-1至图5-4)。

图5-1

图5-2

图 5-3

图 5-4

4. 展示幼儿作品，欣赏与评价。

教师：请幼儿互相说一说，哪个小动物最快乐。（一弯一弯跳舞的是小金鱼，一个圆圈一个圆圈跳舞的是小蜜蜂，一折一折跳舞的是小螃蟹。）

案例分析

本活动的主要目标之一是学习绘画表现的技能，即几种线条的描绘。但更值得关注的是用什么样的方式来引导幼儿学习，与以往"示范－模仿"式的学习要求，教师更重视幼儿的可持续发展能力的培养，即重视幼儿的学习策略。

活动准备关注幼儿的日常经验，通过动画的形式将这一日常经验清晰化为当前感知的一种动态方式，符合小班幼儿的年龄特征。

整个活动中，教师充分运用了"身体同构"的方式，让幼儿用自己的身体动作来感受曲线的特征，学习艺术的表现手段，同时也为幼儿的想象创造了空间，使幼儿在整个活动中体验到艺术表达的快乐。同时，也充分体现了艺术领域中舞蹈语言的身体姿态与美术语言的线条之间的同构整合。

🔗 资源链接 5-5

艺术活动：猜猜我是谁（中班）

（本案例由泰州学院附属幼儿园黄益梅老师提供。）

活动目标

1. 用接唱和对唱的方式演唱歌曲，能独立地按节奏创编歌词。
2. 能够用绘画表达动物的主要特征，并进行创编，体验创作的乐趣。

活动准备

1. 图片若干张。
2. 水彩笔。

活动过程

1. 熟悉歌曲内容，尝试用歌曲唱出答案。

教师：今天老师带来一首有趣的歌，请你们仔细听，猜猜看歌里唱的是谁呢？

（1）出示图片：脑袋圆圆的，眼睛亮亮的，猜一猜猜一猜，猜一猜猜一猜，你们大家猜猜看，这是什么动物？你们能猜出歌里唱的是谁吗？（幼儿可能回答：人，小兔子，小狗等。）

（2）教师：脑袋圆圆的，眼睛亮亮的小动物还真不少，怎样能让别人听明白呢？（说清楚动物的主要特征。）

请几位幼儿根据兔子的图片尝试编歌词（如耳朵长长的、走路蹦蹦跳、眼睛红红的……）。

（3）学唱歌曲。

要求：第一段唱谜面：脑袋圆圆的，眼睛亮亮的，耳朵长长的，喜欢吃青菜。

第二段唱谜底：猜一猜猜一猜，猜一猜猜一猜，我猜我猜这就是小白兔。

采用分组对唱和分组接唱的方式，重复数次。

2. 添画动物。

教师：下面猜的动物要变了，你看，这里有很多圆脑袋大眼睛的动物脑袋，它们会变成谁呢？请大家4人一组，在动物头上添画几笔，画出一个不一样的动物。

幼儿4人为一组，每组一张动物头、一支水彩笔，商量后画出动物。

3. 仿编歌曲，开展谜语游戏。

教师：每个小组根据你们画的动物编好歌词，唱给其他组来猜谜底。

活动延伸：区域游戏。

在美工区投放工具，让幼儿先谈论画出其他类别的谜底，再创编歌词，和朋友对唱。

案例分析

作为一节艺术领域的集体教学活动。本活动通过熟悉歌曲，创编歌词，开展谜语游戏，总结动物主要特征完成添画，进一步将画面转化为歌词。它有两个比较明显的特点：

首先，对于大班幼儿来说，歌词创编和添画活动都不陌生，他们已经具备了不少相关经验。在此基础上，两种艺术形式的相互转化成为重点，这是本活动给予幼儿的新的经验。幼儿需要在完成美术作品后，将美术语言转换为音乐的歌词表达出来，这其实也是一种支架，即用美术的支架来帮助幼儿创编歌词，儿童认知发展的直觉形象性使其很难凭空想象和创编，有了画面之后，幼儿更能够达到创编的教学目标。接着，幼儿还要尝试结合他人作品中画面和歌词的双重信息，推测信息传递的谜底。在这里，艺术形式的整合成为重点。

其次，在音乐和美术这两类艺术形式的整合中，起到中介和桥梁作品的是游戏。猜谜游戏很好地调动了幼儿的兴趣，乐于接受挑战，绞尽脑汁地创编出与他人不同的内容。这使得整个活动充满了愉悦和有趣的气氛，艺术形式的整合过程也显得浑然一体，没有生硬和拼凑的痕迹。

🔗 资源链接 5-6

美术活动：缠线（大班）

（选自《儿童美术欣赏教育研究》，教育科学出版社，2001年版。有少许改动。）

活动目标

1. 欣赏莱顿的作品《缠线》，体验其中恬静的自然风光及黄色主调下的温暖和谐之感。

2. 通过找出画面中的数条横线和人物的三角、纵向线和S形曲线，在画面的稳定感中体验人物娴雅的动态。

3. 热爱生活，愿意用画笔来表现生活的美好、安详。

活动准备

1. 教学挂图：《缠线》；水粉、水粉笔、纸、油画棒。

2. 幼儿已会唱歌曲《鞋匠舞》。

活动过程

1. 出示教学挂图，教师和幼儿一起欣赏莱顿的作品《缠线》。

（1）引导幼儿仔细观察画面。远处是什么？近处是什么？她们是谁？她们在干什么？

（2）引导幼儿感受画面中的色彩美。什么地方美？颜色还是人物？为什么？什么颜色最多？为什么画里有很多的黄色？太阳照在身上是什么感觉？

（3）引导幼儿感受画面中的稳定与动态。你能找出画里的线条吗？直线、三角形给你什么感觉？S形曲线又给你什么感觉？

2. 教师与幼儿边唱《鞋匠舞》边表演，感受劳动的快乐。

教师：我们也学过一首快乐的绕绕线歌，一起来唱一唱，绕一绕吧！

3. 幼儿创作，教师鼓励幼儿选择一件快乐的事情来表现，要求有一定的背景。

请你在画面的远处画一些简单的背景，并说一说画面中的人物。你可以选择先用油画棒画出人物，再用水粉画背景，也可以直接用水粉来画。

4. 展览幼儿作品，鼓励幼儿介绍自己作品中最多的色彩或线条，并简单说明意图。

幼儿的创作不应该受到教学活动时间的限制，活动过程中环节3、环节4可与区域活动结合，或相应地延长时间。

附：莱顿《缠线》（图5-5），歌曲《鞋匠舞》（图5-6）。

案例分析

美术欣赏是运用感知、记忆、经验、知识，对美术作品进行感受、体验、分析、判断，而获得审美感受和美术知识的过程。《缠毛线》是画家洛德·莱顿于1878年创作的油彩画，描绘了有一定背景和情节的动态人物，比较容易被幼儿所欣赏、理解、接受。但是，描绘景物的横线和构成人物的三角、纵向线和S形曲线的组成所带来的稳定感和秩序感，以及黄色的主调所带来的温暖、和谐的感觉，是需要教师引导幼儿去体验和感受的。

图 5-5　　　　　　　　　　图 5-6

　　教师首先用对话的方法，引导幼儿通过观察这些人物的神态和身体动作以及从人物所处的具体环境及整个画面的色调、构图等方面来感知作品。接着通过表演歌曲《鞋匠舞》来帮助幼儿进一步理解作品的内容和情感。"缠线"对于现在的幼儿来说，并不一定存在于日常经验之中，而《鞋匠舞》中清晰明了的肢体语言"绕、绕、绕"以及劳动的快乐与画面的内容形式和情感比较类似，有助于加深幼儿对作品的理解和感受。另外，也使欣赏活动动静结合，避免幼儿坐在座位上看看说说的时间过长而失去兴趣，脱离情境。

　　本案例中，美术和音乐具备了某些同构的因素，能够产生通感，各种感官共同参与对审美对象的感悟，达到艺术教育的目的。这也是艺术领域，尤其是艺术欣赏活动中常见的整合方式。比如欣赏音乐作品时用画面来导入或帮助幼儿理解歌词及歌曲表达的情感，美术作品欣赏时选择合适的背景音乐帮助幼儿进入画面的意境，等等。

第三节　学前儿童美术教育与其他领域教育的整合

一、学前儿童美术教育与其他领域教育整合的方式

　　紧接第二节的内容，这里讨论的是美术教育与除艺术领域之外的幼儿园科学、社会、语言与健康领域的整合。正如《纲要》所指出的：幼儿园的教育内容是全面的、启蒙性的，可以相对划分为健康、语言、社会、科学、艺术五个领域，也可作其他不同的划分。各领域的内容相互渗透，从不同的角度促进幼儿情感、态度、能力、知识、技能等方面的发展。

　　《纲要》的精神是幼儿园课程整合的依据，但笔者也愈加认识到，整合不是拼盘。例如，儿童没有个别学科知识的概念、基础与结构，将不易理解学科之间知识的相关性，也无法运

用逻辑与分析的探究方法来处理问题的不同层面。拼凑式的综合活动不仅肢解了课程知识，而且也肢解了儿童有意义的学习。

整合本身并不是目的。从整合的初衷出发，为了促进儿童获得完满的学习经验和健全的人格，教学的内在目的与价值功能须得到认可。一方面，在整合活动中需要以学科知识的整体性作为有用的和必要的基础，因为比较系统的学科知识是促进整合的基础与前提。综合教学强调在尊重分科结构的基础上，注重课程领域内知识结构的重组以及在统一原理的基础上重新建构课程形态。在整合中应将学科知识视为资源，处理好学科知识之间的自然的、相对的和灵活的关联关系，进而配合主题情境、相关的探索活动以及儿童的学习需求。进行适当的安排，让学科知识进入生活，使得学习内容与儿童学习之间呈现一种有机关联的状态。另一方面，要在考虑儿童的心理发展、学习与生活状况的基础上安排学习内容的逻辑顺序。因为课程与教学"最重要的是帮助儿童生活，用适应目前生活需要的方法去达到将来生活中必会出现的事情"。

因此，在进行美术教育跨领域的整合时，不能无价值地将几个领域拼在一起就算整合，常见的整合方式有以下几种。

1. 生活经验的相互贯通

《3—6岁儿童学习与发展指南》中艺术领域的目标清楚地指向两个重要方面：一是感受与欣赏，二是表现与创造，并将培养幼儿艺术的兴趣、大胆地自我表现与创造作为核心内涵。艺术是一种表现性的活动，表现的是自己对生活、对事物的理解和感受，所以相互贯通的生活经验是领域间整合的切入点。

2. 学习经验的相互迁移

美术学习也是一种学习。因此，一般的学习规律是必须遵守的，一般的学习技能或策略也是必须学习的。诸如观察、模仿、练习以及思考和创造性表达的能力，都是可以在不同的学习中不断积累和相互迁移的。

3. 学习内容的相互关联

美术主要还是一种表达符号性的学科，除了与本学科的符号体系有关的学习内容以外，美术学习的其他内容不可能离开科学、健康和社会，所以，在学习内容上与其他领域相互关联在美术活动中是必然的。

4. 不同领域经验的相互借鉴

在艺术领域中，除了情感和生活内容的相互"比喻"或"类比"以外，形式美方面的共同性也很容易通过借鉴相互贯通。

5. 发展目标的共同支持

无论在美术活动中学习什么，都是为了帮助幼儿发展能够自主、自律、自我超越的人格特质。例如，在共同的美术创作活动中，形成能够热情投入、追求完美和与周围其他人、事物和环境和谐共享的态度等。

二、学前儿童美术教育与其他领域教育整合的实施

学前儿童美术教育与其他领域教育整合在具体实施过程中，具有强烈的多样性和灵活性。它可能是美术教育与语言、健康、科学、社会等某个领域的两两整合，也可能是三个甚至更多领域的综合，这一部分将结合具体案例展开研讨。

基于整合并不是目的而是促进幼儿全面发展的手段，很难提出具有普适性的整合实施策略，值得注意的是，教师在实施美术教育与其他领域教育的整合活动时，应当特别关注以下几个方面。

（一）制定教育目标应当考虑不同领域的关联性

与其他领域整合的美术教育活动体现的是幼儿经验的整体性建构，这就要求在活动中要调动幼儿各领域的学习经验，在这个过程中既习得美术经验，又习得其他领域的相关经验。因此，在制定这类美术教育活动目标时要充分考虑与其他领域知识、情感、能力目标的关联性及其对幼儿美术活动的价值。

（二）选择教育内容应当明了不同领域的渗透性特点

活动内容具有不同领域的渗透性，是美术活动与其他领域整合的具体表现。其他领域内容与美术教育活动内容间的有机联系对幼儿的美术学习有重要作用。例如，对于相关社会生活经验的讨论和分享，可以拓展幼儿的美术创作思路，提升幼儿的审美。各领域的渗透可使幼儿的美术教育活动内容更具趣味性、生活性，也可促使幼儿更加自然、自如、自主地投入到活动中去。

（三）运用教育手段宜以多样化的形式展开

与其他领域教育活动的整合，可使美术教育活动的形式更丰富多样。科学领域中的观察与实验、语言领域中的文学作品欣赏、音乐活动中的旋律感受、社会领域中的人际互动等活动形式可使美术教育活动更加生动活泼，可以促使幼儿运用各种感官参与活动，从而提高活动的有效性。为了最大化地实现与其他领域整合的美术教育活动的价值，教师宜充分利用各种教育资源。首先，教学方法要多样化。活动过程中可运用图片、视频、实物展示等多种手段，帮助幼儿感知、体验学习对象，习得必要的知识经验和表现方法，进而对学习对象进行整体感知和经验建构。其次，教育形式要立体化。与其他领域整合的美术教育活动应将"整合"的理念渗透到一日活动之中。教师要及时捕捉幼儿的兴趣点，例如，在散步、游戏、户外锻炼、郊游等活动中捕捉幼儿的兴趣点，及时引导幼儿感受自然世界的千姿百态、社会文化的丰富多元、人类生活的幸福美好，帮助幼儿积累起对"美"的感性经验。

（四）进行教育评价应当注重幼儿多元发展的价值

与其他领域整合的美术教育活动的评价，不只是对最后呈现的静态的美术作品进行评价，更应对教师在活动过程中是否关注不同领域内容间的内在关系，活动的组织和安排是否符合幼儿的年龄特点，能否使幼儿在活动中获得充分的体验、感知和表现，能否充分调动幼儿的积极性并帮助其迁移相关经验等进行评价。

总之，教师在设计、组织和实施与其他领域整合的美术教育活动时，宜基于幼儿已有的美术及其他领域的经验，以及这些经验之间的关联，创设合乎幼儿年龄以及认知和学习特点的环境，形成一种自然融合、有机联系、相互渗透的教育生态，这种教育活动不仅能满足幼儿美术学习的需要，也能帮助幼儿建构和完善其他领域的经验。

案例 5-1

综合活动：爷爷一定有办法（大班）

（本活动案例及图片由泰州学院附属幼儿园黄益梅老师提供。）

活动目标

1. 欣赏绘本，感受爷爷的聪明才智和故事中浓郁的亲情。
2. 根据故事内容，用撕纸的方式进行想象和创作。

活动准备

1. 绘本课件，毯子、外套、背心、领带、手帕、纽扣、箭头等图示。
2. 操作纸、笔。
3. 人手一本绘本，轻柔的音乐。

活动过程

1. 结合课件导入，激发幼儿兴趣。

（1）（出示PPT）你觉得这是什么？它看上去怎么样？你怎么知道的？

（2）（结合课件讲述故事开头部分。）为什么说这是一条奇妙的毯子？他旁边的这些人会是谁？他们好像在说什么？

2. 在看看、猜猜、讲讲、演演、画画中欣赏故事。

（1）（毯子变外套。讲述故事。）约瑟会请谁帮忙？爷爷做了什么？约瑟穿上了这件奇妙的外套，他的心情怎么样？爷爷心里会怎么想？旁边的小女孩看起来好像在说什么？

（2）（外套变背心。继续讲述故事。）这次爷爷又会有什么好办法呢？约瑟穿着这件奇妙的背心去上学，大家看见后一下子都怎么样？他们好像在说什么？背对着我们的约瑟又会是什么样的呢？约瑟的爷爷是位怎样的爷爷？

3. 撕纸活动：背心变变变。

（1）这次爷爷还能为约瑟变出什么奇妙的东西呢？

（2）请幼儿用撕纸的方式想象和创作"爷爷为约瑟变出的东西"，可以进行多次变化，并记录下来。

（3）集体和小组展示、交流：你们变出了什么？

4. 结合自主阅读，教师与幼儿共同讲述绘本故事。

（1）你们想知道故事里爷爷是怎么变的吗？我们一起来欣赏爷爷的聪明才智吧。

（2）一个叫菲比•吉尔曼的人把这个故事变成了一本美妙的图画书，让我们轻轻地打开书本，一起仔细看一看。（介绍书名《爷爷一定有办法》）

（3）奇妙的故事陪伴着约瑟，也陪伴着我们！很多年过去后，当约瑟长成一个大人的时候，回想起这个故事，他最想念的会是谁？还会想念什么？

5. 设置悬念，引导幼儿课后继续阅读。

你还有什么新发现？小老鼠和这个故事有什么关系呢？原来约瑟家的地板下住着小老鼠一家，故事中掉下来的布料被小老鼠用来装扮自己的家，它们同样过着幸福快乐的生活。下次我们再一起来欣赏这个大故事中的小故事吧！

活动延伸

在美工区提供操作纸，供幼儿进行撕纸创作。

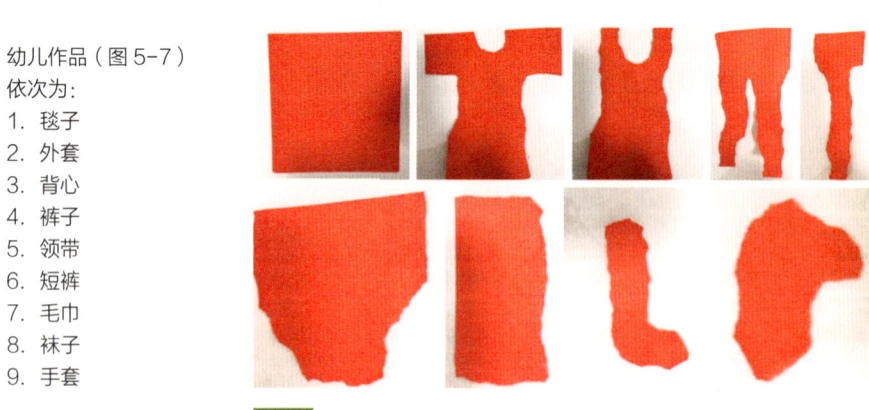

幼儿作品（图5-7）
依次为：
1. 毯子
2. 外套
3. 背心
4. 裤子
5. 领带
6. 短裤
7. 毛巾
8. 袜子
9. 手套

图5-7

案例分析

作为一个大班综合活动，设计者将故事阅读和美工创作有机地结合在一起。阅读和美工的整合浑然一体，毫无"拼凑"的痕迹，这是因为两者之间存在着至关重要的共同要素——"变"。或者也可以简单地解释为：故事内容中的剪裁，与撕纸这种美工形式的本质是一致的，都具备造型艺术的共同要素。所以这种整合是成功的。

此外值得一提的是，故事与美工的互相提示。幼儿不能凭空创作，绘本故事为幼儿提供了艺术经验和创作的线索。同样，幼儿的美工创作也有助于他们对故事内容、主线和创意的理解。在实际教学活动中，幼儿以高度的游戏热情一次次地将变得更小的纸张撕出新的形象——直到他们手中的纸片已经小到几乎拿不住。

活动中幼儿的美工创作也经历了一个发展的过程。第一次创作时，大多数幼儿最后的成果完全是自由心证——因为太小看不出形象，孩子们说是什么就是什么。之后在美工区域继续延伸活动时，他们有了更大的空间和更多的材料来挥洒自己的创意。同时幼儿的想象力得到了充分的发挥，他们在"逐渐变小的同类事物"这一隐形提示下，创作出一系列作品，如衣物系列（围巾、帽子、内裤、手帕、袜子、手套），还有家具系列、电器系列，甚至延伸到户外系列（蓝天、白云、太阳、月亮、星星）等。

案例 5-2

综合活动：小老鼠学画画（小班）

（本案例来自网络，有适当改动。）

活动目标

1. 倾听故事，在老师的引导下愿意表达自己的想法。
2. 理解故事内容，尝试用"小老鼠画了某颜色的某某"句式来完整讲述。
3. 在玩色游戏中了解色彩混合后所发生的变化，体验小老鼠学画画的快乐情绪。

活动准备

1. 绘本《小老鼠学画画》，小老鼠手偶。
2. 五种水粉颜料（红、黄、蓝、绿、紫）、画纸、画笔、纸团、海绵扑、塑料瓶。

活动过程

1. 出示小老鼠手偶，激趣导入。

（1）嗨，你们好，知道我是谁吗？（小老鼠）

（2）猜猜小老鼠住在哪里？一起去看一看吧！

2. 观察图片，讲述故事。

出示课件，提问：这是谁的家？（小猴家）小猴宝宝在干吗呢？

（1）颜色大猜想。淘气的小老鼠们骨碌碌地爬上了桌子。数数一共有几个小老鼠？

第一只小老鼠，扑通一声跳进了红色颜料桶里，看看它画了些什么？（学说句式"小老鼠画了某颜色的某某"）你还看见过红颜色的什么？（回顾已有经验）

第二只小老鼠看了真羡慕，瞧，它也扑通一声跳进了黄色颜料桶里。猜猜它画了些什么？（幼儿猜测，继续学说句式"小老鼠画了某颜色的某某"），还可以画什么呢？（回顾已有经验）

第三只小老鼠，扑通一声跳进了蓝色颜料桶里。它会画些什么？（幼儿猜测，学说句式"小老鼠画了某颜色的某某"）还有什么也是蓝颜色的？（回顾已有经验）

第四只小老鼠，会怎么样呢？它会画些什么呢？

（2）操作：教师提供画纸、画笔、纸团、海绵扑等，幼儿自主选择绘画工具，沾上绿色颜料大胆想象涂鸦。交流：我画了绿色的某某？

3. 玩色游戏

（1）教师：五只小老鼠一起开心地画画，猜猜这次会变出什么颜色呢？我们一起来试试。

操作：幼儿将装有红、黄、蓝、绿、紫的颜料自由混合，观察、讲述变化结果。

教师：五种颜色混在一起最后变成了什么颜色？（黑黑的）

（2）小结：小老鼠们将红、黄、蓝、绿、紫五种颜色混合在一起，把小猴家变成了黑色。

（3）小老鼠把小猴家变成了黑色，小猴子会喜欢吗？（PPT出示小猴生气的表情）该怎么办呢？（引出给小猴画新家，生成第二课时，或放入活动延伸）

活动延伸：区域活动——小猴的新家

提供大小纸箱、颜料、画笔等多样化绘画工具，纸箱就是小猴的家，幼儿在纸箱上涂鸦。

案例分析

根据幼儿的认知和思维发展特点，年龄越小，教育活动的综合性越强。本活动就很好地体现了这一点。在小班短短10～20分钟的集体教学中，认知与技能目标涉及美术（绘画）、科学（颜色变化）和语言（学说句式）三个领域，然而活动过程流畅自然，没有出现承载过重的情况，整合是成功的。

本活动设计过程中，领域整合的核心要素是"颜色"，以此生发出教育内容：①绿色涂鸦；②颜色混合的变化；③以语言为载体表达颜色。值得注意的是，这些内容立足于生活经验，也就是幼儿对世界和事物颜色的感知，因此能够达成有机整合。

生成的第二课时（包括活动延伸）更多地强调美术创作的成分。这种创作包括两个层次：①用不同颜色尽情地涂鸦（教学活动中只用绿色）；②用不同的绘画工具进行创作，比如废旧牙刷、报纸团、手、脚、水粉笔、海绵扑、棉签等。考虑到小班幼儿精细动作发展水平低下的特点，这些工具应当是简单而易于操作的。其中大纸箱作为小猴的新家的材料投放，最能引起幼儿的兴趣和创作热情。

案例 5-3

美工活动：圆柱体造型（大班）

（本活动案例来自《幼儿园渗透式领域课程（大班下）》，南京师范大学出版社，2005年11月第1版。）

活动目标

1. 初步学习将正方形、长方形纸卷贴成圆柱体。
2. 根据圆柱体的外形特征大胆想象，并运用剪贴、绘画等方法进行装饰。
3. 保持桌面、地面清洁，知道将废物等垃圾放到指定的地方。

活动准备

1. 幼儿在生活中认识过类似圆柱体形状的物体，如小桶、树干、热水瓶、杯子等。
2. 大小不同的正方形、长方形纸，彩纸、剪刀、糨糊、胶带、抹布。
3. 幼儿用书《圆柱体和圆锥体》。

活动过程

1. 出示一组圆柱体形状的物品，引起幼儿兴趣。

教师：这是什么？它们在形状上有什么不同的地方？

2. 引导幼儿尝试用正方形、长方形纸变成圆柱体。

教师：圆柱体怎么做呢？请你们用纸试一试。说说你们是怎么把一张纸变成圆柱体的？为什么有的圆柱体又短又粗，有的又细又长呢？如果我们需要更细的圆柱体该怎么做呢？如果我们需要更粗的圆柱体又该怎么做呢？（较细的圆柱体，可以直接卷搓；较粗的圆柱体，可以把长方形纸再加长。）

3. 引导幼儿根据圆柱体的外形进行想象。

教师：你们觉得圆柱体可以变成什么有趣的玩具？你还可以用圆柱体制作哪些我们生活中常用的东西？怎么让它更像呢？圆柱体两头是通的怎么办？需要用到哪些材料？怎么用？怎么样让你制作的物品更漂亮？

4. 幼儿参考幼儿用书进行制作，教师巡回指导。

教师鼓励幼儿大胆尝试，耐心制作。提醒幼儿注意保持桌面、地面清洁。

5. 欣赏作品并互相交流。

和同伴说说你做的什么，你用了什么比较好的方法？你制作的东西有什么特别的地方？

案例分析

作为一个美工活动，可以明显看出其中美术和数学领域的整合，这种整合形式的立足点是：美术活动在教育内容上与数学领域的相互关联。《3—6岁儿童学习与发展指南》中描述了数学领域的学习目标之一："能用常见的几何形体有创意地拼搭和画出物体的造型",并指出:用多种方法帮助幼儿在物体与几何形体之间建立联系。包括引导幼儿感受生活中各种物品的形状特征,鼓励和支持幼儿用各种形状材料进行建构游戏或制作活动,引导幼儿体验图形之间的转换。同时,几何图形及几何造型艺术本来就是常见的美术语言。因此,两者之间存在整合的价值和可能性。

该活动还可以通过环境创设、区域活动、系列教学活动等进行美术和科学两个领域方向的分别延伸。例如,将幼儿制作的圆柱体造型作为环境创设的一部分,或将之作为游戏材料投放;结合数学活动,进一步认识和熟悉圆锥体、正方体等几何形体。

案例5-2与案例5-3体现了艺术与科学领域的整合。这两者之间有着一种天然的联系。当美术作为幼儿认识世界、探索世界的手段时,它不仅帮助幼儿学习某种事物表现形式,而且能够促使幼儿把握更为灵活的学习方法,形成自己学习、自我实现的能力。

美术是一种创造符号的活动,这种符号有着表达、记录的功能,这种功能在科学领域的学习中会得到淋漓尽致的体现。幼儿运用美术这一特殊的工具表达、记录、交流着他们的问题、新发现、探索的方法、实验的结果、讨论结果、行动计划等。美术也成为科学学习中必不可少的工具,对科学领域的学习起着促进作用。

例如,在科学的探究活动中,幼儿往往会主动获取信息、整理和处理资料并加以利用。图画、符号、剪贴等美术活动就成为幼儿经常使用的记录手段。就像让幼儿用线条画记录种植区里花生和绿豆的生长变化,用符号记录天气的阴、晴、雨、雪等,虽然画出的图例可能很简单,但却能生动地描绘幼儿自己观察的景象,表现了幼儿自己不断观察和不断探索的精神。因此,把幼儿美术与科学教育进行整合,可以让科学教育生动有趣,幼儿可以把在此过程中突发的灵感用美术的形式表现出来,表达自己的想法。

同时,学会观察、感知体验是获得感知能力的有效途径,感知能力直接影响着幼儿的艺术水平。因此,让幼儿在科学领域的学习中感知事物,引导幼儿逐渐学会有目地观察、比较观察、连续观察,学习运用多种感官感知事物,从中获得直接经验。在此基础上,开展美术等活动,幼儿的表现细腻并有自己独特的理解。在这样的活动中,幼儿获得了视觉空间、言语、自然观察等多种智能的发展。

案例5-4

综合活动:我们登上了长城(中班)

(本活动原始案例见《幼儿园综合活动过程(中班上)》,经泰州学院黄益梅老师修改提供。)

活动目标

1. 了解长城的基本信息,尝试用语言形容长城。

2. 会用线条绘画正面人物，并尝试表现"登"上长城后的简单动态。
3. 产生民族自豪感，为祖国有这一伟大建筑而骄傲。

活动准备

1. 介绍长城的PPT课件，背景图。
2. 纸、黑色水笔、油画棒。
3. 亲子互动：长城小知识。

活动过程

1. 情境导入，引出长城。

你们去过北京吗？北京都有哪些好玩的地方呢？（幼儿自由回答）

瞧，谁来了呀？（巧虎）今天巧虎要带着小朋友们去一个好玩的地方，它会是北京的哪里呢？（出示长城图片）这是什么地方？

2. 了解长城的基本信息。

（1）幼儿自主介绍自己知道的长城。

（2）观看长城视频资料。

教师：下面我们一起请巧虎来给我们介绍一下长城吧。（PPT演示）

巧虎：小朋友你们看，这是我国最古老最伟大的万里长城，是古时候用来防止敌人入侵的军事工程，长城可长了，全长一万多里，建于2000多年前，长城很宽，能五匹马并行，10个人并排走，只有我们中国才有，长城真是世界上的奇迹，是我们中国人的骄傲。

（3）初步了解长城的基本构造。

教师：长城是有哪几部分组成的？（有烽火台和城墙）画出烽火台、城墙。

教师：烽火台的两边是什么？（城墙）（教师演示画城墙）

3. 绘画活动：登长城。

长城真的很雄伟很壮观，它是中国人的骄傲。你们想去长城吗？

（1）观察人物动作。

教师：这是模拟的长城背景图，谁来登上长城？你会在长城上做什么动作？（请几位幼儿站在长城模拟背景图后想象并做出动作，其余幼儿观察）登上长城以后，小朋友们的姿势是什么样的？

幼儿观察表述：如双手举高，欢呼！张开双臂、招手、弯腰、抬头等动作（老师可适当做出姿势）。每个人都自己做一做你喜欢的登上长城的动作吧。

（2）交代绘画要求。

小朋友们登上长城可开心了！请把你和朋友们登上长城的样子画出来，贴到长城背景图上吧！

（3）幼儿绘画。

4. 评价交流、升华爱国之情（图5-8）。

教师：小朋友们真厉害，让这么多人和我们一起登上长城，真热闹！作为中国人，你们有机会一定要和爸爸妈妈一起去爬一爬真正的长城，亲身感受万里长城的雄伟壮观！

说明：
这是活动延伸至环境创设的作品。
教师做好背景，幼儿完成绘画及涂色之后，剪下来（教师或家长），（幼儿）贴上去，最终成为班级环境背景墙的一部分。

图5-8

案例分析

本案例是一个美术与社会领域整合的综合活动。社会领域的活动目标是：了解长城的基本信息，产生民族自豪感。《指南》中要求教育者运用幼儿喜闻乐见和能够理解的方式激发幼儿爱家乡、爱祖国的情感，收集有祖国的风景名胜、著名建筑的图片等，在观看和欣赏的过程中激发幼儿的自豪感和热爱之情。

与幼儿生活经验存在一定距离的爱国情感不能凭空产生，只能在活动中使幼儿获得感受和体验，设计者通过"登长城"的动作表演和绘画活动，使情感和幼儿的经验联系起来，达到活动目标，同时也为美术活动"画人物的简单动态"提供创作的线索。这样的整合方式在此类活动中较多，如绘画和制作国旗、结合本地民俗文化的艺术欣赏和创作活动等。

案例5-5

亲子活动：蔬菜造型（中班）

（本案例来自泰州学院附属幼儿园亲子活动。）

活动目标

1. 亲子合作，根据蔬菜的形态、色彩，利用切、接、拼等方法，制作喜爱的造型。
2. 尝试发现蔬菜之美，体验亲子创作的乐趣。

活动准备

1. 将圆椒、芋头、白萝卜、土豆、毛豆、大蒜头、生姜等放在自然角，供幼儿观察，产生灵感，引导幼儿想象。为创作活动做好准备。

2. 请家长准备形态各异的新鲜蔬菜，并与幼儿一起讨论制作创意。

3. 塑料刀、垫板、橡皮泥、牙签、彩色纸、剪刀等。

活动过程

1. 欣赏成品。

教师展示自己制作的作品，请小朋友和家长一起欣赏。

2. 亲子共同创作。

家长和幼儿一起利用自己带来的蔬菜以及放在篮子中的辅助材料和制作工具，充分发挥想象，制作自己喜爱的物品。

要求：工具用完归位，作品完成后幼儿和家长一起清理桌面。

3. 展示交流（图5-9）。

将所有作品集中展示，请家长、幼儿和教师一起点评交流。

图5-9

活动延伸

1. 请幼儿和家长共同根据自己的作品创编一个小故事，第二天在小组中讲给其他人听。

2. 将部分作品放在班级自然角或窗台上，供幼儿继续相互欣赏、观察。

案例分析

美术教育与健康教育的渗透，经常表现为互为双方的载体或者说工具价值。正如上面的案例《蔬菜造型》（类似的水果拼盘也是幼儿园常见活动），运用造型艺术，让幼儿意识到蔬菜除了食用价值之外的审美价值，产生对蔬菜的亲切和喜爱之情。

同样，美术也经常作为工具被用于健康活动中，用栩栩如生的画面唤起幼儿对自己身体的了解欲望、对健康食品的兴趣、对健康行为的向往。例如，绘本经常被用于健康活动中，像《小威向前冲》，画面和故事讲述了语言很难对幼儿表达清楚的生命由来，《每个人都"噗"》用生动有趣的绘画语言阐述了"放屁"这一难以启齿的生理现象，《鳄鱼怕怕牙医怕怕》妙趣横生，告诉幼儿保护牙齿的重要性，等等。美术的形式美和直观形象性，对幼儿健康知识的学习、健康态度的转变以及健康行为的形成过程，有着明显的辅助与推动的价值。

在美术教育中，美工和绘画活动天然具备健康领域的发展价值。幼儿精细动作的发展有赖于生理的发展和适当的练习，有趣的美术操作活动是最好的练习途径。当然，对幼儿小肌肉发展特点的把握是幼儿园开展美术创作活动的前提和基础；反过来说，不管这类活动有没有提及健康领域的目标，它都有助于幼儿精细动作能力的发展和完善。

资源链接 5-7

科艺整合中培养幼儿人文精神的有效策略

（参见刘奕幼儿科学教育与艺术教育整合研究工作室《研修专题——幼儿园科艺整合》，有删节。）

如果说科学给人以力量，艺术给人以柔美，人文就给人以方向。如果说科学追求的是一种真，艺术追求的是一种美，人文追求的就是一种爱。如果将三者融合到一起，它们的终极目标就是追求真、善、美。幼儿园将理性的科学教育与感性的艺术教育相互整合，其中融入对人文精神的关注与培养，可以有效地促进幼儿全面发展，解决幼儿知识与情感、能力与态度相互割裂的现象。

幼儿园科艺整合教育是幼儿发现、探索和思维的肥沃土壤，是幼儿学习知识、探索世界、表现自我的重要阵地。它带给孩子的是科学素质、审美素质的提高，是想象力、创造力的发展。其主要有三种形式：第一，单科渗透式，指的是在艺术的分科中渗透科学教育的内容，或者是科学分科的课程中渗透艺术教育内容。第二，双科并列式，以分科的形式为基础，选择艺术与科学中的共同概念、原理或主题，从不同的学科组织相关活动，帮助幼儿获得相通的理解。第三，主题网络式，即围绕一个幼儿感兴趣的主题，对主题所涉及的内容，从不同角度、不同侧面展开一系列相互关联的活动。那么，应该如何在科艺整合活动中培养幼儿的人文精神呢？

一、活动选材以"关注人文精神"为切入点

幼儿园的活动选材遵循符合幼儿年龄特点、贴近幼儿生活经验和具有一定挑战性的三大原则。我园的科艺整合活动根据《3—6岁儿童学习与发展指南》中关于幼儿在科学及艺术领域的目标表现，活动内容的选择在于激发幼儿的探究兴趣，培养探究能力、提升审美展美的艺术气质。为了较好地培养幼儿的人文精神，在活动的知识技能之外充分挖掘情感道德因素。例如：小班科艺整合主题《有趣的洞洞》之艺术活动《莲藕印画》，除了要引导幼儿根据印画进行想象添画外，还应该关注幼儿在交流展示环节中的倾听意识与对他人作品的尊重和接纳态度；再如：中班科艺整合主题《昆虫世界》之科学活动《蚂蚁家族》，特意采取户外观察的方式，让幼儿产生好奇好问的积极情绪，使幼儿通过自主探究去求真、明理，构建科学精神，获得更多关于蚂蚁的认知。还有大班科艺主题《太空之旅》之语言活动《牛郎织女》，通过一个凄美的神话传说引导幼儿去体验故事角色的性格，明辨情节中的是非，感知爱与温暖，萌生同情与关心。

二、师幼互动以"渗透人文精神"为支撑点

在师幼互动中渗透人文精神，这种人文精神主要体现在教师尊重肯定、支持引导幼儿的行为上。尊重幼儿是一名独立的个体，接纳他们的个体差异，根据每一名幼儿的特点创设沟通与对话的环境和方式，切忌"一刀切"。解放幼儿，用机智、智慧的语言帮助幼儿解决学习中的困难，由驯化式教育转化为自主性教育，成为幼儿学习上的支持者、合作者，切忌"满堂灌"。这样幼儿得到了心理的慰藉，体验到了自我价值的实现。而感到关怀的幼儿同样也会把这种积极的态度反馈给他的老师，信任教师、尊重教师，养成良好的倾听习惯，与教师积极互动，共同构建充满人文精神的课堂氛围。

三、学习方式以"培养人文精神"为落脚点

幼儿的学习方式是以直接感知、亲身体验、动手操作为主。科艺整合活动中教师为幼儿提供可操作的材料，强调幼儿在学习活动中相互尊重、相互接纳、相互合作，鼓励幼儿通过与同伴的交往合作，交流分享获得互助共进的协作精神；强调幼儿自己去思考、感受和发现，自己体会人生道理和文化价值；强调幼儿的自由、自主，重视幼儿的自发性和主动性；鼓励幼儿自己求知，自己探索，自己去验证、判断价值，从中获得成就感和自信心。

科艺整合教育在教会幼儿认识自然、表现自然、创造自然的同时学会怎样做事，而人文教育在完善幼儿心灵、塑造幼儿灵魂的同时教会他们该做什么事、不该做什么事。只有在科艺整合教育中融合、渗透人文教育，才可能是一种"完整的教育"，这一"完整教育"就是智能培养、个性发展和人格陶冶的统一。

学习回顾

1. 幼儿园课程整合包括哪些内容？
2. 美术教育与其他教育整合的主要方式是什么？
3. 简述学前儿童美术教育与其他教育整合的策略和注意问题。
4. 谈谈你对艺术综合教育的理解。

实践运用

1. 选择一个音乐材料，进行图谱设计。
2. 设计一个美术教育与音乐教育整合的活动案例。
3. 设计一个美术教育与其他领域整合的活动案例。（可以是美术与一个或多个领域）

第六章 学前儿童美术教育评价

学习目标

1. 理解和掌握学前儿童美术教育评价的概念及内涵。
2. 能够适当应用理论对学前儿童美术教育进行评价。
3. 掌握幼儿园集体美术教学活动的评价内容。
4. 掌握学前儿童美术创作过程和美术作品评价的标准。

学习导图

- 学前儿童美术教育评价
  - 学前儿童美术教育评价的概述
    - 学前儿童美术教育评价的内涵
    - 学前儿童美术教育评价的原则
    - 学前儿童美术教育评价的方法
  - 学前儿童美术教育活动的评价
    - 幼儿园集体美术教育活动的评价
    - 学前儿童美术创作过程的评价
    - 学前儿童美术作品的评价

问题导入

- 学前儿童美术教育评价的概述
  - 学前儿童美术教育评价的内涵
    - 学前儿童美术教育评价是什么
    - 学前儿童美术教育评价的目的何在
    - 学前儿童美术教育评价的原则是什么
  - 学前儿童美术教育评价的原则
    - 幼儿园集体美术教学活动评价的内容有哪些
    - 学前儿童美术创作过程如何评价
    - 学前儿童美术作品如何评价

第一节 学前儿童美术教育评价的概述

一、学前儿童美术教育评价的内涵

（一）学前儿童美术教育评价的概念

对教育评价的理解和界定，是教育评价研究和实践需要解决的一个基本问题。教育评价概念的理解将决定着教育评价知识体系的建构，对教育评价的实践也会产生很大的影响。自古以来，人们尝试着从不同的角度去认识和定义教育评价，但基本核心都离不开这样几个关键点：收集信息、判断、改进教育活动。因此，可以认为：教育评价是通过系统地收集和分析信息，对教育活动满足社会与个体需要的程度做出判断，以促进教育教学发展的实践活动。

《纲要》指出，教育评价"是了解教育的适宜性、有效性，调整和改进工作。促进每一个幼儿发展，提高教育质量的必要手段"。同时还指出："评价的过程是教师运用专业知识审视教育实践，发现、分析、研究、解决问题的过程，也是其自我成长的重要途径。"由此可见。评价对幼儿的发展、教师的成长及课程本身的发展意义重大。总的来说，幼儿园教育评价有三个方面的主要作用。

（1）诊断与改进作用。诊断与改进是幼儿园教育评价最主要的作用。诊断与改进是指在搜集、整理和分析信息资料的基础上，对评价对象的客观情况特别是所存在的问题进行诊断，为其进一步的改进提供支持，帮助其寻求增值的途径和方法。这是幼儿园教育评价最重要的价值所在。

（2）鉴定与选拔作用。幼儿园教育评价所具有的鉴定与选拔功能，是指通过对所搜集的信息资料的整理和分析，对评价对象的客观情况做出证明或说明，为评价对象以后的发展或晋级提供依据。

（3）导向与调节作用。教育评价是评价者依据一定的评价准则进行价值判断的活动，评价活动的结果会对评价对象有很强的"明示"效果。这种"明示"的结果会直接影响评价对象的行为取向与方式，并促使评价对象朝着评价者所预定的目标发展，这就是教育评价的导向功能。

由此可见，《纲要》对幼儿及教师的可持续发展的关注，为幼儿园美术教育评价工作的展开指明了方向。总的来说，美术教育评价是整个美术教育系统中的一个重要组成部分。学前儿童美术教育评价是有目的、有系统地对学前儿童美术能力发展和学前儿童美术活动进行客观的了解，为进一步的美术教育和指导提供依据。对幼儿美术的发展及美术教育进行科学的评价，有助于教师正确认识幼儿美术的性质及其特点，有助于教师选择最佳教育模式或方案，保证幼儿美术教育目标的实现，同时有助于教师教育水平的提高。

（二）学前儿童美术教育评价的目的

现代教育评价主张评价的目的不是为评价而评价，而是为教育而评价，强调评价是为了诊断和改进教育，促进教育活动的参与者（包括幼儿、教师甚至家长）能在原有基础上得到发展。评价以促进教育的可持续发展为根本目的，使评价的过程成为一个学习、诊断、改进和逐步完善的过程，从而使幼儿园教育评价获得了巨大的教育力量和教育价值。

幼儿园教育评价的基本内容包括目标评价、内容评价、过程与方法的评价，以及环境和材料设备的评价。其中目标评价包括对终极目标、阶段目标和具体活动目标的评价，主要指具体活动目标的评价，包括幼儿的身体、认知发展和社会性发展等；内容评价包括对健康教育活动、语言教育活动、社会教育活动、科学教育活动、艺术教育活动的评价；过程和方法的评价，一般从对幼儿、教师、环境、材料等方面是否积极调动及达到的实际效果等方面进行评价；环境和材料设备的评价包括评价心理环境、物质环境、材料设备等方面的创设和选择。上述四个方面的评价，都必须以教育活动的目标为核心，通过收集量化的和非量化的评价资料来进行量和质的价值判断，以调整活动目标、活动计划（教案）、活动内容、活动方法和活动过程等，为更有效地促进幼儿的身心发展服务。同时，幼儿园教育的目标是促进幼儿身心和谐发展，对幼儿发展的评价是幼儿园教育评价的另一项核心领域。

根据《纲要》的精神，幼儿园教育活动评价的目的是判断幼儿园教育活动是否围绕活动目标而展开，是否满足社会发展的要求，是否反映了正确的儿童观和教育观，是否达到预期的效果，能不能促进幼儿按照社会对人的要求而健康发展等。

幼儿发展评价的根本目的，即通过幼儿发展评价来了解幼儿的发展状况，激励幼儿更加积极主动地参与教育活动，实现教育评价的激励功能；同时。根据开展幼儿发展评价所获取的信息，对教育过程进行调整与完善，实现教育评价的反馈功能。

1. 学前儿童美术教育评价的总体目的

《纲要》将幼儿教育的评价目的定位为"了解教育的适宜性、有效性，调整和改进工作，促进每一个幼儿发展，提高教育质量"。同时指出："评价的过程，是教师运用专业知识审视教育实践，发现、分析、研究、解决问题的过程，也是其自我成长的重要途径。"

学前儿童美术教育的评价是一种整体的评价，不仅包括对儿童美术学习与创作以及儿童美术发展状况的测量和评价，还包括对美术教育活动中教师的活动设计、活动组织、活动指导和活动效果的评估等。学前儿童美术教育评价要达到如下目的。

（1）了解学前儿童当前达到的水平。通过评价，教师了解幼儿当前的水平，包括他们的美术能力水平和美术活动过程中的身心发展水平。《纲要》中指出，通过"了解幼儿的发展需要，以便提供更加适宜的帮助和指导"，"全面了解幼儿的发展状况，防止片面性，尤其要避免只重知识技能的掌握，忽略情感、社会性和实际能力的倾向"。根据评价的结果，教师可以总结出儿童美术发展的规律和一般特征，为今后设计美术教育活动提供依据。

（2）对以往的美术教育做出反思。通过对学前儿童美术教育的评价，可以及时发现美术教育过程中的新问题、新情况，验证教师指定的美术教育目标、选择的美术教育内容、活动的组织过程等是否符合儿童的年龄特点、发展水平，从而对教育活动的各个环节做出反思，总结出成功的经验和失败的教训。

（3）促进美术教育的发展。正如《纲要》中指出的："教育评价是幼儿园教育的重要组成部分。教师应自觉地运用评价手段，了解教育活动对幼儿发展的适宜性和有效性，以利调整、改进工作，提高教育质量。"

对美术教育进行评价的根本目的是促进美术教育的发展。美术教育的发展有赖于学前儿童美术能力和教师美术教育质量的提高。经过对幼儿美术能力及美术活动的评价和反思，教师还应根据对幼儿以往发展水平的了解和自己的教育知识与经验来预测儿童未来的发展，并进一步制定出新的教育目标以及与之相适应的教育方案，更好地促进美术教育的发展。

2. 学前儿童美术教育评价的具体目的

根据幼儿园教育评价的内容，具体到美术教育中，可以将其进一步具体化为三个方面的评价，即对美术教育活动的评价，对幼儿创作过程的评价，以及对幼儿美术作品的评价。这三者相互独立又彼此关联，也存在一定的交叉领域，如图6-1所示。

图6-1　美术教育评价的内容

（1）幼儿美术教育活动评价的目的。

幼儿美术教育活动的评价是指在幼儿园美术教育活动中对幼儿教师的活动设计、活动组织、活动指导和活动效果进行价值判断的过程。它起着诊断、修正、预测作用。

对幼儿美术教育活动进行评价的直接目的是为教师修订和改进现有的美术教育活动提供客观的依据，使教师将最有价值的美术教育活动呈现给幼儿，最大限度地促进幼儿的发展，同时，通过评价帮助教师提高自身教育水平，获得专业成长。其终极目的是促进幼儿的发展。

对于教师来说，对幼儿美术教育活动进行评价既是一个实践过程，也是一个自我反思过程，教育实践的经验证明只有经过实践验证、能使幼儿真正得到发展的教育活动才是有价值的活动；而这种有价值的活动必须通过作为活动设计者与活动实践者的教师的自我反思的过程，才能使活动得到修正、改进，从而逐渐接近价值本身，在实践中最大限度地发挥其价值。同时，教师通过自我反思，可以改进自己在教育过程中的不足之处。因此，在美术教育活动中，评价是一个持续不断的过程，与活动本身是联结在一起的。

（2）幼儿美术创作过程及美术作品评价的目的。

幼儿美术创作过程是指从某一艺术表现构思的产生到完成作品的过程。其中既有内部的心理活动，又有外部的行为表现，这两方面在实际生活中是融为一体的，幼儿美术创作的最终成果就是美术作品。一般而言，对幼儿美术创作过程的评价具体可从构思、主动性、兴趣性、专注性、独立性、创造性、操作的熟练性、自我感觉、常规习惯九个方面进行。

对幼儿美术创作过程及其作品进行评价，能够让教师更加清楚地了解教学方案与学前儿童的美术发展水平展示教学的进展情况，为教师提供反馈信息，对教学是否达到了教育方案的目标进行检验，让教师更多地自我反思；除了改善教学之外，为幼儿园的教学管理提供依据，为课程、教材、教具、教学方法和教学技术的开发研究提供依据。同时，通过评价激发幼儿学习美术的积极性，让幼儿对自己的美术作品及创作过程进行检验，帮助幼儿更好地理解美术的内涵，增强自信心和自尊心。

对幼儿美术创作过程及美术作品进行评价的评价者有成人和幼儿两个方面。成人特别是教师进行评价的目的在于了解幼儿美术发展的特征与作品中所反映的幼儿身心发展的特质，对以往的教育进行反思，并进一步确定幼儿今后发展的方向。因而，对幼儿创作过程及作品进行评价后，教师需谨慎地根据评价的结果，调整以往教育中存在的不恰当之处，制定出适合幼儿水平并能促进幼儿发展的教育方案，以使幼儿得到最优化的发展，这是评价的根本目的之所在，也与对美术教育活动评价的目的一致。

对幼儿美术创作过程及美术作品进行评价的也可以是幼儿自己。因为幼儿的自我评价是通过引导和经验逐渐发展起来的一种能力，档案袋评价就特别强调这一点。但对于幼儿来说，他们的自我评价主要表现为一种依从性的评价，充其量还只是一种"前评价"，他们还不能进行真正意义上的评价。如果成人和幼儿一起翻阅并评论、分析作品，幼儿的评价能力是能够一步步发展起来的。

二、学前儿童美术教育评价的原则

（一）学前儿童美术教育评价的原则

1. 学前教育评价的一般原则

学前教育评价的原则就是人们对学前教育评价客观规律的认识，或者说是学前教育评价的客观规律在人们头脑中的反映，它可以指导学前教育评价工作的思想和行动，是指导教师进行学前教育评价的行动准则。失去了原则的评价就是盲目的评价，那样的评价也就失去了它存在的价值。从这个意义上来说，进行学前教育评价必须明确并遵循学前教育评价的原则。

（1）方向性原则。方向性原则指通过评价内容与标准的制定，评价过程的侧重、评价结果的肯定或否定，推动学前教育贯彻国家的教育方针，满足社会需求，不断提高学前教育质量。学前教育评价必须保证正确的方向。学前教育评价的目标有整体或总体的目标，有幼儿园工作的目标，有幼儿发展的目标，相应地，学前教育评价的方向性原则也应该体现在这三个方面的目标之中。学前教育评价的总体目标应该是国家教委颁发的《幼儿园工作规程》中提出的幼儿全面发展的保育教育目标，其核心思想"促进每个幼儿的发展"是学前教育评价的总方向的集中体现，是进行幼儿发展评价、幼儿园工作评价的总方向。

（2）可行性原则。学前教育评价是对学前教育现象进行实际的测量和评定，并根据测量的评定的结果做出价值判断，它有着非常强的实践性和操作性。因此，必须保证学前教育评价切实可行。如果没有可行性，学前教育评价就只能是一句空话。为保证评价的可行性，要注意以下方面。

①评价指标体系要简便易测。全面、先进性是建立学前教育评价指标体系的基础，但是，过分要求全面和先进，可能会使评价项目过多，实施评价时工作量过大，人力、物力都达不到，也可能会使评价项目不符合大多数幼儿园的实际工作和目前我国学前教育相对落后的现状，评价对象离要求距离过大。因此，学前教育评价必须解决好全面、先进和适度之间的矛盾，在保证评价指标体系科学合理的同时，更重要的是保证指标体系的切实可行。

②评价指标要有一致性和普遍性。一致性有两个方面的含义，一方面是指学前教育评价的目标是一致的，即由国家规定的统一要求和标准必须坚持，不能降低，务求一致。另一方面是指在同一范围内，对相同的评价对象必须用统一的标准。

③不能过分要求量化的评价结果。学前教育现象非常复杂，可变量多，影响因素多，可控性差，要做出精确度量是很困难的。所以，学前教育评价可采用定量与定性相结合的办法，如果对定性描述实行量化，可以在等级评定基础上"赋值"进行"二次量化"。

（3）全面性原则。全面性原则是指教育评价要全面收集信息，不能片面强调评价指标中的某一项目，不能偏听偏信。只有遵循了全面性原则，才能保证评价指标的全面性和在评价过程中收集信息的全面性，从而使评价工作更加科学、准确。贯彻全面性原则，还要求教师在学前教育评价中要全面、充分地收集有关信息，信息来源不能单一化。

2. 学前儿童美术教育评价的原则

在遵循教育评价的一般原则之外，学前儿童美术教育评价的原则还包括以下几个方面：

（1）客观性原则。美术教育评价的客观性原则，是指进行评价必须把握美术教育和美术教育评价的客观规律，实事求是，以客观事实为依据，从客观实际出发获取真实信息，依据科学的标准，对美术活动的过程和结果进行分析判断。

贯彻美术教育评价的客观性原则，要求评价确定的评价指标必须符合评价的目的的要求，反映被评对象的本质特征；评价标准要合理，评价者要正确理解和把握评价标准，克服主观随意性和感情因素的影响；评价方法的选择要与评价内容的性质相适应，多种方法相结合。这样，才能使评价信息的搜集更为全面准确，评价结论更加可靠。

（2）激励性原则。美术教育评价的激励性原则，是指评价应促使被评对象形成继续努力或在进一步的活动中克服不足之处，增强提高活动效果的动机或期望。这是由美术教育评价要激励评价对象前进、促进其发展的目的所决定的。

贯彻美术教育评价的激励性原则，首先，要使美术教育评价过程及其客观、公正、准确；其次，制定美术教育评价目标和具体标准时要从评价对象的实际出发，充分考虑评价对象的客观环境和条件，不要过高或过低；最后，要求评价的实施者注意评价对象个体的心理状态，了解并尊重评价对象的意见，及时反馈评价结果，以激发评价对象在进一步的活动和教育过程中保持优势、克服不足之处的动机和行为。

例如，幼儿园对幼儿美术作品评价的重要目的之一，是为了激励幼儿，使他们对美术活动产生浓厚的兴趣，增强幼儿对美的感受力和表现力。因此，教师在对幼儿美术作品进行评价时，应该把自己放在与幼儿平等的位置上，尊重幼儿的个人见解，不能把自己的见解强加在幼儿头上。幼儿对美术作品的理解在许多方面与成人显然是不同的。教师要抱着欣赏幼儿、爱护幼儿的态度去评价他们的美术作品。这样才能真正发挥美术评价的激励作用，增强幼儿运用美术语言能力。

（3）实效性原则。美术教育评价的实效性原则，是指评价要有实际作用，即要有指导美术教育实际、改进工作的效用。美术教育评价活动，如果不能帮助被评对象找出工作或学习中的问题，并对其改进提供有价值的帮助，那么这种评价就不具有现实意义。

（二）学前儿童美术教育评价的标准

教育评价标准是评价者确认教育存在状况，进行价值判断所依据的衡量尺度，一般包括评价的指标体系和评价标准。评价标准与评价原则不同，评价原则往往是总体的、抽象的，应用于全体；评价标准是具体的、细节化的，依据教育内容而存在。由于教育评价内容涉及面很广，不可能存在一个统一的标准，能够适合所有的教育评价。就内涵丰富多彩的学前儿童美术教育而言，它主要包括对学前儿童美术教育活动的评价标准、幼儿美术创作过程的评价标准、幼儿美术作品的评价标准三个方面。儿童美术教育评价的内容与标准将在本章第二节详细阐述，这里仅以幼儿美术教育活动为例，简要说明其内容与标准（表6-1）。

表6-1 幼儿美术教育活动评价的内容与标准

评价内容	评价标准
活动目标	①与分类目标、年龄目标和总目标的联系是否相统一 ②与本班幼儿实际情况是否相适应
活动内容	①是否有助于实现美术教育活动的目标 ②是否适合幼儿现有水平又有一定挑战性 ③是否符合幼儿现实需要又有利于其长远发展
工具材料	①是否根据主题、幼儿水平、年龄特征准备相应材料 ②是否有充足的、富有美术表现力的工具材料
活动过程	从教师的活动准备、活动设计、活动组织、活动指导四个方面进行
活动效果	①幼儿情绪、注意力、积极性、主动性、坚持性如何 ②创作的作品如何

在幼儿美术活动评价中，最困难的就是确定评价的标准，但评价标准又是进行活动评价必不可少的准则。实践证明，确定与应用幼儿美术活动的评价标准时，至少要考虑以下几个方面。

（1）活动本身让教师和幼儿都有成就感，能在原有基础上有所进步。教育活动的最终目的就是为了让幼儿获得发展，而一个好的美术活动不仅可以让幼儿获得知识和技能方面的提高，而且会让教师也获得相应的成就感。在教学活动中，教师通过与幼儿的互动和交流，发现自己的成功与不足之处，从而与幼儿一同进步。

（2）活动方案与幼儿美术教育整体课程计划和谐统一，是完整的课程体系的一部分。幼儿美术教育课程是一个整体，这一整体又是由各个不同的美术教育活动组合而成的。因此，美术教育活动方案作为完整课程体系的一部分，必须与美术教育整体课程计划相统一，从而保证幼儿美术教育整体课程计划的有效实施。

（3）活动目标与幼儿美术教育的总目标相统一，并且是这些目标的具体实施。幼儿美术教育的总目标是对幼儿美术教育目标最概括的陈述，它是幼儿美术教育其他层次目标的依据和最终追求；幼儿美术教育的分类目标是指幼儿园欣赏、绘画、手工三种不同类型的美术活动的目标；幼儿美术教育的年龄目标是分类目标在3～6岁阶段目标的具体分解和落实，是对不同年龄幼儿的要求；而单元目标是指具体的美术教育活动的目标。幼儿美术教育的其他目标最终都要通过教育活动目标才得以落实，因此，教育活动目标必须具有可操作性。

（4）活动内容符合幼儿身心发展的年龄特点和他们学习美术的特点与经验水平，并且是美术教育课程的整体内容的一部分。有利于活动目标的实现。对幼儿美术教育内容的评价可以依据《纲要》中所提到的三个原则：①既符合幼儿的现有水平，又有一定的挑战性；②既符合现实需要，又有利于其长远发展；③既贴近幼儿的生活来选择幼儿感兴趣的事物和问题，又有利于拓展幼儿的经验和视野。《纲要》还指出："教育活动内容要有机联系，相互渗透，注重综合性、趣味性、活动性，寓教育于生活、游戏之中。"

（5）活动设计因地制宜，符合幼儿园、本班级的实际情况。各幼儿园的实际情况不同，设计的美术教育活动也应有所不同。例如，乡村地区的幼儿园就可以充分利用天然的自然风光和自然材料开展一系列的绘画、欣赏和手工活动，体现当地的风土人情和地域特色。

（6）活动过程有利于幼儿主动的参与、主动的操作和主动的表现。任何教育活动中，幼儿都是参与的主体、操作的主体和表现的主体。美术教育活动中幼儿是否亲身感受、亲身体验、亲自参与、亲自操作尤为重要，教师要时刻关注幼儿在活动过程中的表现。

（7）活动创设了丰富的物质环境、充满感情色彩的审美环境与轻松的心理环境。幼儿美术教育活动中物质环境、审美环境的创设不容忽视，而心理环境的创设也同样重要。其中包括教师对幼儿的态度是否和蔼、教师与幼儿之间是否真正平等、是否相互尊重、活动的气氛是否宽松等，这些都是心理环境的评价标准。

（8）活动中应有充足的、富有美术表现力的工具和材料供幼儿使用。在美术教育活动中，美术工具和材料多种多样，不同的材料由于其性质的不同，其使用方法也千差万别。因此，在活动中能否为幼儿提供充足的、富有美术表现力的工具和材料，也是评价幼儿美术活动的一大指标。要根据美术活动的主题准备相应的工具材料，各种绘画材料都有其不同的用法和不同的风味、特性。就以纸张为例，有些主题适合用长方形纸，如画高楼大厦、树木、电视塔等；有些主题适合用圆形纸，如花坛、游泳池、鸡场等，应给幼儿提供不同形状的纸张，使之体验不同的感觉。

（9）活动设计要考虑到幼儿的美术发展和其他身心发展的个别差异。教育活动的实施与操作，会受到人的发展的制约，即使同一年龄段的幼儿，也会因美术发展水平以及身心发展水平的不同而产生巨大差异。因此，教师在活动设计时必须考虑到幼儿的个体差异，不能简单地用同一个标准来要求全体幼儿。

（10）活动中教师能根据幼儿的现状调整自己的指导策略。在美术教育活动中，经常会发生一些突发状况或意外事件。例如，幼儿某些具有创造性的想法或建议的提出打破了原有的教学设计思路，也可能出现幼儿对该教学活动完全不感兴趣的现象。由于教师在设计教学活动时不可能预设幼儿的所有状况，因此必须根据教育活动中幼儿所反映出的现实反应，及时地调整自己的教学计划和指导策略，不能顽固地"按部就班"。

三、学前儿童美术教育评价的方法

（一）教育评价类型

根据不同的分类依据，目前经常使用的教育评价类型如表6-2所示。

表6-2 教育评价类型

划分标准	类型	概念
根据评价的范围划分	宏观评价	宏观评价是指以幼儿园宏观管理所涉及的内容为对象的评价
	中观评价	中观评价是指以幼儿园内部各方面工作为对象的评价
	微观评价	微观评价是指以幼儿园发展及其指导为对象的评价
根据评价的参照体系划分	绝对评价	绝对评价是指在被评价对象集合之外，确定一个客观标准，将各个评价对象与所确定的客观标准进行比较，判断其达到客观标准程度的评价
	相对评价	相对评价是指在被评价对象集合之中，确定一个客观标准，将各个评价对象与所确定的客观标准进行比较，判断其达到标准的程度，或者确定被评价对象在集合总体中所处的位置的评价
	自身差异评价	自身差异评价是把被评价对象集合中的各个评价对象的过去和现在相比较，或者把一个对象的若干侧面相互比较的评价
根据评价的功能划分	诊断性评价	诊断性评价是指为了了解教育活动存在的主要问题或使教育活动的形式、内容、过程等更适合活动对象的自身条件及需要而进行的评价
	形成性评价	形成性评价是指在教育活动过程中，为不断地了解活动进行的状况，及时对活动进行调整、提高活动质量而进行的评价
	终结性评价	终结性评价是指对教育活动结果进行的评价
根据评价的主体划分	自我评价	自我评价是评价者根据一定的评价标准对自身的表现进行评价
	他人评价	他人评价是指除评价对象自身以外的其他人或组织对该评价对象所进行的评价

根据儿童美术教育的内涵，主要使用的评价是后面三种类型。按评价的参照点来分，有相对评价、绝对评价和个人发展评价。相对评价是根据儿童在集体里占据的相对位置进行评价，绝对评价是根据教育目标达成度来进行评价，个人发展评价是评价该儿童能力的前后比较，掌握其进步的情况。

按评价的功能来分有诊断性评价、形成性评价和终结性评价。诊断性评价就是确定儿童在接受教育前的"准备程度"；形成性评价是确定儿童学习过程中发生了什么，确定教学任务实现程度；终结性评价是在教育实施一个阶段之后进行评价，评定达到的程度。以上评价方式各有利弊，应配合使用，取长补短。

评价主体的多元化是当今教育评价发展的一个趋势，评价中实施多元主体的评价是很有必要的。教师作为课程的直接实施者是教育评价的主体之一，这是没有争议的。家长作为教师的合作者和教育的促进者，也应当参与课程的评价，而儿童作为课程系统的三大主体之一，也是课程实施的参与者，因此也应当拥有课程决策和评价的权利，而且，儿童的自我评价可以让儿童意识到自己的成长、进步过程，激发其进一步学习的热情、兴趣和信心，促进其对今后的生活学习活动更加投入。因此，教师评价、家长评价与儿童自我评价要相结合。

（二）美术教育评价方法

评价方法是指收集评价信息和处理评价信息的方法。在我国的学前教育实践中，根据评价对象可以将评价方法分为幼儿发展评价的方法、教师发展评价的方法以及教育活动评价的方法。按照评价方法的性质，幼儿教育评价方法可分为定性评价和定量评价两大类。

定性评价注重具体记录评价对象的状态和变化过程的信息，对信息的处理侧重于通过资料展示信息之间的关系，并加以分析、叙述表达、价值判断。行为观察、情景测验、评语等都属于定性的评价范畴。评价应该自然地伴随着整个教育过程进行，应该根据评价目的与内容，综合采用观察、谈话、测验、作品分析、调查、档案分析等多种方法。定量评价注重事先确定量化指标，通过调查测验等搜集评价对象的量化信息，而后提取数据进行统计分析，从而得出评价结论。

作为幼儿教育的领域之一，学前儿童美术教育的评价基本采用教育评价的主要方法。只是根据美术教育的特点，某些方法更为常用，如档案袋评价法；美术教育也有一些较为独特的评价方法，如多彩光谱项目中对于幼儿视觉艺术智能的评价方法等。根据评价目的，评价应该自然地伴随着整个教育过程进行，应该根据评价目的与内容，综合采用观察法、谈话法、问卷调查法、档案袋评定法、作品分析法、测验法、自我评价法、统计分析法等多种方法。

1. 观察法

观察法是幼儿园教育评价的基本方法，是在自然条件下对评价对象进行有目的、有计划的直接感知、记录，继而分析、解释这些现象和事实发生的原因或发展趋势，从而获得结论的一种评价方法。

（1）描述观察法（轶事记录法）。轶事记录法是观察者对可以表现幼儿个性或某个方面发展的有价值、有意义的行为情况做出记录，从而获得幼儿行为了解的方法。轶事记录法不受观察时间、地点的限制，凭借文字描述就可记录到幼儿的特定动作和行为或某件事。此法运用起来简单方便，可以为评价提供有意义的资料和客观依据。

评价幼儿发展和教师工作均可采用。在评价教师工作时，此法也是全面反映教师工作内容、质量和教师能力的重要方法。

（2）抽样观察法。抽样观察法是观察者根据一定的标准，抽取一定的幼儿来进行观察、记录和研究，从而获得对幼儿行为了解的方法。这种观察要求观察者事先做好周密的计划与准备，观察结果也有较强的可靠性和代表性。抽样观察法可分为时间取样观察法和事件取样观察法。

时间取样观察法是指在规定的时间段观察记录预选行为的情况。运用时间取样观察法观察评价时教师要注意：事先制作好观察记录表，观察时只需打"√"或"×"，使记录方便。时间取样观察法虽可以在很短时间内有目的地获取大量相关情况的资料，但是它本身有一些不可克服的缺陷，如有些被观察者的行为可能在未确定的时间内出现，有遗漏的现象。

事件取样观察法是观察者事先确定观察目的，选择某种或某类事件作为观察目标，当该类事件一出现即进行观察记录的方法。这种方法没有时间限制，不预先规定观察时间，分类记录。

（3）行为核查法。这是评价者将要观察的行为预先列出表格，然后检查行为是否出现，或行为表现的等级如何，并在所选的等级上做标记的一种方法。

儿童美术教育评价中，最常见的是教师在幼儿美术活动的过程中，尤其是幼儿动手操作的过程中对幼儿进行或有目的的或随机的观察。为确保观察所获得的信息资料的真实性和全面性，教师往往采用自由式的轶事记录法和预定的行为核查法。由于行为核查法不能反映行为的因果关系，因而运用时应注意对必要的活动场面和产生的条件进行补充记录。教师进行教学观察的对象可以是面对全班的集体观察，可以是小组观察，还可以是针对个别幼儿的个别观察，这由不同的活动目标和内容来确定。

2. 谈话法

谈话法是通过与评价对象面对面的交谈收集评价信息的方法。运用谈话法进行评价既可以验证其他方法收集的评价是否真实可靠，也可以补充其他方法，弥补收集资料的不足，从而加深对评价对象的了解。

运用谈话法时，评价者要事先拟订谈话内容，形成谈话问题，这时需要考虑：访谈对象的兴趣是什么？谈话中的哪些问题访谈对象有所考虑并愿意回答？访谈对象能提供哪些与评价相关的信息？访谈对象的语言理解力及合作态度怎么样？这对幼儿访谈尤为重要。

谈话法可分为个别谈话与团体谈话、临床谈话（即具有诊断与心理治疗双重功能的谈话，如在游戏治疗中使用）、标准谈话与自由谈话等。评价者在运用谈话法时可采用录音记录的方式保存资料，也可用文字将谈话的内容记录。

在美术教育评价中，教师与幼儿面对面地针对幼儿的美术作品展开一系列的谈话，主要是幼儿围绕教师的提问展开，所以在临床访谈的时候教师的提问就显得尤为重要。教师提问的目的是为了了解幼儿的创作意图，发现幼儿在创作过程中的闪光点和遇到的困难，以便给予及时的、正确的指导和帮助。教师在访谈时要注意：①不要打扰幼儿的创作过程；②不要以自己的想法代替幼儿的想法；③多肯定、鼓励幼儿的创作成果；④认真倾听幼儿的创作意图，必要时做适当的记录。

3. 问卷调查法

问卷调查法是由评价者根据评价目的，向被调查对象发放问卷，要求被调查者以书面形式提供给评价者有关情况的一种广泛收集评价信息的方法。问卷法简便易行，能在较短的时间内收集到许多评价对象的较为广泛的材料，还便于统计分析。一般幼儿园发放问卷的对象均为成人，或面向幼儿但由成人代填。

4. 档案袋评定法

档案袋是"学生作品的有意收集，以反映学生在特定领域的努力、进步或成就。它必须包括内容选择过程中的学生参与、选择的指南、评分的标准，以及学生自我反省的证据"。"档案袋作为评价的工具，由学生和教师有系统地收集相关材料以检查学生的努力、进步、过程和成就，并对很多正式测验的结果做出相应解释"。

档案袋评定法为教师工作评价和幼儿发展水平评价提供了丰富、真实、生动而又全面的信息，使总结性评价和形成性评价有机地结合起来，保证了评价的准确性，从而更好地促进幼儿的成长和教师的发展。但是成长记录袋的随意性较大，计划性不强。在使用这种方法进行评价时，要事先精心设计，加强计划性，同时要让幼儿参与材料的收集，使材料更加全面、丰富，为评价服务，最终为促进幼儿发展和教师工作的进步服务。

美术教育评价中，教师可选择较为经典的绘画作品、手工作品，以原创作品、照片、录像的形式加以保存。教师应在作品上注明幼儿的名字、创作日期和教师对幼儿美术发展能力的评价，同时记录幼儿对作品的解释以及记录的背景资料，以此为依据判断他们的美术学习和成长状况。这种评价强调幼儿学习中真实材料的收集，强调幼儿学习的过程。

5. 作品分析法

这是对调查对象的各种作品，如笔记、作业、日记、文章、书法、绘画、言论等进行分析研究，了解情况，发现问题，把握特点和规律的方法。通过这种方法，可以了解人的知识、技能、技巧、对事物的态度、兴趣、爱好、理想、智力、能力的水平等。作品分析法需要有明确的目的和计划，对要分析的作品要确定范围和分析的重点。作品分析法多用于个案研究或群体的心理品质和个性特征等方面的研究。此法还有一种特别的意义，即它的作用可以超越时间和空间的局限。

美术教育评价中，对幼儿美术作品进行评价和分析是从幼儿的发展出发的。这种发展既有幼儿在身心方面的发展，又有幼儿在美术方面的发展。例如，对幼儿绘画作品的评价是从绘画的基本要素，即造型、色彩、构图三个方面和幼儿心理发展的认知、情感、技能三个方面的结合来进行考察的。其中，对线的造型的评价分析包括线和形状的使用、结构特征的把握、造型的创造性；对色彩的使用的评价分析包括随类赋彩、色彩的丰富性、色彩的情感表现性；对构图与构思的评价分析包括画面构图、立体空间的把握、主题的表达。对于幼儿美术作品的收集的方式有两种：一种是在日常教学过程中收集幼儿的习作，另一种是专门的收集。日常习作的收集中，要注意收集不同类型的作品，并注意作品的数量，还要注意作品创作的时间，是收集一段时间内的所有作品，还是间隔一段时间收集一定数量的作品都要有所考虑。专门的收集是指评价幼儿美术作品的某个方面而专门设计一些测验题，对幼儿进行测试，然后收集其作品进行分析。专门的收集大都是为作绝对评价，即把幼儿的美术作品与理想的评价标准作比较而进行的。

多彩光谱项目以加德纳（Gardner）的多元智能理论和费尔德曼（Feldman）的非普遍性发展理论为基础，旨在对儿童进行合理评价的基础上为儿童提供有利的环境和机会以促进其不同智能的开发和应用。多彩光谱评估方法设计了一套依据更宽阔的智能观展现儿童智能多样性的评估方法。这套方法和评估材料的特点是：它用一系列涵盖各个领域的、与儿童日常生活联系的学习活动，让儿童真实地完成任务，在此过程中来识别和培养儿童。另外，它还在实验观察的基础上列出了一张"活动风格检表"，以反映儿童在某一领域中与材料的互动方式和个性特点。多彩光谱对儿童美术作品的评价采用的方法是收集儿童在一整年中的美术作品，并按具象性表现水平、探索程度、艺术水平三个主要方面，从整体上对儿童作品集进行考察与评价。

6. 统计分析法

统计分析法是教育评价信息的处理方法，它是指遵照一定的评价目的，评价者建立起一定的评价指标体系，并通过观察、测验、调查等方法获取相关的数据资料。为了反映并揭示事物的本质属性，发现其规律，需要对这些数据进行分析处理。

资源链接 6-1

《幼儿园教育指导纲要（试行）》

第四部分　教育评价

一、教育评价是幼儿园教育工作的重要组成部分，是了解教育的适宜性、有效性，调整和改进工作，促进每一个幼儿发展，提高教育质量的必要手段。

二、管理人员、教师、幼儿及其家长均是幼儿园教育评价工作的参与者。评价过程是各方共同参与、相互支持与合作的过程。

三、评价的过程，是教师运用专业知识审视教育实践，发现、分析、研究、解决问题的过程，也是其自我成长的重要途径。

四、幼儿园教育工作评价实行以教师自评为主，园长以及有关管理人员、其他教师和家长等参与评价的制度。

五、评价应自然地伴随着整个教育过程进行。综合采用观察、谈话、作品分析等多种方法。

六、幼儿的行为表现和发展变化具有重要的评价意义，教师应视之为重要的评价信息和改进工作的依据。

七、教育工作评价宜重点考察以下方面：

（一）教育计划和教育活动的目标是否建立在了解本班幼儿现状的基础上。

（二）教育的内容、方式、策略、环境条件是否能调动幼儿学习的积极性。

（三）教育过程是否能为幼儿提供有益的学习经验，并符合其发展需要。

（四）教育内容、要求能否兼顾群体需要和个体差异，使每个幼儿都能得到发展，都有成功感。

（五）教师的指导是否有利于幼儿主动、有效地学习。

八、对幼儿发展状况的评估，要注意：

（一）明确评价的目的是了解幼儿的发展需要，以便提供更加适宜的帮助和指导。

（二）全面了解幼儿的发展状况，防止片面性，尤其要避免只重知识和技能，忽略情感、社会性和实际能力的倾向。

（三）在日常活动与教育教学过程中采用自然的方法进行。平时观察所获得的具有典型意义的幼儿行为表现和所积累的各种作品等是评价的重要依据。

（四）承认和关注幼儿的个体差异，避免用统一的标准评价不同的幼儿，在幼儿面前慎用横向的比较。

（五）以发展的眼光看待幼儿，既要了解现有水平，更要关注其发展的速度、特点和倾向等。

案例 6-1

黄先生一家刚从中国移民到美国，他5岁的儿子进了一所美术学院办的绘画班。才去了不到5次，孩子就不想去了。孩子说："老师根本不教画画！每次都给一个题目，就叫我们自己画，老师一点都不管。画完了老师只说'好哇！好哇'，那些美国小孩的画根本就是一塌糊涂！"后来，黄先生发现，那些美国孩子画完画后，只会问老师"好不好"，而中国的孩子问的多半是"像不像"。

案例分析

这反映了对于美术教育评价理念和评价标准的差异。我国的幼儿美术教育过于注重美术知识和技能，强调对自然的模仿和再现，教师按确定的计划，固定的模式、步骤让幼儿亦步亦趋地模仿教师的范本。这样，孩子就把"像"作为自己最高的追求，离开教师的"教"的范本就好像没了"学"的方向。长此以往，幼儿在习得美术知识和技能的同时，却失去了自我感受、自己加工信息的能力，降低了儿童潜在的自我创造意识和创造力。美国的幼儿美术教育注重发挥幼儿的创造性、独立性、自主性，重视个别儿童的兴趣、需要与个性发展。老师往往不设样本、不规定模式，让孩子们在生活中及与自然的交流中会产生绘画的愿望，依靠他们的直觉和知觉或者幻想自由地展开描绘，表现他们纯朴的情感，孩子画的画是一种"创作"。这样培养出的孩子思维活跃，能体验到创作的乐趣，形成自发创作的自信精神。但是，教师也应看到，忽视前人的经验，缺乏技能的学习，可能将难以进一步提高和保持孩子们的美术兴趣和表现、创造能力。

第二节 学前儿童美术教育活动的评价

对学前儿童美术教育活动的评价主要包括两个方面：一是评价活动过程中教师的活动设计、活动组织、活动指导和活动效果等方面；二是对活动过程中幼儿的目的性、主动性、专注性、创造性、兴趣性、独立性等方面进行评价。

一、幼儿园集体美术教育活动的评价

对幼儿园集体美术教学活动进行评价可以从活动目标、活动内容和活动工具、活动过程、活动效果等方面展开。

（一）活动目标

对活动目标进行评价主要从三个方面着手：一是活动目标与分类目标、年龄目标以及总目标之间的联系是否紧密一致；二是活动目标与本班幼儿的实际情况是否相适应；三是活动目标的内容是否全面。

教育目标的实现是一个长期的过程，需要若干不同阶段来完成。每个阶段目标之间要相互衔接，不同层次的目标之间要协调一致，每一层教育目标都应该是实现上一层目标的有效环节，使目标具有连续性和一致性。美术教育的目标是一个完整而有序的体系，每个具体活动目标都是从总目标、年龄阶段目标、分类目标中分化而来；每个活动目标的实现，都是向阶段目标和总目标迈进了一步。因此，在评价具体美术活动目标时，必须从目标体系的统一性出发，分析该目标与上级目标的关系，以此评价目标的合理性。

每个具体活动目标的制定还必须符合本班幼儿的实际情况和经验水平。幼儿的经验往往是零散的和片面的，教师要借助于一定的手段（如观察、谈话等），对幼儿的经验进行充分的了解，在此基础上制定出合理的、切实可行的活动目标，从而提升幼儿的经验，并运用各

种有效的教育手段，使幼儿在具体的探索活动中，不断地积累经验、提高能力。因此，活动目标的制定必须要参照幼儿的经验水平。

无论制定哪一层次的教育目标，一般都要包括幼儿全面发展的各个方面和每个方面的全部内容，比如体、智、德、美，或态度、情感、知识、技能、方法，或智力因素与非智力因素等。但在实际工作过程中，往往会出现重视知识的传递而忽略情感的激发、能力的培养，重视技能的掌握而轻视创造性的培养，重视活动的结果而忽略过程的学习等，导致幼儿发展的失衡。因此，教育目标的内容要全面、均衡。

（二）活动内容和活动工具

评价活动内容，首先要看活动内容的选择是否与美术教育目标相一致，是否与儿童的美术能力发展水平相一致。其次，活动工具材料的准备是否充分，并且是否根据美术活动的主题准备相应的工具材料，让幼儿充分体验各种绘画材料不同的用法和不同的特性。

除此以外，还应评价在一个具体的美术活动中各部分内容之间的比例关系是否合理，活动的开始部分、基本部分、结束部分分别占总时间的10%~15%、70%~80%、10%，各部分之间的过渡衔接是否流畅，活动内容的组织安排是否突出重点、难点等。

（三）活动过程

1. 教师的活动准备

主要包括能否熟悉活动的内容，了解幼儿的知识水平与技能水平的高低，了解幼儿一般水平和个别差异，对活动所需的材料、工具、场地因素的考虑充分。

2. 教师的活动设计

主要包括活动设计的目标是否明确，结构是否合理，内容是否为幼儿所理解、所接受，是否具有独创性。

3. 教师的活动组织

主要包括教师能否发挥和调动大多数幼儿的活动积极性、主动性，教师能否有次序地执行教育活动的计划，教师能否灵活地根据幼儿的实际情况调整活动目标与计划等。

4. 教师的活动指导

主要包括讲解示范是否准确、熟练、清晰，能否了解幼儿的活动意图，帮助他们实现自己的构思，能否通过提问有效地激发幼儿创作的欲望，能否适时地给幼儿以具体帮助，针对个别差异进行指导。

（四）活动效果

活动效果主要指从幼儿的行为表现和创作的作品中反映出来的教育效果。主要包括：活动中，幼儿的情绪是否愉快，注意力是否集中，是否坚持完成作品，完成作品的积极性、主动性如何，幼儿作品的水平如何等。

二、学前儿童美术创作过程的评价

完整的美术活动过程从构思到作品的完成，其中既包括内部的心理活动又有外部的行为表现。所以，评价幼儿的美术活动过程，不仅仅是分析幼儿的美术作品，更重要的是观察和记录幼儿的活动过程和行为表现，然后分析、整理资料，并做出解释。对幼儿美术活动过程的评价可分为九个方面，每个方面又分为四种水平的行为表现。

（一）构思方面

这一标准是观察和评价幼儿能否在创造之前预先想好创造的主题和内容的标准。幼儿在这方面的行为表现可以分为以下四种水平或类型：

（1）事先构思出主题和主题内容，动手之后围绕构思进行创造。
（2）预想出局部内容，完成一项后再做新计划。
（3）动笔后构思，由动作痕迹出发，想到什么画什么。
（4）只有动作活动，没有形象的构造，表现出在纸上随意涂抹或反复掰泥、撕纸。

（二）主动性方面

这一标准是观察和评价幼儿在发起和投入美术活动时的情况的标准。具体可分为四种水平类型：

（1）由自身兴趣、愿望支配，自动进行美术活动。
（2）由特定材料引发，开始进行美术活动。
（3）看到别人从事美术活动，自己跟着做。
（4）在成人的要求下开始美术活动。

（三）兴趣性方面

这一标准是观察和评价幼儿是否愿意投入美术活动，活动中是否有热情，感到快乐满足的标准。具体可分为四种水平类型：

（1）自动从事美术活动，对美术活动倾注极大热情，完全沉浸在活动之中，默默无语。
（2）欣然从命，愉快地从事活动，在做的过程中会自然而然地流露出愉快之情。
（3）对美术活动迟疑不前，活动中企图离开或张望别人做什么。
（4）拒绝参加美术活动。

（四）专注性方面

这一标准是观察幼儿对美术活动的注意力集中与持久的程度的标准。具体可分为四种水平：

（1）能够较长时间持续从事已选定的活动，不受外界的影响，有时甚至第二天接着做。

（2）能在同年龄幼儿一般可持续的时间内持续从事活动，中途偶有离开的现象发生，但还会自动回来，直到活动完成。

（3）需要鼓励，才能把活动进行完毕。

（4）不能把活动完成，中途改变活动。

（五）独立性方面

这一标准是判断幼儿能否自己决定活动任务并完成任务的标准。具体可分为四种水平：

（1）自己决定活动任务，解决问题，拒绝别人干涉，独立完成任务。

（2）主动请教他人，考虑别人的建议，然后自己完成任务。

（3）模仿他人完成自己的作品。

（4）接受并在他人的帮助下完成作品。

（六）创造性方面

这一标准是判断幼儿能否具有独创和表现意识与能力的标准。具体可分为四种水平：

（1）别出心裁的构思，利用材料造型。

（2）重新组织以前学过的造型式样、方法和技能进行造型。

（3）重复以前学过的造型式样、方法与技能进行造型。

（4）只按教师当时传授的造型样式、方法与技能造型。

（七）操作的熟练性方面

这一标准是考察幼儿从事美术活动时动作是否灵活、准确的标准。具体可分为四种水平：

（1）掌握工具姿势正确、轻松，操作动作连贯、迅速、准确，一次完成动作，作品质量好。

（2）掌握工具姿势正确，操作平稳，但欠准确，中途修改，作品质量较好。

（3）掌握工具正确但笨拙，操作动作迟缓，准确性差，有失误不知修改，作品显得粗糙。

（4）掌握工具姿势笨拙有误，只有重复性动作，不能完成作品。

（八）自我感觉方面

这一标准是考察幼儿对自己美术成果的看法如何的标准。具体分为四种水平：

（1）自己认为作品很成功，主动请别人看自己的作品，并讲解含义，愿意慷慨地将作品赠人。

（2）对自己的作品感觉满意，但不主动展示，听到别人的称赞感到愉快，希望保留作品。

（3）认为作品不太成功，接受别人的看法，希望将作品交给老师。

（4）感到沮丧，对别人的反应无动于衷或者抵触，对作品去向不关心或毁掉作品。

（九）习惯方面

美术活动中的习惯是多方面的，这里主要指的是在美术活动中能否有步骤、有秩序地工作。

一是工作的顺序性、条理性方面，分为四种水平：

（1）有顺序、有步骤地完成作品。

（2）弄错步骤，发现后主动纠正，完成作品。

（3）想到什么就做什么，混乱中完成作品，作品有缺陷。

（4）只完成局部，作品半途而废。

二是保持工具材料的秩序性方面，分为四种水平：

（1）保持工具材料的固定位置，用时取出，用后放回。

（2）大致保持原位，错放后能找到。

（3）一片混乱，用后乱放。

（4）不会取放，拿到什么用什么。

三、学前儿童美术作品的评价

《3—6岁儿童学习与发展指南》提到"在幼儿自主表达创作过程中，不做过多干预或把自己的意愿强加给幼儿，在幼儿需要时再给予具体的帮助"。教师应"了解并倾听幼儿艺术表现的想法或感受，领会并尊重幼儿的创作意图，不简单用'像不像''好不好'等成人标准来评价"。

美术作品是学前儿童美术教育活动的结果，它清晰地反映出儿童美术能力的水平和发展特点。收集幼儿的美术作品，既可以长时间地分析同一幼儿的美术作品，考察幼儿的发展特点，又可以将不同作品放在一起进行比较，因此作品分析是一种简便易行的评价方法。

（一）罗恩菲尔德的评价标准

美术教育家罗恩菲尔德确定七个方面作为主观评价标准，分别是儿童的感情、智能、身体动作、知觉、社会性、美感、创造性，并把七个方面的成长情况具体化，制定了一般评价表（表6-3）。把发展阶段、技巧和作品的组织三个方面作为客观评价标准。

表6-3 一般评价表

评价项目	成长的属性	等级		
		很少	一些	很多
感情的成长	非定型的表现			
	非概念性的表现			
	经常改变表现符号			
	自我经验的表现			
	自由地使用线条和笔触			

续表

评价项目	成长的属性	等级		
		很少	一些	很多
智能的成长	包含许多细节			
	色彩有变化			
	其他主动知识的呈现			
身体动作的成长	视觉和动作的协调			
	身体动作的表现			
	身体意象的投射			
	技巧熟练			
知觉的成长	视觉经验的表现：光、影、空间透视、颜色变化			
	非视觉经验的表现：触觉、纹理组织、听觉			
	运动经验的表现			
社会性的成长	在作品中反映自己的经验			
	体验他们的需要			
	呈现社会环境的特征			
	参与团体制作			
	欣赏其他文化			
	乐于与人合作			
美感的成长	思想、感情和知觉的统整			
	对于色彩调和的敏感性			
	对于纹理调和的敏感性			
	对于线条调和的敏感性			
	对于形体调和的敏感性			
	喜爱装饰性的设计			
创造性的成长	独创而不抄袭			
	独创而不模仿他人的风格			
	独创的内容			
	表现方式与他人不同			
	作品整体与他人不同			

（二）档案袋评价法

目前幼儿园教育评价中，档案袋评价方法是一种较为常用的评价方法，它是一种质性评价方式。它是指教师和学生有意地将各种有关学生表现的材料收集起来，并进行合理地分析与解释，以反映学生在学习与发展过程中的努力、进步状况或成就。它强调真实材料的搜集，强调幼儿学习的过程。

在美术评价中运用这一评价方法就是收集幼儿学习过程中具有代表性的作品和典型的表现记录，如较为经典的绘画作品、手工作品，以原始作品、照片、录像的形式加以保存。教师应在作品上注明幼儿姓名、创作日期和教师对幼儿美术发展能力的评价，同时记录幼儿对作品的解释及记录的背景资料。幼儿的口述记录可以用书面的形式加以保存，或者录音保存，可以并用。

（三）课堂评价

档案袋评价法是一种总结性的评价，着眼于展示幼儿的学习成果，反映幼儿进步的过程。同时，美术课堂教学还需要对幼儿的作品进行即时评价，这是课堂教学活动的重要一环，是课程的组成部分之一，一般采用教师评价、幼儿自我评价相结合的方式。

1. 幼儿自我评价

幼儿自我评价的能力并不高，他们往往不能客观评价自己的作品，或者评价比较单一，如"我画得挺好的""我喜欢自己的画"等，因此，教师应该引导幼儿进行自我评价，提高他们自我评价的能力。主要从幼儿自评和互评两个方面着手：

（1）幼儿自评。就是让幼儿把自己的作品介绍给大家，讲述自己的绘画内容和所表达的意思。幼儿自评的过程是幼儿对自己绘画意图重新梳理与反思的过程，同时，幼儿在这个过程中的任何一个有价值的想法都是他们进行再创造的灵感之源。幼儿对作品的评价即使很稚嫩，但只要能找到自己的不足，发现闪光点，表达出他们自己的真实感受就足够了。教师要充分肯定幼儿的作品和想法，只有当幼儿的讲述遇到困难时，教师才可以适当指导。例如，在《画音乐》的讲评中，有的幼儿用抽象的图案或冷暖色块、线条来表达自己的感受时，幼儿一时难以表述，教师可引导他说："你用的这种颜色是冷的还是暖的？感觉怎么样？""这些线条起伏真大，一会儿上一会儿下，好像谁在跳舞？"等，逐步让幼儿学会讲述自己的感受。引导幼儿自我评价时客观公正、关注自己作品的内容，如"颜色使主要的物体显得更突出，旁边的色彩正好与它相对"等，而不是"我画得好""颜色好"等。

（2）幼儿互评、欣赏。引导幼儿互相观察、欣赏别人的作品，了解别人作品的内容，并从中体验到美感，提高幼儿评价能力和审美意识，因为幼儿之间的思想和情感是相通的，他们的作品最容易被小伙伴所感受、理解，这是一个能动的过程。

集体互动教学是发展幼儿相互审视评价的最好方式。集体教学是一面镜子，从中可以观察每一个幼儿的表现。教师引导幼儿关心同伴的言行，帮助幼儿学会客观评价别人、评价自己，一般情况下，幼儿总倾向于过高评价自己。通过教师的引导、幼儿同伴间的评价、相互的审视具有了平等性、互换性，对评价的接受也更为放松、自然。

例如：在简笔画《鸭子》中，幼儿根据自己的观察画了鸭子的动态，虽然幼儿画得不工整，但画的姿态不一，稚嫩可爱。幼儿互相观看，积极开动脑筋思考，并鼓励幼儿讲讲最喜欢谁的作品，为什么？如幼儿说："他画的鸭子在睡觉""我最喜欢那只在跑的鸭子""那只鸭子只有一条腿"等,有时幼儿的评价并不正确或表面化,教师可引导幼儿从画面的布置、颜色的搭配、形象的表现等方面来评价作品,这样在提高幼儿的审美能力的同时,又提高了其语言表达能力。

2. 教师评价

教师的评价是对幼儿美术能力的小结,能客观地发现美术活动中出现的问题。同时,教师的正确评价也是幼儿评价的榜样,因而在教学过程中,教师的评价仍是必不可少的一个环节。

教师首先要创设一个宽松、和谐的支持性环境,建立一个创新的气氛。站在孩子的角度理解作品含义,着眼于发现幼儿的优点和长处,观察幼儿的细微变化,寻找闪光点。评价时,要克服对幼儿绘画"好与不好""像与不像"的简单化评价,要积极提供机会,让每一个幼儿都获得成功的心理体验,进而主动开展有意义的学习,体现"人人都能学好"的教学理念。例如:对有创造性的,教师可以说他真会学习,真会动脑筋,并把他的作品展示给其他幼儿看或让其他幼儿说一说你发现了什么;对中等的,教师可以说:你是学习的小能手,请看一看别人是怎么画的,再想一想能否画出和老师不一样的,发现有进步再表扬;对能力差的,老师可以说:你很爱动脑筋,喜欢思考问题真好,一定要多动脑筋多努力。有时教师也可以运用一些体态语言,如:鼓鼓掌,竖竖大拇指,发自内心的微笑,连连点头等。

教师在评价幼儿的作品时,可以从以下几个方面入手。

(1)分析作品的内容和形式。根据幼儿的年龄分析作品的内容、形式是否表现出幼儿的感受与天性。因为幼儿有属于他们独特的思维方式,他们取材的角度和表现方式有时是成人难以想象的,如在绘画过程中的拟人化、透明式等。因此,教师应该从幼儿的视角出发,分析作品是否体现出天真、童稚、充满内心情感等方面。

(2)作品是否具有独创性。艺术大师罗丹曾经说过:生活中并非缺少美,而是缺少发现。凡是最能反映幼儿个性、好的作品往往很美,很有新意。

(3)看作品艺术水平。作品画面构成饱满,用线、用色大胆肯定,具有美感,充满信心。幼儿随意用色彩抒发情感,不受物体固有色的限制。

资源链接 6-2

《儿童早期艺术创造性教育》一书中谈到未来的幼儿园教师要做到的具体目标有:①要熟悉孩子艺术作品的发展状况,这样才能很好地对孩子进行启发,并根据他们的年龄制定出合适的指导方法。②增加欣赏和理解艺术的知识,联系艺术要素和艺术原理,使用恰当的语言进行交流;③舒适亲切的研究策略将有助于孩子发展艺术评论的思维能力;④在幼儿早期的教育里,使孩子获得符合标准的个人使用平面和立体艺术材料的技能;⑤指导整个历史时期所有文化里的艺术内容和艺术曾扮演的主要角色。

案例 6-2

黄先生一家刚从中国移民到美国，他5岁的儿子进了一所美术学院办的绘画班。才去了不到5次，孩子就不想去了。孩子说："老师根本不教画画！每次都给一个题目，就叫我们自己画，老师一点儿也不管。画完了老师只说'好哇！好哇'，那些美国小孩的画根本就是一塌糊涂！"后来，黄先生发现，那些美国孩子画完画后，只会问老师"好不好"，而中国的孩子问的多半是"像不像"。

分析：这反映了对于美术教育评价理念和评价标准的差异。我国的幼儿美术教育过于注重美术知识和技能，强调对自然的模仿和再现，教师按确定的计划，固定的模式、步骤让幼儿亦步亦趋地模仿教师的范本。这样，孩子就把"像"作为自己最高的追求，离开教师的"教"的范本就好像没了"学"的方向。长此以往，幼儿在习得美术知识和技能的同时，却失去了自我感受、自己加工信息的能力，降低了儿童潜在的自我创造意识和创造力。美国的幼儿美术教育注重发挥幼儿的创造性、独立性、自主性，重视个别儿童的兴趣、需要与个性发展。老师往往不设样本、不规定模式，让孩子们在生活中及与自然的交流中产生绘画的愿望，依靠他们的直觉和知觉或者幻想自由地展开描绘，表现他们纯朴的情感，孩子画的画是一种"创作"。这样培养出的孩子思维活跃，能体验到创作的乐趣，形成自发创作的自信精神。但是，教师也应看到，忽视前人的经验，缺乏技能的学习，可能将难以进一步提高和保持孩子们的美术兴趣和表现、创造能力。

【活动案例】

大班综合艺术主题活动：时装秀

（本案例由泰州市欢乐亲子园巫颖老师提供。）

设计意图

夏天给人的感觉是多姿多彩的，甜甜的、快乐的、美丽的，到了夏天，大街小巷的男男女女们都穿着各式各样的好看的衣服，红的、黄的、蓝的、绿的、粉的等五颜六色的衣服，有裙子、有短裤、有吊带等各式各样，而孩子们呢，女孩们穿着好看的裙子，你一言我一语地议论开了，大家在相互观察中了解到了夏天服装的美丽，而"时装秀"这一活动正是来源于艺术主题活动《夏天的故事》中，在看看、说说、做做中将幼儿对于设计服装这一模糊的概念变得更加直观、更加现实，并且借助小舞台这一平台给予了每个孩子一个表现自己的机会。

活动目标

1. 在看一看、说一说中了解各种时装在色彩、造型、材质上的特点。
2. 大胆构思，合理运用各种废旧材料以三人合作的方式进行时装制作。
3. 能根据自己所设计的服装的特点协调、合拍地进行时装表演。

活动准备

1. 废旧报纸、包花纸、塑料盒、纸盆、废旧的挂历纸、废旧的光盘、各色塑料袋、彩纸、皱纹纸等制作材料。

2. 即时贴、剪刀、铅笔、扭扭棒、双面胶、透明胶、糨糊、绳子等制作工具。

3. 模特走秀视频、走秀音乐以及模特走秀的幻灯。

活动过程

1. 欣赏模特的走秀表演,激发兴趣。

(1)观看一段时装表演录像。

教师:今天,老师带来了一段时装表演秀,请你们仔细看看,舞台上模特的衣服都有些什么特点?

(2)谈一谈,说一说,介绍自己最喜欢的时装的名称及喜爱它的理由。

教师:你最喜欢哪套衣服?为什么?(引导幼儿对服装的色彩、花纹和样式进行欣赏。)

教师:你还看到哪种款式的衣服在你心中留下了美好的印象?

结合视频播放,通过回忆、讨论的方法帮助幼儿对于服装的类型进行初步梳理,在观看过程中初步了解走秀要领,为下面的制作服装、秀服装环节打下一个良好的基础。

2. 幼儿设计时装。

(1)集体谈话,激发幼儿创作的欲望。

教师:这些漂亮的衣服都是设计师设计的,那如果请你做服装设计师,你想做一件什么衣服呢?(个别幼儿讲述)

教师:今天老师带来了一些其他小朋友自己制作的服装,请你们来看看,他们自己制作的服装有什么特点呢?

(2)欣赏幻灯,激发幼儿创作的灵感。

欣赏幻灯,教师逐一引导幼儿欣赏各种服装,并且一起说一说服装的特点。

教师:今天,我们也来做设计师设计一套漂亮的时装吧!

(3)提出要求,准备创作。

教师交代要求,每三个人一组,一名幼儿做时装模特,另两名幼儿做设计师。

教师:请你们三个人首先确定好谁做模特,哪两个小朋友做设计师,然后大家相互协调好,今天想做件什么款式的服装?怎样才能体现你们这一组的特色?(请个别幼儿讲述,当幼儿在介绍的时候把自己需要用到的材料说出来。)

在第二环节中,结合幻灯片进一步帮助幼儿梳理服装设计的要领,通过一张张废旧物的服装图片给予幼儿制作服装的经验,并在相互讨论中结合教师的引导给予幼儿制作的灵感,这个环节也是整个活动中比较重要的一个地方。

3. 幼儿动手设计时装。

教师:你们先想好今天要制作的服装的样子,然后再想想需要用到什么材料,想好的可以到前面来领取你们的材料,然后让模特站中间,两位设计师开始动手裁剪,记住大家要提前分好工，谁负责裁剪，谁负责装饰。

教师出示各种材料，让幼儿了解材料的特性及用途。

教师：老师为你们准备了各种不同的材料，有废旧的报纸、包花纸、塑料盒、废旧的挂历纸、废旧的光盘以及各种装饰的材料，包括各色彩纸、皱纹纸等，还有剪刀、铅笔、扭扭棒、双面胶、透明胶、糨糊等。

通过介绍材料、相互讨论分工，进一步帮助幼儿明确构思自己制作服装的方法以及所需运用的材料。

4. 教师有针对性地进行指导。

幼儿边制作，教师边播放模特走秀视频。

（1）教师重点协助能力差的幼儿，给予言语与动作指导。

（2）提醒能力强的幼儿利用各种材料进行装饰。

5. 幼儿表演，进行时装展示。

教师：已经完成的小组可以听着音乐先来试试看，秀出你们这组服装的特色。

（1）幼儿相互帮助，穿好自己设计的时装。

（2）展示自己设计的时装。

（3）播放音乐进行时装表演。

导引

本次活动融合了美术欣赏、手工、表演等艺术类型，以"服装设计"为主题，通过变废为宝的创作活动，将"玩与学"有机结合，为幼儿提供了充足的活动材料，为他们创设"玩"的人为环境，让幼儿在"玩"中"学"，培养了幼儿的学习主动性。在实施的过程中，教师通过提问法逐步引导，层层深入地帮助幼儿梳理自己的所见所闻，为接下来的环节打下了一个良好的基础；紧接着幻灯的出示更是让每个幼儿眼前一亮，不同的废旧物居然被制作成了一件件漂亮的衣服，给予了他们许多探索、创作的灵感，整个活动中都体现着幼儿的自主性、合作性，他们的制作体现了他们在逐步地创新，不断地改造，在原有经验的基础上设计服装让他们更加有自豪感，实现了通过艺术教育促进儿童整体发展的目标。

中班手工活动：纸杯花

（本案例由泰州市欢乐亲子园巫颖老师提供。）

活动目的

1. 学习按规律给纸杯剪"花瓣"，发展幼儿的动手操作能力。
2. 尝试添画，发展幼儿初步的审美能力。
3. 通过活动培养幼儿废物利用的意识。

活动准备

1. "纸杯花"作品一幅。
2. 纸杯、剪刀、勾线笔、水彩笔每个幼儿人手一份。

活动过程

1. 请幼儿欣赏"纸杯花"作品，激发幼儿活动的兴趣。

教师："花朵好看吗？""你们知道这么漂亮的花朵是用什么做的吗？"

小结：我们要善于发现周围许多废物都有再利用的价值。

2. 鼓励幼儿探索纸杯花的制作方法。

（1）一次性纸杯怎样才能变成一朵美丽的花呢？（幼儿充分讨论、回答）

（2）教师示范用剪刀把纸杯剪成花的过程：从杯口沿直线剪到杯底，相隔一段再从杯口沿直线剪到杯底，直到将杯身全部剪开，呈"花瓣"状。再用水彩笔将每一个"花瓣"卷一下，这样更具立体感。

（间隔剪"花瓣"是本次活动的难点。可以引导幼儿先在纸杯上用笔画好线再剪。）

3. 幼儿制作，教师巡回指导。

重点指导幼儿剪"花瓣"时剪均匀，及时表扬制作精细的幼儿。

鼓励幼儿以小组为单位，将制作的"纸杯花"粘贴到大纸上，并添画花茎、叶子，甚至蝴蝶、小草等，完成"花园"图。

（"花园"图的完成，培养了幼儿的合作能力，增强了自信心，体验到了成功的快乐。）

4. 作品展示，师生评价。

幼儿介绍自己的作品，体验合作的乐趣。

评析

《纲要》中指出："应指导幼儿利用身边的物品或废旧材料制作玩具、手工艺品等来美化自己的生活或开展其他活动。"废物的再利用也是对幼儿环保意识的培养。虽然活动中幼儿剪的"花瓣"粗细不一，但即使这样，如果幼儿活动的积极性依然很高，教师应肯定幼儿的作品。

大班绘画活动：我眼中的小学

（本案例由泰州市欢乐亲子园巫颖老师提供。）

活动目标

1. 知道"水油分离"是用油画棒绘画，然后用水粉或水彩颜料覆盖涂色的一种绘画方式。

2. 鼓励幼儿积极参加并大胆表现自己的情感体验，萌发对小学的向往。

3. 能大胆表述自己的创作思路。

活动准备

1. 8K素描纸、水粉排笔幼儿人手一份。各色颜料、抹布每组一份。

2. 水油分离范画。

3. 幼儿已有参观小学的经验。

活动过程

1. 引导幼儿回忆并讲述参观小学的所见，激起创作的欲望。

教师："小朋友们，还记得前不久我们一起参观的泰州实验学校吗？你在实验学校里看到了些什么？"（引导幼儿充分讨论、讲述）

2. 介绍水油分离创作方法。

教师："我们大班的小朋友已经学会了各种美术的创作方法，今天老师再向大家介绍一种新的创作方法：水油分离。"

教师出示水油分离范画，示范创作方法：先用白色油画棒在素描纸上画出简单图案（如小花），再用排笔蘸颜料覆盖在图案上顺着一个方向涂色，这样图案就显现出来了。

3. 幼儿作画，教师巡回指导。

重点指导幼儿在使用排笔涂色时，要顺着一个方向涂。提醒幼儿注意保持桌面、地面的清洁。

4. 作品展示，师生评价。

请幼儿向大家讲述自己的作品，"你画的是什么呀？""你是怎么创作的？"让幼儿上来表达自己对作品的喜爱，说说他最喜欢哪一幅画，为什么？

评析

《纲要》中提出："幼儿美术的价值在于它能激发情趣，激活兴趣，培养幼儿的创新意识，赋予幼儿满足感和成就感。"还指出："提供自由表现的机会，鼓励幼儿大胆地想象，运用不同的艺术形式表达自己的感受和体验。"该美术活动对于幼儿来说新鲜有趣，参与性高。虽然刚开始也有幼儿显得拘谨，不敢动笔，但是经过老师的鼓励以及看了同伴的画面后他们慢慢地画开了，而且越画越起劲儿。

学习回顾

1. 学前儿童美术教育评价的目的是什么？
2. 简述美术教育评价的原则与标准。
3. 简述学前儿童美术教育活动的评价所包括的内容。
4. 简述学前儿童美术作品评价的目的。

实践运用

1. 观摩一节幼儿园集体美术教学活动，结合美术教育实施要求对活动的目标、内容、过程、效果等方面进行分析。
2. 收集幼儿园不同年龄班幼儿的美术作品，分析不同年龄阶段幼儿美术作品的特征，并借助作品分析该幼儿园美术教育开展的情况。

参考文献

[1] 孔起英. 学前儿童美术教育[M]. 南京：南京师范大学出版社，2013.
[2] 边霞. 幼儿园美术教育与活动设计[M]. 北京：高等教育出版社，2016.
[3] 张念芸. 学前儿童美术教育[M]. 北京：北京师范大学出版社，2020.
[4] 王任梅. 学前儿童美术教育[M]. 北京：北京师范大学出版社，2020.
[5] 李慰宜. 2—6岁儿童绘画活动指导[M]. 上海：上海社会科学院出版社，2011.
[6] 许晓春. 学前儿童美术教育[M]. 北京：高等教育出版社，2019.
[7] 封小娟. 幼儿园美术教育活动设计与指导[M]. 北京：北京师范大学出版社，2019.
[8] 林琳，朱家雄. 学前儿童美术教育与活动指导[M]. 上海：华东师范大学出版社，2014.
[9] 毛曙阳. 幼儿园综合活动课程：教师指导用书[M]. 南京：凤凰出版传媒集团、江苏少年儿童出版社，2010.
[10] 齐斌，袁卫，费广洪. 幼儿美术教育与活动指导[M]. 北京：高等教育出版社，2014.
[11] 王秀丽. 幼儿美术教育的教与学[M]. 北京：北京师范大学出版集团，2010.
[12] 解华. 幼儿美术欣赏与创作指导[M]. 上海：复旦大学出版社，2014.
[13] 刘宣. 学前儿童美术教育[M]. 北京：中央广播电视大学出版社，2008.
[14] 张晓红，徐志国. 幼儿美术教育与活动指导[M]. 南京：江苏教育出版社，2013.
[15] 高红星. 学前儿童美术教育[M]. 北京：科学出版社，2011.
[16] 张晓红，徐志国. 幼儿艺术教育与活动指导[M]. 南京：江苏教育出版社，2013.
[17] 孟昭兰. 婴儿心理学[M]. 北京：北京大学出版社，1997.
[18] 王振宇. 儿童心理发展理论[M]. 上海：华东师范大学出版社，2016.
[19] 瓦伦汀. 实验审美心理学（绘画篇）[M]. 潘智彪，译. 台北：台湾商鼎文化出版社，1991.
[20] 张奇. 儿童审美心理发展与教育[M]. 北京：北京师范大学出版社，2000.
[21] 林琳，朱家雄. 学前儿童美术教育与活动指导[M]. 上海：华东师范大学出版社，2014.
[22] 楼必生，屠美如. 学前儿童艺术综合教育研究[M]. 北京：北京师范大学出版社，1997.
[23] 陈鹤琴. 儿童绘画之研究[M]. 上海：上海教育出版社，2000.